당신은 우리말을 모른다

어휘 편

당신은 우리말을 모른다 어휘 편

엄민용 지음

EBS BOOKS

1부 / 말과 글은 생명체입니다

2부 / 열에 아홉은 틀리는 말

3부 / '우리말 고수'가 되려면 알아야 할 우리말

4부 / 헷갈리는 말 가려 써야 뜻이 통한다

5부 / 한자를 알아야 우리말이 보인다

벌써 15년이 지났습니다. 우리말 관련 책 〈건방진 우리말 달인〉으로 제가 독자들을 처음 만난 것이 2008년입니다. 당시 직급이 차장이던 저는 지금 편집국장이 돼 있습니다. 중학생과 초등학생이던 제 아들과 딸도 대학을 졸업하고 어엿한 사회인이 됐고요.

그렇게 제 삶이 바뀌었듯이 우리말도 참 많이 바뀌었습니다. 과거 비표준어로 다뤄지던 말이 표준어가 됐는가 하면 말법에서도 적지 않은 변화가 있었습니다. 그렇게 말은 생명체 같아서 탄생·성장·소멸하며 늘 변합니다.

그럼에도 현재 독자들과 만나는 책 중에는 옛날의 내용을 그대로 담고 있는 것이 많습니다. 포털 사이트에 떠돌아다니는 이야기들 중에도 그런 것들이 적지 않습니다. 맞는 말을 틀렸다고 하거나 의미가 바뀐 말을 옛날의 뜻으로만 알려 주는 것들이요.

그런 내용들이 늘 마음을 불편케 했습니다. '삶은 화살만큼 빠르게 변하는데, 왜 말과 글은 화석처럼 변하지 않을 것으로 생각할까' 하는 안타까움도 컸습니다. 제가 〈건방진 우리말 달인〉 시리즈를 절판케 하고 이번에 새로 〈당신은 우리말을 모른다〉 시리즈를 쓰게 된 이유도 여기에 있습니다. 그동안 꾸준히 우리말을 공부하면서 알게 된, 잘못 알려진 우리말 지식을 독자들과 공유하고 싶었습니다.

더욱이 우리 지식은 무척 한정적입니다. 자신의 전문 분야에서도 잘못 알고 있는 내용이 적지 않고, 그 분야를 벗어나면 모르는 것투성이입니다. 30년 동안 우리말을 공부해 온 저만 하더라도 우리말 지식은 아직 미미합니다. 아마 100점 만점에 40점이 될까 말까 할 겁니다. 제 바람이 우리말 실력으로 한 50점쯤 받아보는 것입니다. 그 '욕심'을 채우기 위한 방편으로 그동안 공부한 것을 정리하고, 이를 독자분들과 공유하고 싶기도 했습니다.

해서 이 책에서는 잘못 알려진 우리말 정보와 알아 두면 좋을 우리말 정보를 전하려 신경 썼습니다. 단순히 이 말이 맞고 저 말이 틀렸다가 아니라, 바른 정보를 수집하는 방법은 무엇이고 어떤 기준으로 옳고 그름을 가려야 하는지를 알려 드리는 데 초점을 맞췄습니다. 제가 우리말 공부를 하면서 직접 느낀 것들입니다.

우리말 공부를 효과적으로 하기 위한 요령을 익힐 수 있도록 하는 데도 공을 들였습니다. 우리말은 무턱대고 외워서 되는 것이 아니기 때문입니다. 물론 외워야 할 것이 많습니다. 다만 외우는 데도 요령이 필요합니다. 따라서 말 하나를 알면 열 가지 스무 가지의 다른 말도 바르게 쓸 수 있는 것들을 주요 내용으로 삼았습니다. 읽는 재미도 챙기려 했습니다. 어느 공부든 재미가 없으면 꾸준히 공부하기가 힘들기 때문입니다.

그러다 보니 전체 내용에서 부족한 부분이 마음에 걸렸습니다. 하여 그런 부분을 블로그(blog.naver.com/margeul)로 채울 요량입니다. 책에 담지 못한 내용들을 꾸준히 블로그에 올려놓을 테니 틈틈이 들어와 보시기 바랍니다. 저의 별명이 '우달이'입니다. '우달이'는 사람들이 저에게 '우리말 달인'이라는 의미로 붙여 준 별명입니다. 듣기 좋아서, 진정한 우리말 달인이 되기 위해 지금도 열심히 공부하고 있답니다. 저 우달이가 여러분 모두 진정한 '우리말 고수'가 되실 수 있도록 도움을 드리고 응원을 하겠습니다.

작가의 말

말과
글은
생명체
입니다

저는 우리말 달인,
우달이입니다.

말은 생명체입니다. 지금 이 순간에도 탄생과 성장과 소멸을 멈추지 않지요. 새로운 의미가 생겨나고, 기존의 의미가 확대되기도 합니다. 말은 생명 활동을 멈추지 않으면서 수시로 글꼴도 바꾸지요. 그것이 말과 글입니다.

그런데도 옛날의 의미에만 매달리고 예전의 모습만 보려는 사람이 많습니다. 우리말과 우리글을 좀 안다는 사람 중에서도 그런 분들이 적지 않지요. 좋게 말하면 그만큼 우리말글을 아끼는 마음이 큰 것이지만, 나쁘게 말하면 자신이 아는 것만 고집하는 행동입니다.

전자든 후자든, 말글을 대하는 자세로는 옳지 않다고 봅니다. 말과 글의 주인은 언제나 일반인들이지 우리말글의 지식을 많이 가진 사람들이 아니기 때문입니다. 특정 계층만 혜택을 보고 대다수 서민과는 아무런 상관이 없는 법이라면, 우리는 그것을 분명 '악법'이라고 부를 겁니다.

우리말법에서도 마찬가지입니다. 몇몇 사람만 바르게 쓸 수 있는 한글맞춤법이나 표준어규정은 악법이 될 수밖에 없습니다. 그런 악법으로는 소중하고 귀한 우리말글을 지킬 수 없다고 생각합니다. 예부터 나라의 법이 일반 생활과 멀어지면 백성의 저항을 받았듯이, 일반인의 언어생활과 멀어진 말법은 사람들의 저항에 부닥칠 수밖에 없습니다.

그런 점에서 수년 전부터 보이고 있는 국립국어원의 움직임에는 응원을 보내고 싶습니다. 일반인의 말글 씀씀이를 살피려는 정성이 느껴지기 때문입니다. 개인적으로는 아직 부족함을 많이 느끼지만, 20여 년 전의 〈표준국어대사전〉에 이어 최근 국립국어원 누리집의 변화를 보면, 우리말글의 건강한 성장을 기대할 수 있을 듯합니다. 우리말글을 많이 아는 사람들이 이전부터 고집스럽게 주장하던 말뜻과 글 꼴이 일반인들이 아는 의미와 형태로 조금씩 바뀌고 있거든요.

그러나 정작 누구보다 국민의 언어생활에 마음을 두어야 할 이른바 '우리말글 지킴이'라는 사람들이 옛날의 사전과 옛날의 말법과 옛날의 지식으로 우리말글의 숨통을 옥죄곤 합니다. 참 답답한 일이지요.

사람들이 다 그렇게 쓰고, 국립국어원 누리집의 〈표준국어대사전〉에도 올라 있는 말까지 '무조건 써서는 안 된다'고 고집하는 일이 적지 않습니다. 툭하면 영어 번역투이니 일본식 표기이니 하며, 〈표준국어대사전〉에 용례가 올라 있는 표현까지 못 쓰게 하기도 합니다. 마치 자기 지식이 우리말법의 전부인 양 주장합니다.

그래서는 안 됩니다. 그런 고집은 버려야 합니다. 우리말법에 어긋나는 말은 당연히 바로잡아야 하고 반드시 바르게 쓰도록 이끌어야 하지만, 국립국어원도 인정한 말뜻과 글 꼴에 대해서까지 자기 고집만 내세우면 안 됩니다. 이는 우리말글을 지키는 것이 아니라 우리말글을 틀에 가둬 놓고 말려 죽이는 일입니다.

이런 관점에서 몇몇 말들을 얘기해 볼까 합니다. 국립국어원이 바른말로 인정했는데도 '우리말글 지킴이'들이 엉뚱하게 고집하는 말들에 대한 얘기입니다.

1부　말과 글은 생명체입니다

'했었어'는 영어식 표현이다?

그게 뭔 소리여~

우리말을 좀 안다는 사람들 사이에서 엉터리로 떠돌아다니는 우리말법에는 "우리말에는 과거분사라는 것 자체가 없으므로 '했었다'라는 표현은 '했다'로 고쳐야 한다"라는 것이 있습니다. 저도 한때는 이 주장을 그대로 믿었었습니다.

그래서 교열 일을 하면서 '-었었-'이 보이면 좀 어색해도 무조건 두 눈 질끈 감고 '었' 하나를 빼 버리곤 했습니다. 그런데 10여 년 전 국립국어원의 누리집을 보고는 깜짝 놀랐지 뭡니까. '했었다' 꼴로 써도 된다는 내용이 올라 있었거든요.

20년 넘도록 그것도 모른 채 남이 바르게 써 놓은 표현을 제가 엉뚱하게 고친 것을 생각하니 무척 부끄러웠습니다. 그래서 반성도 많이 했지요.

그런데 아직도 '했었다'를 잘못된 표현이라고 주장하는 사람이 많고, 그것을 그대로 받아들이는 이들도 적지 않습니다. 한번 인이 박힌* 담배를 끊기 힘들듯이 한번 잘못 배운 우리말 지식이 쉬 지워지지 않고 머릿속에 깊이 자리하고 있는 것이지요.

하지만 아닙니다. 정말 아닙니다. '했었다', 즉 '-었었-'은 틀린 표현이 아닙니다.

> '했다'와 '했었다'는 모두 쓸 수 있는 말이다. '했다'는 '하-+-였-+-다'
> 로 분석되며, '했었다'는 '하-+-였었-+-다'로 분석된다. 즉 '-였-'과
> '-였었-'의 의미 차이가 있다. '-였-'은 이야기하는 시점에서 볼 때 사
> 건이나 행위가 이미 일어났음을 나타내거나 이야기하는 시점에서
> 볼 때 완료돼 현재까지 지속되거나 현재에도 영향을 미치는 상황을
> 나타내는 어미이며, '-였었-'은 현재와 비교해 다르거나 단절돼 있는
> 과거의 사건을 나타내는 어미다.

이게 누구의 설명 같은가요? 맞습니다. 국립국어원의 설명
입니다. 이런 답변이 국립국어원 누리집에 수십 개나 올라 있
습니다. 국립국어원에서 일하는 누군가의 사견이 아니라 공식
견해라는 의미죠.

박힌 ⊗ 박인 ◎

"버릇, 생각, 태도 따위가 깊이 배다" 또는 "손바닥과 발바닥 따위에 굳은살
이 생기다"를 뜻하는 말은 '박이다'입니다. 그리고 '인이 박이다'의 '인'은 "여
러 번 되풀이하여 몸에 깊이 밴 버릇"을 뜻합니다. 이를 '인이 배기다'로도
쓰는데, 이 또한 바른 표기가 아닙니다. 아울러 '삭히다'와 '삭이다', '썩히다'
와 '썩이다'도 헷갈리기 쉬운 말이니 지금 국어사전을 뒤져 그 차이점을 알
아 두시기 바랍니다.

1부 말과 글은 생명체입니다

결론적으로 예전에는 담배를 피우다가 지금은 피우지 않는다는 사실을 얘기할 때는 "나도 한때 담배를 피웠었다"처럼 '-었었'을 쓸 수 있는 겁니다. 아니, 그렇게 써야 합니다.

'여러분들'과 '우리들'은 틀린 말이 아니다

저는 오랫동안 교열 일을 해 왔습니다. 지금도 짬짬이 교열 일을 합니다. 교열 강의도 하고요. 그런데 교열 현장에서 일하다 보면 '여러분들'이나 '우리들' 같은 낱말을 보고는 무조건 '들' 자를 빼는 후배들을 만나곤 합니다.

그때마다 저는 후배를 쫙~ 째려봅니다. **그리고는**"'들' 자는 왜 빼?"라고 물으면 후배들은 한결같이 "여러분이라는 단어에는 이미 복수의 의미가 있으므로, 뒤에 또다시 복수의 의미를 가진 '들'을 붙이는 언어 습관은 옳지 않은 것 아닌가요"라

> **그리고는** ⓧ **그러고는** ◎
>
> 〈문법 편〉에서 좀 더 자세히 설명하겠지만, 문장의 맨 앞에서 "또한" 같은 의미로 쓰인 '그리고는'과 '그리고 나서'는 무조건 틀린 말입니다. '그러고는'과 '그러고 나서'로 써야 합니다.

고 쏘아붙이곤 합니다.

그러면 제가 다시 "'국민'이나 '시민'은 복수의 의미가 있어? 없어?"라고 되물으면서 "거기에는 왜 '들'을 붙여서 국민들이니 시민들이니 쓰니?"라고 더 강하게 쏘아붙입니다. 후배들은 당연히 '깨갱'이지요 뭐.

진짜입니다. '여러분들' 혹은 '우리들'은 우리말법에 어긋나는 말이 아닙니다. 이에 대해서는 국립국어원도 "'여러분'은 복수의 의미가 있는 인칭 대명사이며 '-들'은 복수를 나타내는 접미사다. 국어에서는 인칭 대명사에 복수를 나타내는 '-들'이 붙어 '여러분들, 우리들, 저희들' 등으로 쓰인다. 문법적으로 이를 잘못된 것으로 생각할 수 있겠지만, 국어는 영어와 달리 수數의 일치가 문법적으로 중요하게 작용하는 언어가 아니므로 '여러분' 또는 '여러분들' 중 어떤 것을 썼다 하더라도 문법적으로 잘못됐다고 하기는 어렵다"라고 밝히고 있습니다.

따라서 '청중들' '제군들' '관중들' 등도 다 쓸 수 있는 말인 겁니다. 이들 말이 잘못됐다고 하는 주장은 그 사람의 사견이지, 대한민국의 '공식 문법'은 아닙니다.

특히 "무리 중衆 자가 들어가 있는 '관중觀衆'은 이미 복수를 가리키므로 '관중들'로 쓰면 안 된다"라는 주장은 "한 관중이 경기장으로 뛰어들어 난동을 부렸다"처럼 누구나 쓰는 '한 관

1부   말과 글은 생명체입니다

중'도 쓸 수 없게 만듭니다.

결국 '한 관중'도 되고 '관중들'도 되는, 얼핏 논리모순처럼 보이는 것이 우리말입니다. 말은 수학이 아니거든요.

'-의'는 일본식 표기다?
아니거든요

조사 '의'만 보면 난리라도 난 것처럼 고개를 젓는 사람이 많습니다. 그런 분들은 '-의'만 보면 '일본식 표현'이라는 억지 주장을 폅니다. 누구는 '나의 책'은 안 되고, 반드시 '내 책'으로 써야 한다고 말하기도 합니다. 그것이 우리말법이라고 목소리를 높입니다.

저는 그런 얘기를 들으면 화가 납니다. 무슨 근거로 그렇게 무책임한 소리를 하는지 모르겠습니다. 그런 엉터리 주장이 한 사람의 인생을 망쳐 놓을 수도 있는데 말입니다.

예를 하나 들어 볼게요. '의'를 일본식 표현으로 믿는 분들은 '과학에의 초대' 같은 표현을 보면 호통을 칩니다. 우리말 관련 책에도 그런 내용이 많습니다. 일본식 말투라는 거죠. 그러다 보니 많은 사람이 그 말을 그대로 믿고 있습니다.

그런 사람 중 누군가 공무원 시험 같은 것을 보는데, "비문법적 표현이 어느 것이냐"라고 묻는 질문에 '과학에의 초대'가 예문으로 나왔다고 가정해 보자고요. 아마 그 응시생은 '이게 웬 횡재냐' 하며 거기에 동그라미표를 할 겁니다. 그러면서 '그때 그 책 읽기를 잘했다'고 생각하겠지요. 하지만 그 응시생은 그 때문에 시험에서 떨어질지도 모릅니다. '과학에의 초대'는 우리말법에 조금도 어긋나지 않는 표현이거든요.

〈표준국어대사전〉은 조사 '에의'를 "앞말이 처소나 시간, 대상의 부사어임을 나타내는 격 조사 '에'를 관형어로 나타내는 격 조사" 또는 "격 조사 '에'와 격 조사 '의'가 결합한 말"이라고 풀이해 놓고 있습니다. 그러면서 '만찬회에의 초대' '어린이들은 내일에의 희망이다' '해외 시장에의 진출이 앞당겨질 것 같다' 등의 용례까지 친절하게 알려 주고 있지요.

또 〈표준국어대사전〉은 조사 '의'의 의미와 용례를 무려 21가지로 풀이해 놓고 있습니다. 여기에는 일부 사람들이 일본식 표현이라고 하는 '영희의 얼굴' '국민의 단결' '나의 작품' '질서의 확립' '자연의 관찰' '한국의 지도' '아파트의 주인' '국토의 면적' '축하의 잔치' '여름의 바다' '정오의 뉴스' '10년의 세월' '국민의 대다수' '순금의 보석' '구속에서의 탈출' 등의 표현이 바른 사용례로 올라 있기도 합니다.

좀 더 나아가서 많은 책이 주장하는 '나의 살던 고향'도 마찬가지입니다. 청주대 이동석 교수님에 따르면 '나의 살던 고

1부 말과 글은 생명체입니다

향' 같은 표현은 세종대왕이 직접 쓰셨다는 〈월인천강지곡〉과 〈석보상절〉에서도 아주 흔히 발견되는 표현이라고 합니다. 〈석보상절〉에 '수달의 만든 자리' '목련의 항복시킨 용' '대중의 가져온 향목' 등의 표현이 보인다는 겁니다.

이 교수님은 이를 '주어적 속격'이라고 하면서 "우리말의 역사 속에서 어떻게 사용됐는지 살피지 않고, 이웃 나라에서 활발하게 쓰인다는 이유만으로 외래적인 요소라고 단정하는 것은 매우 위험한 일이다"라고 따끔하게 조언했습니다.

어디서 그랬냐고요? 한국어문기자협회가 발행하는 계간지 〈말과글〉에서 그랬습니다. 제가 예전에 편집장을 맡아 일하기도 **했던*** 책입니다.

또 "조사 '-의'의 뒤에는 명사가 와야지 용언이 올 수 없다"라며 '나의 살던 고향'이 아니라 '내가 살던 고향'으로만 써야 한다고 주장하는 사람도 있습니다. 얼핏 그럴듯하게 들립니다. 하지만 '나의 오래된 친구'를 '내가 오래된 친구'로 쓸 수는 없

'했던'과 '하던'

'했던(하였던)'에서 '-였-'과 '-던'은 모두 과거를 나타냅니다. 이 때문에 '했던'이 아니라 '하던' 꼴로 써야 이중 표현을 피할 수 있다고 주장하는 사람이 있습니다. 하지만 "'하던'은 과거 미완을, '했던'은 과거 완료를 나타내므로 둘 다 쓸 수 있다"라는 것이 국립국어원의 견해입니다. 조금 전에 얘기한 '-었었-'과 '-었-'의 차이라고 보면 됩니다.

습니다. 게다가 〈표준국어대사전〉의 사용례에 '100℃의 끓는 물'도 있습니다.

결론적으로 '의'와 관련해 "일본식 표현으로 써서는 안 되는 말"이라는 주장을 **고지곧대로**● 믿으면 안 됩니다. 대부분은 엉터리입니다. 그 사람의 개인적 주장일 뿐이지요.

누가 한복에 코트를 걸쳤을 때 "야, 그게 뭐냐. 너무 안 어울린다. 한복에는 두루마기가 제격이지"라고 말해야지, "야, 한복에 코트를 걸치면 안 돼. 그것은 우리 문화를 훼손하는 못된 짓이야"라고 해서는 안 되는 것 아닌가요?

아무튼 앞에서도 말했지만, 말은 생명체입니다. 언제나 같은 모양과 같은 뜻만을 지니지 않습니다. 그리고 주인은 언제

고지곧대로 ⊗ 곧이곧대로 ◉

우리말법에 '구개음화'라는 것이 있습니다. 〈표준국어대사전〉의 설명대로라면 "끝소리가 'ㄷ'과 'ㅌ'인 형태소가 모음 'ㅣ'나 반모음 'ㅣ[j]'로 시작되는 형식 형태소와 만나면 그것이 구개음인 'ㅈ'과 'ㅊ'이 되거나, 'ㄷ' 뒤에 형식 형태소 'ㅎ'가 올 때 'ㅎ'과 결합해 이루어진 'ㅌ'이 'ㅊ'이 되는 현상"입니다. 좀 장황한데요. 그냥 "받침 'ㄷ'과 'ㅌ'이 뒤에 오는 '이'와 '히'를 만나 '지'와 '치'로 소리 나게 하는 현상"이라고 아시면 됩니다. '해돋이'가 [해도지], '미닫이'가 [미다지], '굳히다'가 [구치다], '솥이'가 [소치]로 소리 나는 것이 구개음화 때문입니다. 하지만 소리가 그렇게 나더라도 표기를 소리대로 쓰면 안 됩니다. '꽃을'을 '꼬츨'로 쓸 수 없는 것처럼요. "조금도 거짓이 없이 나타나거나 있는 그대로"를 뜻하는 부사는 '곧이곧대로'입니다. '곧이'가 구개음화 때문에 [고지]로 소리 나지만, 표기는 그렇게 써서는 안 됩니다.

1부 말과 글은 생명체입니다

나 그 말을 쓰는 사람들입니다. 저도 포함되지만, 우리말과 관련한 책을 지은 사람들이 아닙니다.

따라서 누구의 책을 읽든 지은이의 주장과 평소 여러분의 말 씀씀이가 다르면 무턱대고 믿지 말고, 정확한 이유를 알아보는 게 좋습니다. 국립국어원이나 한국어문기자협회 등에서는 온라인이나 전화로 문의하면 친절하게 알려 줍니다. 그러니 이런 곳을 이용하는 것도 좋을 듯싶습니다. 이 책의 내용도 마찬가지입니다.

현재 시중에서 팔리고 있는 우리말 관련 책에는 조사 '의'에 관한 내용뿐 아니라 잘못된 주장이 정말 많습니다. 그런 잘못의 원인은 **대게**° '시간 탓'입니다. 그 책이 나왔을 때는 옳은 주장이었는데, 생명체인 말이 하루가 다르게 쑥쑥 자라면서 글꼴과 의미가 달라진 거죠.

그러다 보니 제가 처음 쓴 〈건방진 우리말 달인〉에도 잘못된 내용이 많습니다. 제 책이 나온 뒤에 〈표준국어대사전〉에서 고쳐진 부분이 있거든요. 제가 이전의 책을 일부러 절판시키고 이

대게 ⓧ 대개 ◉

"절반이 훨씬 넘어 전체량에 거의 가까운 정도의 수효나 분량" 또는 "일반적인 경우에" 등의 의미로 쓰이는 말은 '대개(大概)'가 바른말입니다.

번에 새로 〈당신은 우리말을 모른다〉 시리즈를 쓴 것도 이 때문입니다.

그래서 이번 책에서는 우리 사회에 잘못 퍼져 있는 우리말 지식부터 살펴보려 합니다. 10여 년 전에 제가 말한 것도 포함해서요.

국장님 앞에서도
부장님은 부장님이시다

제가 **누누히**˙ 말하지만 말과 글은 생명체입니다. 필요에 따라 태어나고, 쓰이는 과정에서 변화·성장하고, 더러는 세월 속에 사라지기도 합니다. '아빠'라는 말을 보면 그러한 '말의 생명성'을 어렴풋이 알 수 있습니다.

우리말에서 '아빠'가 처음 등장한 것은 1930년대이고, 표준어로 대접받은 것은 그로부터 한참 뒤의 일입니다. '아빠'는

누누히 ⊗ 누누이 ◎

〈문법 편〉에서 '-이'와 '-히'의 구분을 자세히 설명하겠지만, "여러 번 자꾸"를 뜻하는 부사는 '누누히'가 아니라 '누누이'입니다. '누누하다'라는 말은 없거든요.

1부 말과 글은 생명체입니다

표준어가 된 후에도 "아이들이나 쓰는 말로, 성인이 쓰기에는 적합하지 않다"라는 게 우리말 표준화법의 원칙이었습니다. 그러다 지난 2012년 처음으로 '표준 언어 예절'을 정하면서 어른들도 '아빠'를 쓸 수 있도록 허용했지요.

'형'도 비슷합니다. "가족 간의 호칭에서 윗사람에게 쓰는 '형'을 직장에서 쓰는 것은 좋지 않다"는 게 예부터 내려온 언어 예절입니다. 그러나 국립국어원이 정한 '표준 언어 예절'은 "자기와 직급이 같은 동료를 부르거나 가리킬 때는 '형'을 쓸 수 있다"라고 밝히고 있습니다. 직급이 아래인 사람에게도 '형'을 쓸 수 있다고 했고요.

다만 "직함이 없는 선배, 또는 직급이 같지만 나이가 많은 선배에게 '김 형' '이 형' 하는 것은 좋지 않다"라고 합니다. 가정에서는 '형'이 윗사람을 지칭하지만, 사회에서는 '형'이 주로 동년배나 아랫사람에게 쓰이기 때문이지요.

'언니'도 마찬가지입니다. 여자 직원이 여자 선배를 '언니' 또는 '○○ 언니'로 부르는 것은 잘못이 아닙니다. 직장에서 '형'이니 '언니'니 하고 부르는 것이 귀에 거슬리는 사람들도 있겠지만, 국립국어원이 정한 '표준 언어 예절'에 벗어난 호칭은 아니라는 소리입니다. 다만 '○ 언니' '미스 ○ 언니'로는 쓰지 않는 것이 좋다고 '표준 언어 예절'은 밝히고 있습니다. 시대가 변하면서 호칭도 사람들이 많이 쓰는 사례를 좇아간 겁니다. 세월을 이기는 장사가 없듯이 말도 세월을 못 이기는 거죠.

　자, 그건 그렇고요. 직장에서 윗사람과 아랫사람이 나누는 대화에서 종종 이런 장면을 본 적 있을 겁니다.

　　김 국장　엄 대리, 이 부장 어디 갔어?
　　엄 대리　이 부장님, 잠깐 외출하셨나 봅니다.
　　김 국장　엄 대리, 군대 안 갔다 왔어? 이 부장님이라니? 내가 이 부
　　　　　　장 밑이야!

　어때요? 이런 상황을 보거나 직접 겪은 적 있지 않나요? 그러나 이때 엄 대리가 '이 부장님'이라고 한 것은 옳은 표현입니다.

　군대는 물론이고 일반 직장에서 많이 '강요'되는 직장 내 압존법(문장의 주체가 말하는 사람보다는 높지만 듣는 사람보다는 낮아, 주체를 높이지 못하는 어법)은 일본식 언어 습관입니다. 우리말에도 압존법이 있기는 하지만, 그것은 가정에서만 제한적으로 쓰일 뿐이고 학교와 직장에서는 적용되지 않습니다.

　생각해 보세요. 만약 과장인 제가 회장님께 말씀드리면서 "김 사장이 그러는데요"라고 하는 것을 김 사장님이 우연히 들었다면 김 사장님께서 저를 그냥 두겠어요? 당장 내쫓아 버

　　　　　　　　1부　말과 글은 생명체입니다

리겠죠.*

그래서 우리말법은 말하는 사람의 처지에서 자기보다 높은 사람에게는 모두 존칭어를 쓸 수 있도록 하고 있습니다. 높여야 할 사람은 언제 어디서든 높여야 하는 거죠.

또 '엄 부장님'이라는 표현에서, "'부장'에는 부에서 가장 높다는 의미가 있으므로, 뒤에 '님'을 붙이는 것은 이중 표현으로 바른 쓰임이 아니다"라고 말하는 사람들도 있습니다. 특히 제가 근무하는 신문사를 비롯해 방송국 같은 언론사에 이런 이상한 말버릇이 퍼져 있습니다. 실제로 저 역시 회사에서 제 아들보다 훨씬 어린 후배에게 "엄 국장, 상의드릴 게 있는데요" 같은 얘기를 듣고, 겉으로는 웃지만 속으로는 **뜨악하는*** 일이 종종 있습니다.

▌〉 '-죠'와 '-지요'

이때의 '-죠'는 종결어미 '-지'에 보조사 '요'가 결합한 '-지요'의 준말입니다. 또 보조사 '요'는 존대의 뜻을 나타냅니다. 따라서 '-겠죠'는 표기상 틀린 말은 아닙니다. 다만 격식을 갖추어야 하는 상대에게는 준말을 쓰지 않는 것이 좋습니다. 준말은 친밀한 관계에서 많이 씁니다. "선생님, 그죠"와 "선생님, 그렇지요"의 차이 정도로 생각하면 좋을 듯합니다. 저는 여러분과 가까워지고 싶어 준말을 많이 썼습니다. 그러나 글을 쓸 때 같은 종결형이 반복되면 문장이 나빠집니다. 글 읽는 맛을 떨어뜨리죠. 그래서 때에 따라 '거지요'처럼 본말로도 썼답니다.

부장과 국장의 '장'이 부와 국의 가장 높은 자리를 뜻하므로 '님'을 붙이는 것은 지나친 높임이라는 얘기는 한마디로 개가 풀 뜯어 먹는 소리입니다(개도 실제 풀을 뜯어 먹기도 하지만…). 부장님 면전에서 '부장'이라고 부르는 게 맞는다면 사장이나 회장 앞에서도 "엄 사장, 부르셨습니까"라거나 "엄 회장, 존경합니다"라고 말해야 합니다. 안 그렇습니까?

하지만 그러는 사람도 없고, 그래서도 안 됩니다. 대통령 비서실장이 대통령께 보고할 때 '대통령님'이라고 해야지, 그냥 '대통령'이라고 하면 너무 이상하지 않을까요?

아무튼 부장이든 국장이든 대통령이든 면전에 두고 부를 때(호칭)에는 직함 뒤에 '님'을 붙이는 것이 바른 우리말 예절입니다. 하지만 부르는 말이 아니라 가리키는 말(지칭)에서는 '님'을 뺄 수도 있습니다.

예를 들어 어느 회사의 창립기념식에서 회장의 인사말을

뜨악하는 ⓧ 뜨악해하는 ◉

'뜨악하다'는 비표준어처럼 보이지만, "마음이 선뜻 내키지 않아 꺼림칙하고 싫다"라거나 "마음이나 분위기가 맞지 않아 서먹하다. 또는 사귀는 사이가 떠서 서먹하다"라는 뜻의 표준어입니다. '뜨악한 기분' '뜨악한 표정' 등처럼 쓰이죠. 하지만 형용사이므로 '뜨악하는'으로는 못 씁니다. 왜냐고요? 이에 대한 설명은 너무 길어 〈문법 편〉에서 자세히 다뤄 놓았습니다.

1부 말과 글은 생명체입니다

청해 들으려 할 때 사회자는 직원들을 향해 '회장님'이라고 지칭할 수 있습니다. 하지만 새해를 맞아 국민들께 신년인사를 하러 나선 대통령을 두고 사회자가 '대통령님'이라고 지칭할 수는 없습니다.

이러한 호칭과 지칭에 대해 더 알고 싶다면 국립국어원 누리집에 들어가서 '표준 언어 예절'을 검색해 읽어 보기를 권해 드립니다. 정말 재미있고 유익한 내용이 많이 들어 있답니다.

번역투의 오해와 진실, 🖊
짜잔~

여러 책에 실리거나 '우리말 전문가'라고 하는 사람들이 주장하는 우리말 지식에 대해 국립국어원이 '글쎄요~ 아닌 것 같은데요'라고 부정하는 것이 참 많습니다. 그런 것 몇 가지만 국립국어원 누리집의 내용을 정리해 옮겨 보겠습니다.

Q ·········· "조선시대 관청에서 실무용으로 사용했던 관인(도장)을 통해 조선시대 주요 관청과 관인에 대해 조명"에서처럼 '-을 통해'가 많이 사용됩니다. 이

러한 표현이 일본어 혹은 일본어 번역투에서 비롯됐다는 이야기를 들었는데요.

Ⓐ 국립국어원 〈표준국어대사전〉에 '-을 통한' '-을 통해'의 여러 용례가 쓰이고 있다. 〈표준국어대사전〉을 근거로 할 때 '-을 통한' '-을 통해'를 일본어 번역투로 보는 근거를 찾기 어렵다.

Ⓠ ………… 요즘 워낙 번역투가 많아 어디부터 어디까지 번역투인지 헷갈릴 정도다. '-에 대해'라는 말이 영어의 about을 해석하면서 사용됐다는 기사를 봤는데….

Ⓐ 국립국어원 번역투 표현에 대해서 어문 규정에서 정한 바는 없다. 따라서 번역투 표현에 대한 관점에 따라 견해가 다를 수 있다. '-에 대해'를 번역투로 보는 견해도 있지만, 〈표준국어대사전〉에 "대상이나 상대로 삼다"라는 뜻의 동사로 '대하여'가 제시돼 있으므로 번역투 표현이라고 단정하기는 어렵다. 아래 '대하다'의 뜻풀이를 참고하기 바란다.

1부　말과 글은 생명체입니다

◎ **대-하다**

【…에】('대한' '대하여' 꼴로 쓰여) 대상이나 상대로 삼다.

전통문화에 대한 관심 / 강력 사건에 대한 대책 / 건강에 대하여 묻다 / 신탁통치안에 대한 우리 민족의 반대 운동은 전국적이었다. / 이 문제에 대하여 **토론해 보자.** / 장관이 이 사건에 대하여 **책임을 지고 사임하였다.**

음~ 결론적으로 써도 된다는 얘기입니다.

Q ········· "시간을 가지다"는 번역투 문장인가?

A 국립국어원　제시한 부분만으로는 명확히 알기 어려우나 '시간을 가지다'에서 '가지다'는 모임을 나타내는 말과 함께 쓰여 '모임을 치르다'의 의미를 나타내므로 잘못된 표현으로 보기 어렵다.

Q ········· '(만일) …할 경우' 혹은 '…의 경우'와 '적으로' 또는 '…적인'(예를 들어 공식적으로, 전면적으로, 공적인, 추가적인 등등)과 같은 표현은 모두 일본어 번역투의 잔재라고 들었는데, 사실인가?

A 국립국어원　우선 '경우'는 그 자체가 일본식 한자는 아니다.

다만 다소 어색한 표현으로 쓸 때에는 문제가 된다. 예를 들어 "철수의 경우에는 취직을 했지만 민수의 경우에는 그러지 못했다"와 같은 문장에서 '경우'는 바른 쓰임에서 다소 벗어난 사례다. "철수는 취직을 했지만 민수는 그러지 못했다" 정도로 고쳐 쓰는 것이 바람직하다.

접미사 '-적的'이 광범위하게 사용되고 있는 현상이 일본어식 표현이라는 지적이 있다. 일부 문헌에서 사용된 것을 제외하고는 개화기 이전의 우리말에서 거의 찾아보기 어려우며, 이 접미사가 붙은 말이 용법이나 의미 면에서 일본어와 별 차이가 없기 때문이다. 그러나 우리말에서 '-적' 대신 사용할 다른 말이 뚜렷이 존재하지 않으며 '-적'이 결합한 말들이 이미 활발히 사용되고 있으므로 그 사용을 잘못으로 보기는 어렵다.

Q ·········· 책이나 언론 등에서 '-할 필요가 있다'를 많이 쓴다. 반어인 '-할 필요 없다' 때문에 생긴 말 같은데, '필요 없다'의 반대는 '필요하다' 또는 '-해야 한다' 등으로 쓰는 게 맞을 듯하다. '-할 필요가 있다'는 영어 번역투인가?

Ⓐ 국립국어원 아니다. 순화어 자료에 따로 제시돼 있지 않다. 또한 사전 용례를 살펴볼 때 '필요가 있다'도 사용할 수 있을

것으로 보인다.

Q ·········· "어색한 감이 있다"라는 말을 흔히 쓰는데, 번역
투라는 말을 들었다.

A **국립국어원** "오늘은 감이 좋지 않아서 바다에 나가는 일
을 쉬었다." "신부가 떠나는 것을 구경하러 온 아낙들은 뒤늦
은 감은 있으나 신랑 인물을 침이 마르도록 칭송하는 것이었
다"(박경리의 〈토지〉)와 "따뜻한 봄 햇살이 정원의 잔디밭을 비
추고 있어 실내는 좀 무더운 감이 들었다"(최인호의 〈처세술 개
론〉) 등의 용례를 볼 때 번역투로 보기 어려울 듯하다.

Q ·········· '-중에 있습니다'는 문법에 맞지 않거나 번역투
의 말인가?

A **국립국어원** '-중에 있습니다'는 '-중이다'에서 변형된 표현으
로서 번역투로 보는 견해가 있다. 그러나 이런 표현들은 옳고
그름으로 답변하기 어렵다. 다만 표현적 측면을 고려해 문맥에
맞게 '-고 있다'로 표현하는 것이 어떨까 한다.

위의 사례들에서 보듯이 흔히들 번역투라고 하는 것을 국

립국어원은 거의 인정하지 않고 있습니다. 위의 사례 외에 '-을 필요로 하다'는 번역투이므로 '-가 필요하다' 또는 '-가 있어야 한다'로 쓰는 게 옳다거나 '-이 요구되다' 같은 피동태도 번역 투이므로 '-이 필요하다' 꼴로 써야 한다는 등 번역투와 관련한 지적이 정말 많습니다.

하지만 여러분이 번역투라고 들은 표현 대부분을 국립국어 원은 '멀쩡한 우리말 표현'으로 얘기할 겁니다. 아울러 '요구되 다' '오염되다' '흥분되다' 등처럼 여러분의 입에서 자연스럽게 나오는 '-되다' 꼴의 동사는 대부분 〈표준국어대사전〉에 등재 돼 있습니다. 제 말이 맞는지 틀리는지는 당장 〈표준국어대사 전〉을 뒤져 보거나 국립국어원 누리집에 들어가서 '온라인 가 나다'에 물어보세요. 누구 말이 맞는지 금방 알게 될 겁니다.

수동태 문장은 우리말답지 않다고요? 🖊
누가 그런 헛소리를…

번역투 표현과 관련해 빼놓을 수 없는 얘 기가 수동태受動態 문제입니다. 특히 번역 쪽에서 일하는 분들 은 수동태에 극히 민감하십니다. 수동태를 쓰면 절대 안 되는 것으로 생각하는 듯합니다.

1부 말과 글은 생명체입니다

제가 글쓰기 강의와 교열 강의 때 자주 질문받는 것도 '우리말은 능동태를 써야 우리말다운데 수동태를 남발하는 것은 문제가 있지 않으냐'는 것입니다. 그러면서 제가 만든 교재에서, 자신의 눈에 수동태로 보이는 문장들에 붉은 줄을 죽죽 그어 보여 주는 분도 있습니다.

그때 제가 "도대체 누가 그런 얘기를 해요?"라고 물으면 대개 '책에서 봤다'거나 '번역 가르치는 선생님이 그러셨다'라고들 얘기하십니다. 그러면 그때부터 제가 열변을 토합니다. 정말 정말 저엉~말 화가 나거든요. 질문한 분이 아니라 우리말과 관련해 '거짓 정보'를 퍼뜨리는 분들한테요. 그런 분들이 우리말을 병들게 하는 장본인이거든요. 그분들은 수동태를 피한다고 아주 어색한 문장을 만들기 일쑤입니다. 전혀 우리말답지 않게 말이죠.

사실 우리말에는 '수동태'라는 것이 없는 게 맞습니다. 하지만 없던 것이 생겨났습니다. 수동태는 원래 영어 문법에서 쓰던 말입니다. 그러니 우리말 문법에는 수동태가 없습니다. 그 대신 우리말에는 영어의 수동태와 똑같은 '피동태'가 있습니다. 그런데 사람들이 하도 수동태 수동태 얘기해서 지금은 수동태와 피동태가 동의어로 사전에 올라 있습니다.

그리고 여러분도 잘 **아다시피**˚ 우리말에는 능동사를 피동사로 만드는 접사로 '이' '히' '리' '기' 등이 있습니다. '오랜만에 밥을 먹는다'가 능동태 문장이라면 '오랜만에 밥이 먹힌다'는 피동태(수동태) 문장이 되는 거죠. 능동태 '줄을 끊다'로 쓸 수 있듯이 피동태 '줄이 끊기다'도 당연히 쓸 수 있습니다.

그뿐 아니라 한글학자로서 조선어학회를 창립하시고, '한글맞춤법통일안' 제정에 참여하셨으며, 광복 후에는 우리나라 교과서 행정의 기틀을 잡으신 외솔 최현배 선생님께서 저서 〈우리말본〉에서 "우리말에서 '-되다'와 '-지다'는 입음씨(피동접사)로 구실한다"라고 밝히기도 하셨습니다. 즉 능동태 '뜻을 이루다'를 피동태로 하면 '뜻이 이루어지다'가 되고, 능동태 '일을 성공하다'를 피동태로 만들려면 '일이 성공되다'로 쓰면 된다는 것이 최현배 선생님의 가르침입니다. 그런데 감히 어디 외국어 전문가라는 사람들이 "피동태는 우리말답지 않다"라고 거짓말을 퍼트리느냐고요, 글쎄.

현재 국립국어원도 같은 입장으로, "피동태에 우리말답지

아다시피 ⊗ 알다시피 ◎

'알다'나 '놀다'처럼 어간이 'ㄹ' 받침으로 끝나는 말은 'ㄴ, ㅂ, ㅅ'으로 시작하는 어미나 어미 '-오' 앞에서 어간의 'ㄹ'이 탈락합니다. 그러나 연결어미 '-다시피'는 'ㄷ'으로 시작하죠. 'ㄹ'이 탈락할 이유가 없는 겁니다. '놀다시피 했다'를 '노다시피 했다'로 쓸 수는 없잖아요. 여기서 하나 더. '알다'의 어간에 높임을 나타내는 '-시-'가 결합한 후 '-다시피'가 붙으면 'ㄹ'이 탈락하는 조건이 되므로 '아시다시피'가 된답니다.

1부   말과 글은 생명체입니다

않은 구석이 있는 것은 아니다"라고 밝히고 있습니다. 한 예로 어느 시민이 국립국어원 '온라인 가나다'에 이렇게 물은 적이 있습니다.

"분야별로 출판이 증가한 것으로 인해 젊은 독자층이 유입된 것은 중요한 원인이 될 수 있다."
위의 문장에서 '유입하다'의 수동태로 '유입되다'가 사용됐는데 '유입하다'로 사용해도 괜찮을까요?

이에 국립국어원은 "'유입되다'와 '유입하다'는 그 의미가 같지 않으므로 사용 맥락에 따라 구분해 쓰시는 것이 적절합니다. '유입하다'에 비해 '유입되다'에는 피동의 의미가 좀 더 드러나 있다는 점을 참고하시기 바랍니다"라고 답해 놓았습니다. 또 다른 시민은 이렇게 물었습니다.

아래 세 가지 예시에서 수동태와 능동태 중 어떤 사용법이 맞는 건가요? 요즘 너무 혼용해 사용하는 것 같아서 정확한 기준도 궁금합니다.
1) ①꾸준히 금융여건이 완화하고 있다.
　　②꾸준히 금융여건이 완화되고 있다.
2) ①점유율이 떨어진 것으로 추정되면서 위기설이 확산했다.

②점유율이 떨어진 것으로 추정되면서 위기설이 확산됐다.

3) ①첫 노사협상에서 노조 요구가 대부분 관철한 것으로 보인다.

②첫 노사협상에서 노조 요구가 대부분 관철된 것으로 보인다.

이 질문에도 국립국어원은 "'긴장된 상태나 급박한 것을 느슨하게 하다'를 의미하는 '완화하다'와 '어려움을 뚫고 나아가 목적을 기어이 이루다'를 의미하는 '관철하다'는 목적어를 요구하는 서술어이므로 1번과 3번의 경우는 자동사인 '완화되다'와 '관철되다'를 쓰는 것이 적절하겠습니다. 다만 2번과 같은 경우는 '확산하다/확산되다' 모두 자동사로 쓰이므로 보이신 표현 모두 쓸 수 있겠습니다"라고 답합니다.

이 답변 중 "1번과 3번의 경우는 자동사인 '완화되다'와 '관철되다'를 쓰는 것이 적절하겠다"라고 한 것에서 '자동사'는 곧 피동사를 의미합니다. 모든 피동사는 자동사로, 그 앞에 절대 목적어('빵을' '새를' 등처럼 명사에 조사 '을'이나 '를'이 붙는 말)가 오지 못합니다.

결국 국립국어원은 '주어가 어떤 동작이나 작용을 스스로 하였을 때' 서술어로 능동사를 취하고, '주어가 어떤 동작의 대상이 돼 그 작용을 받을 때'에는 서술어로 피동사를 취하라고 설명해 주고 있습니다.

'수동태(피동태) 문장'으로 골머리를 앓지 마세요. '-되다'

1부 말과 글은 생명체입니다

와 '-지다' 등이 붙은 말이어도 자연스럽게 읽히면 거의 다 맞는 표현입니다. '일이 성공하다'보다는 '일이 성공되다'가 더 자연스럽고, '의자가 만들다'보다는 '의자가 만들어지다'가 훨씬 부드럽게 읽힙니다. 그러면 맞게 적으신 겁니다.

'꺼려하다'는

비문법적인 말이다?

　　　　　"일반에 공개되길 꺼려하는 미군부대에서의 촬영은…""인터뷰 요청도 꺼려하지 않고 선뜻 응했다" 따위 예문에서 보듯이 '꺼려하다'는 아주 널리 쓰이는 말입니다.

　그런데 이 말을 두고 의견이 분분합니다. 누구는 쓸 수 있는 말이라고 하고, 누구는 절대 그래서는 안 된다고 합니다. 우리말 관련 책이나 인터넷 블로그와 카페에서는 '그래서는 안 된다'가 우세한 편입니다.

　저도 한때는 '그래서는 안 된다'를 지지했습니다. "사물이나 일 따위가 자신에게 해가 될까 하여 피하거나 싫어하다" 또는 "개운치 않거나 언짢은 데가 있어 마음에 걸리다"를 뜻하는 '꺼리다'에 아무 이유 없이 '-하-'를 집어넣은 꼴이 이상했거든요. '삼가다'를 '삼가하다'로 쓸 수 없듯이 '꺼리다'도 '꺼려하다'로 쓸 수 없다고 생각한 거죠.

우리말 중에는 '슬퍼하다' '즐거워하다' '기뻐하다' 따위처럼 '용언+어(아)하다' 꼴을 이루는 것이 있기는 하지만, 이때는 앞에 오는 용언이 형용사여야 합니다. '형용사 어간+어(아)하다=동사'가 되는 것이 우리의 말법이거든요. 그러나 '꺼리다'는 그 자체가 동사입니다. 따라서 '-어(하다)'를 붙여 쓸 까닭이 없습니다.

하지만 제 생각이 짧았음을 뒤늦게 알았습니다. '-어하다'가 형용사 어간에 붙기는 하지만 반드시 그런 것은 아니라는 사실을 깨달은 거죠.

우리가 흔히 쓰는 말 "어쩔 줄을 몰라한다"에서 '모르다'는 분명 동사입니다. '-어하다'가 동사 뒤에 붙어서도 아주 자연스럽게 쓰인 사례가 있는 겁니다.

더욱이 국립국어원도 누리집 '온라인 가나다'에서 "'-어하다'가 타동사에 붙는 것이 일반적인 현상은 아니지만 '꺼려하다'의 경우는 일반적으로 널리 쓰이기 때문에 비표준어라고 하기 어렵다"라고 공식 입장을 밝혔습니다. 다만 이때에는 '꺼리다'가 본동사이고 '하다'는 보조동사로, '꺼려 하다'로 띄어 씀이 원칙이고 '꺼려하다'로 붙여 씀을 허용한다고 했습니다.

우리말은 이런 겁니다. 몇 줄의 한글맞춤법과 표준어규정, 사전적 풀이만으로는 모든 말을 재단할 수 없는 것이 바로 우

　　　　　　　1부 말과 글은 생명체입니다

리말입니다.

또 우리말을 대하는 태도는 이래야 합니다. '이런저런 이유로 이 말은 쓰지 못한다'가 아니라 '이러저런 사례도 있으니 이 말은 쓰도록 하자'는 마음을 가져야 하는 거죠.

아무튼 적지 않은 사람들이 아직도 '꺼려하다'를 바른말로 보지 않고 있지만, 여러분은 그러지 **마십시오.**[*] 마음껏 쓰세요. 국립국어원도 그 쓰임을 인정했으니까요.

다만 하나 아쉬운 것이 있다면, 국립국어원이 '모르다'와 '꺼리다'를 동사로만 못 박지 말고 형용사로도 쓸 수 있다고 말의 쓰임 폭을 넓혀 놓으면 논란이 싹 사라질 텐데, 그러지 않고 있다는 점입니다.

〈표준국어대사전〉이 나오기 전까지 모든 국어사전은 '힘들다'를 동사로 다뤘습니다. 하지만 지금은 형용사가 됐습니다.

마십시요 ⊗ 마십시오/마세요 ◉

어떤 표현에서든 '-시요'가 눈에 띄면 틀린 말로 보면 됩니다. 한글맞춤법 제15항 '붙임 2'에서 "종결형에서 사용되는 어미 '-오'는 [요]로 소리 나는 경우가 있더라도 그 원형을 밝혀 '오'로 적는다"라면서, 그 예로 '오시오'를 '오시요'로 적어서는 안 된다고 했거든요. 아울러 '시'가 이미 존대를 나타내므로 또다시 존대의 의미를 지닌 '요'를 붙이는 것도 이상합니다. 존대를 나타내는 '-요'는 반말 뒤에 붙어야 합니다. '그것 때문에'를 '그것 때문요', '그만해'를 '그만해요', '먹고 싶어'를 '먹고 싶어요'라고 하듯이요. 〈문법 편〉에 존대와 관련한 내용을 좀 더 자세히 다뤄 놓았으니 꼭 읽어 보십시오.

반대로 '잘생기다'는 형용사에서 동사로 바뀌었습니다. 또 '있다'는 예전엔 형용사였지만 지금은 동사와 형용사로 두루 쓰이고 있습니다.

그뿐 아닙니다. '만족滿足하다'와 '감사感謝하다' 따위처럼 동사와 형용사로 함께 쓰이는 말들이 꽤 있습니다. 따라서 '모르다'와 '꺼리다'도 형용사 용법을 인정해 주지 못할 이유가 없습니다. 그렇게만 되면 '꺼려하다'를 둘러싼 논쟁도 없어질 겁니다.

어떤가요? 제 생각이 괜찮지 않나요?

'감사하다'보다는 ✎
'고맙다'를 쓰라고요? 왜죠?

우리말 관련 책이나 블로그 등에서 주장하는 것 중에는 '축하(를)드립니다' '감사(를)드립니다' '사죄(를)드립니다'는 잘못 쓴 말로, 꼭 '축하합니다' '감사합니다' '사죄합니다'로 써야 한다는 내용이 많습니다.

이렇게 주장하는 분들은 대개 '감사' '축하' '사죄' 등의 말은 '드리다'라는 동사와 어울리지 않는다고 말합니다. 감사와 축하를 표현하는 데 경의를 담을 필요가 없다는 거죠. 그러나 정말 그럴까요? 그렇지 않다는 것이 제 생각입니다.

우선 '감사'의 경우, 이 말은 주로 아랫사람이 윗사람에게 쓰는 것이 언어 현실입니다. '사죄' 역시 그렇고요. 아랫사람은 윗사람에게 "감사합니다"와 "고맙습니다"를 함께 쓰지만, 윗사람은 아랫사람에게 "감사하네"를 거의 쓰지 않고 주로 "고맙네"를 씁니다. 또 아랫사람은 윗사람에게 '사죄'하지만, 윗사람은 아랫사람에게 '사과'합니다.

즉 '감사'와 '사죄'는 대개 윗사람이 받는 말입니다. 따라서 이들 말 뒤에 "공손한 행위의 뜻을 더하면서 동사를 만드는 접미사" '드리다'가 붙지 못할 까닭이 없습니다. 아버지께서는 나에게 '말씀하시지만' 나는 아버지께 '말씀드려야' 하듯이, 아버지께서 내게 '축하했다면' 나는 아버지께 '축하드려야' 격이 맞습니다.

국어사전들도 접미사 '드리다'의 용례로 '말씀드리다'를 다루고 있습니다. 또 동사 '드리다'에 대해 "윗사람에게 그 사람을 높여 말이나, 인사, 부탁, 약속, 축하 따위를 하다"라는 뜻풀이를 올려놓기도 했습니다.

사람들이 널리 쓰고 사전들도 쓸 수 있다고 밝힌 내용을, 자신만의 생각으로 쓰지 말아야 한다고 주장하는 것은 옳지 않습니다.

말은 시시각각으로 변합니다. 사람들의 입을 거치면서 끊

임없이 성장하는 거죠. 그런 말들의 주인은 그 말을 쓰는 사람입니다. 저를 포함해 우리말 공부를 남들보다 조금 더 한 사람들이 말의 주인이 돼서는 안 됩니다.

사람들이 널리 쓰고, 사전에도 올라 있고, 우리말법에도 어긋나지 않는다면, 그 말은 무조건 쓰도록 해야 합니다. '축하드리다' '감사드리다' '인사드리다' 따위가 그런 말입니다.

물론 국립국어원이 펴낸 〈표준화법 해설〉은 '축하드리다'나 '감사드리다' 따위를 불필요한 공대로 다루고 있습니다. 하지만 이것은 그 책이 나온 1992년의 얘기입니다.

국립국어원 누리집 '온라인 가나다'의 최근 답글을 보면 "'공대'를 뜻하는 접미사 '드리다'가 〈표준국어대사전〉에 등재돼 있으므로 '감사드리다, 축하드리다'를 잘못으로 보아야 하는가는 좀 더 논의가 필요하다"(2007년 4월 13일)는 내용도 있고, "접미사로 쓰인 '-드리다'의 경우는 '공손한 행위'의 뜻을 더하고 동사를 만드는 접미사로 쓰이는데, 이때 '축하드리다'는 그 자체가 하나의 동사가 된다"(2009년 9월 25일)는 설명도 있습니다. 세월 속에 말과 글이 바뀌듯이 화법도 바뀌는 겁니다.

또 하나 덧붙일 얘기가 있습니다. '감사하다'는 일본식 한자말이고 '고맙다'는 우리말이므로, '감사하다'보다는 '고맙다'를 쓰는 것이 좋다는, 아주 해괴한 주장에 대한 얘기입니다.

　　　　　　　　1부　말과 글은 생명체입니다

여러분은 어떻게 생각하나요? 진짜 '감사하다'는 일본에서 건너온 한자말이고, 우리는 예부터 '고맙다'만 썼을까요?

이는 정말도 말도 안 되는 소리입니다. 아주 단순한 예로, 〈조선왕조실록〉처럼 오직 한자로만 기록해 놓은 우리 옛 문헌에는 '고맙다'라는 표현을 뭐로 적어 놓았을까요? 당연히 '감사' 아닐까요?

이와 관련해서는 국립국어원도 뚜렷이 밝히고 있습니다.

"'감사하다'를 쓰는 대부분의 경우 '고맙다'로 바꾸어 쓸 수 있고, 또 바꾸어 쓰는 경우가 더 많은 것이 사실이다. 그렇다고 해서 '감사하다'를 쓰지 말아야 하는 것은 아니다. 굳이 그 용도를 구분하자면 '감사하다'는 좀 더 격식을 차리는 말투에 많이 쓰이고, '고맙다'는 친근한 비격식체 관계나 좀 더 부드러운 말투에 더 잘 어울리는 듯하다. 어떻든 두 단어는 어떤 미묘한 차이를 나타낸다고 보아야 한다. 따라서 '감사하다'를 기계적으로 무조건 '고맙다'로 대체하는 일은 우리의 언어생활을 어떤 틀에 맞춰 너무 경직되게 만들 우려가 있다"라고 말입니다.

물론 같은 뜻이라면 가능한 한 순우리말을 쓰는 게 좋다고 봅니다. 하지만 "순우리말 '가람'을 두고 왜 '강江'을 쓰느냐, '천千'은 중국 오랑캐들이 처음 쓴 말이니 빨리 버리고 곱고 예쁜 순우리말 '즈믄'을 써야 한다"라고 주장한다면, 이건 정말 코미디에서나 들을 소리 아닐까요? 안 그렇습니까?

'야채'는 '채소'로 써야 한다?

왜?

'채소菜蔬'는 나물을 뜻하는 '채菜'와 '소蔬'가 결합한 한자어이고, '야채野菜'는 들을 뜻하는 '야野'와 나물을 뜻하는 '채'가 합쳐진 말입니다. 그 말이 그 말이지요.

그런데 '채소'는 우리의 한자말이고, '야채'는 일본만 쓰는 한자말이니, '야채'를 버리고 '채소'로 써야 한다고 주장하는 사람이 꽤 많습니다.

어느 정도 설득력이 있는 말이기도 합니다. 예부터 중국에서는 '소채'나 '채소'라는 말을 사용했고, 우리나라에서는 주로 '채소'로 써 왔거든요. 이와 달리 일본에서는 '야채야사이·やさい'가 쓰였습니다. 그 말이 일제강점기 때 우리나라로 건너와 널리 퍼졌지요. 그러니 '야채'를 버리고 '채소'로 써야 한다는 얘기는 어느 정도 설득력이 있습니다.

하지만 '일본에서 만들어진 말'이므로 우리가 써서는 안 된다는 주장은 '국어' '수학' '과학' '물리' '화학' 같은 말도 버려야 한다는 얘기가 되고 맙니다. 이들 말도 중국이나 우리나라가 먼저 쓴 것이 아니고, 일본이 먼저 사용한 말이니까요. 어디그뿐이겠습니까? '대통령' '국무총리' '지구' 등도 모두 일본이 먼저 쓴 한자말입니다. 그러니 이들 말을 버리고 우리가 예전에 쓰던 대로 '전하' '영의정' '땅덩이' 따위로 쓰자고 하면, 이를 받아들일 수 있을까요?

특히 우리말과 관련해 '일본 한자말은 버리고, 중국 한자말을 써야 한다'는 논리가 퍼져 있는데, 이는 조금 생각해 볼 필요가 있습니다. 어떻게 보면 사대주의로 비쳐질 수도 있으니까요.

이에 대해 국립국어원은 "〈표준국어대사전〉에서는 '채소'를 '밭에서 기르는 농작물'로 뜻풀이하고 '야채'는 이러한 채소를 일상적으로 이르는 말로 뜻풀이해 양자를 모두 표준어로 인정하고 있으므로 둘 다 쓸 수 있는 말이다"라고 설명하고 있습니다.

'온라인 가나다'에서는 "'야채'와 '채소'에 대해 '야채'가 '채소'의 일본식 한자어라고 주장하는 견해가 있기는 하지만, 그 근거를 정확히 알기는 어렵다"라는 답변도 보입니다. '야채'를 쓸 수 있다는 얘기죠.

또 신문과 방송 등에서 일본말 찌꺼기를 얘기할 때면 빠지지 않고 등장하는 것이 '입장'과 '역할'입니다. 지금 서점에 여봐란듯이 꽂혀 있는 우리말 관련 책 중에도 그런 내용을 담은 것이 많습니다. '입장'은 '처지', '역할'은 '할 일' 따위로 써야 한다는 식이지요. 하지만 이는 정말 세월 모르고 하는 소리입니다.

국립국어원이 근 30년 전에 일본어투 생활용어를 순화하면서 '입장'과 '역할'을 쓸 수 있도록 했거든요. 우리 말글살이 정책의 최고 기관이 일본식 한자말 '입장'과 '역할'에 한복을 입힌 셈이지요.

이런 말들이 아주 많습니다. 그러니까 여러분은 "○○○은 일본식 한자말이니까 쓰지 말아야 한다"는 얘기를 들으면 그대로 믿지 말고 꼭 확인해 봐야 합니다.

우선은 〈표준국어대사전〉을 뒤지면 됩니다. 예를 들어 '기라성綺羅星'을 찾으면 "밤하늘에 반짝이는 무수한 별이라는 뜻으로, 신분이 높거나 권력이나 명예 따위를 가지고 있는 사람이 모여 있는 것을 비유적으로 이르는 말"이라는 뜻풀이가 나옵니다. 그러면 써도 되는 말입니다. 써서는 안 되는 말이라면 뜻풀이 대신 '→'와 함께 바른 표기를 일러 줍니다. '오뎅'을 찾으면 "오뎅oden[御田] → 어묵"으로 나옵니다.

만약에 〈표준국어대사전〉에 없는 말이라면 국립국어원 누리집의 '묻고 답하기'에 질문을 남기면 됩니다. 그러면 친절하게 알려 줄 겁니다. 이와 관련해서는 〈문법 편〉에서 좀 더 자세히 설명해 놓을게요.

1부 말과 글은 생명체입니다

'행복하세요~' '건강하세요~'를 쓸 수 없다?
뭘 모르는 소리네요

　　　　　　　우리말글을 좀 안다는 사람들이 주장하는 것 중에 "'행복하세요'와 '건강하세요'는 어법에 맞지 않는 말로 써서는 안 된다"라는 얘기도 있습니다.

　여러분은 어떻게 생각하세요? "할머니, 올해도 건강하세요"라거나 "아빠 엄마, 결혼 기념일 축하드려요. 올해도 누구보다 행복하세요"라는 표현이 어색한가요? 아니지요? 아닐 겁니다.

　일반인들 백이면 백 모두 쓰는 '행복하세요'와 '건강하세요'를 쓰지 못하게 하는 배경에는 '형용사는 명령형과 청유형을 만들 수 없다'는 전통적 '학교 문법'이 깔려 있습니다.

　하지만 우리말글은 수학처럼 어떤 공식에 잡아맬 수 있는 것이 아닙니다. 우리가 어떤 법률에 따라 사유하는 것이 아니라 내 마음이 가는 대로 자유롭게 생각하듯이 우리말글 역시 자유롭게 발달하면서 일정한 문법에서 벗어나는 사례를 만들곤 합니다. 앞에서 얘기한 '꺼려하다'도 그렇잖습니까.

　'형용사는 명령형과 청유형을 만들 수 없다'도 마찬가지입니다. 우리가 흔히 쓰는 표현 중에 "엄마, 아프지 마"라는 말이 있습니다. 여러분도 이런 말 많이 쓰죠?

엄마,
올해도 건강하세요.

✦ **'건강하세요'**처럼 형용사가 명령형으로 쓰일 때는 명령의 의미가 아닌 기원의 의미를
나타내므로 바른 표현입니다.

그런데 본래 "앞말이 뜻하는 행동을 하지 못하게 함을 나타
내는 말"로 쓰이는 '말다'는 분명 보조동사입니다. 앞말이 반
드시 동사여야 한다는 것이지요. 〈표준국어대사전〉은 지금 이
순간에도 보조동사 '말다'에 대해 "동사 뒤에서 '-지 말다' 구

1부   말과 글은 생명체입니다

성으로 쓰여"라고 분명히 못 박고 있습니다.

이 뜻풀이대로라면 "엄마, 아프지 마"는 문법에 어긋나는 표현입니다. '아프다'는 동사가 아니라 형용사이거든요.

또 이것은 어떤가요. '더도 말고 덜도 말고 한가위만 같아라'라는 표현요. 많이들 들어 본 말이죠? 여기서 '같아라'는 같(같다의 어간)+아라(해라할 자리에 쓰여, 명령하는 뜻을 나타내는 종결어미)의 구조로, 문법적으로만 보면 명령형의 표현입니다. 하지만 '더도 말고 덜도 말고 한가위만 같아라'라는 표현을 명령형으로 쓰는 사람이 있나요? 여러분은 그렇게 쓰세요?

아닐 겁니다. 〈표준국어대사전〉이 명령형 종결어미 '아라'에 대해 "'오다'와 '오다'로 끝나는 동사를 제외하고 끝음절의 모음이 'ㅏ, ㅗ'인 동사 어간 뒤에 붙어"라고 못 박고 있어도 사람들은 '더도 말고 덜도 말고 한가위만 같아라'를 명령형으로 쓰지는 않습니다. 이런 겁니다. 이런 것이 우리말이고, 우리 말법입니다.

'엄마, 아프지 마'와 '더도 말고 덜도 말고 한가위만 같아라'의 공통점은 어떤 기원을 담고 있다는 겁니다. 정말 아프지 않기를 바라는 애틋한 마음, 한가위 무렵의 들녘처럼 풍요로웠으면 좋겠다는 간절한 소망이 담긴 표현이죠.

자, 그럼 처음으로 돌아가서 "할머니, 올해도 건강하세요"와 "아빠 엄마, 결혼 기념일 축하드려요. 올해도 누구보다 행복하세요"는 우리말법에 맞는 표현일까요? 아닐까요?

당연히 맞는 표현입니다. 위의 표현은 명령형 혹은 청유형 따위 '문법적 표현'이 아니라 말하는 사람의 어떤 기원을 담은 '인간적 표현'입니다. 다시 말해 "엄마, 아프지 않기를 **바래요°**"가 '문법적'으로 맞는 표현이라면, "엄마 아프지 마"는 '인간적'으로 옳은 표현인 거죠.

결론적으로 '건강하세요'와 '행복하세요'는 쓸 수 있는 말입니다. 문법에 어긋나든 말든 사람들이 모두 쓰는 말이잖습니까.

📑 바래요 ⊗ 바라요 ◎

우리가 평소 말을 하면서 종결어미 '-아'를 [애]로 소리 내는 경우가 종종 있습니다. '오늘 날씨가 좋은 것 같아'를 '오늘 날씨가 좋은 것 같애'로 소리 내듯요. 하지만 "해할 자리에 쓰여, 어떤 사실을 서술하거나 물음·명령·청유를 나타내는 종결어미"로는 '-아'와 '-어'가 있고, 그런 '-아'와 '-어'를 써야 할 상황의 앞 음절 모음이 'ㅏ'이거나 'ㅗ'일 때에는 '-아'를 씁니다. '막아'와 '좋아'처럼요. 종결어미에 '-애'는 없습니다. 또 한글맞춤법 제34항은 "모음 'ㅏ, ㅓ'로 끝난 어간에 '-아/-어, -았-/-었-'이 어울릴 적에는 준 대로 적는다"라고 밝히고 있습니다. '가다'를 활용할 때 '가아'나 '가았다'가 아니라 '가'나 '갔다'로 적으라는 소리죠. 이에 따라 "생각이나 바람대로 어떤 일이나 상태가 이루어지거나 그렇게 됐으면 하고 생각하다"라는 의미의 '바라다'를 활용하면 그 종결형은 '바래'가 아니라 '바라'가 됩니다. '바랬다'도 '바랐다'가 되고, '바라다'의 명사형 역시 '바램'이 아닌 '바람'이 됩니다. 그런데요. 표기법에 맞게 "나는 네가 공부하기를 바라"라고 하면 괜히 어색해 보입니다. 이럴 때에는 "나는 네가 공부했으면 좋겠어"나 "나는 네가 공부하기를 원해" 따위로 바꿔 표현하는 것이 어색함을 피하는 방법입니다.

1부 말과 글은 생명체입니다

이와 관련해서는 국립국어원의 견해에도 변화의 분위기가 느껴집니다. 지난 2015년만 해도 국립국어원 측은 "질의한 '건강하세요, 행복하세요'의 경우 '건강하시기 바랍니다'나 '행복하시기 바랍니다'와 같이 쓰는 것이 적절해 보인다. 2012년의 〈표준 언어 예절〉에서는 "'건강하다'는 형용사로, 형용사는 명령문을 만들 수 없을 뿐 아니라 어른에게 하는 인사말로 명령형 문장은 될 수 있으면 피해야 하기 때문에 '건강하십시오'보다는 '건강하시기 바랍니다'나 '더욱 강녕하시기 바랍니다'와 같이 사용하길 권하고 있다"라고 밝혔습니다.

하지만 2016년에는 같은 질문에 "질의한 '건강하다'는 형용사이므로 명령형인 '건강하세요'를 비문으로 얘기한 듯하다. 본래 형용사는 명령과 청유형으로 표현할 수 없지만, '건강하세요'처럼 형용사가 명령형으로 쓰일 때는 명령의 의미가 아닌 기원의 의미를 나타내므로 바른 표현이라는 점을 참고하기 바란다"라고 답변이 바뀌었습니다. 국립국어원이 '형용사는 명령형이나 청유형을 만들 수 없다'는 학교 문법을 손질할 움직임을 보이는 거죠.

제가 생각할 때 가장 좋은 방법은 〈표준국어대사전〉 속 '-세요'의 뜻풀이로 "'해요' 할 자리에 쓰여, 설명·의문·명령·요청의 뜻을 나타내는 종결어미"에 '기원祈願'을 슬쩍 집어넣는 겁니다.

아무튼 '건강하세요'와 '행복하세요'는 쓸 수 있다는 것이 저 우달이의 분명한 생각입니다. 따라서 '부자 되세요'와 '좋은 하루 되세요' 등 비슷한 유형의 표현 역시 조만간 바른 표현으로 대접받을 게 확실합니다. 이런 게 우리말입니다.

'상갓집'과 '병원에 입원했다'는 문법에 어긋난다? 🖉
과연 그럴까요?

우리말에는 흔히 '겹말'이라는 게 있습니다. '이중 표현'도 많지요. 예를 들어 '검정색'은 겹말이고, 광고에 등장한 '넓은 광대역'은 '이중 표현'입니다. 여기에서는 둘을 그냥 '이중 표현'으로 설명할게요.

'검정색'의 '검정'은 "검은 빛깔이나 물감"을 뜻합니다. 따라서 '검정색'이라고 하면 "검은 빛깔의 색"이라는 이상한 표현이 되고 맙니다. '빛깔'과 '색'은 같은 말이니까요. '빨강색' '파랑색' '노랑색' '하양색'도 마찬가지로, '빨강' '파랑' '노랑' '하양'으로만 쓰거나 '빨간색' '파란색' '노란색' '하얀색'으로 써야 합니다.

또 '광대역廣帶域'에서 광廣은 '넓을 광' 자입니다. 따라서 '넓은 광대역'이라고 하면 '넓은 주파수 대역이 넓은'이라는 아주 이상한 표현이 되죠. 또 '광대역'이라고 하면 충분한 표현에 불필요한 '넓은'을 한 번 더 썼으니 언어의 경제성 측면에서도 좋지 않다고 생각합니다.

그런데 말입니다. 이러한 '이중 표현'은 모두 잘못된 말일까요? 아닙니다. 절대 아닙니다. 우리가 이중 표현을 완전히 배제하고는 도저히 언어생활을 할 수 없기 때문이죠.

예를 들어 '손수건'과 '축구공'에서 '손'과 '수(手: 손 수)', '구(球: 공 구)'와 '공'은 의미가 겹칩니다. '소문所聞을 듣다'에서 '문(聞: 들을 문)'과 '듣다' 역시 같은 의미입니다. 그렇게 의미가 겹친다고 해서 '손수건'을 '수건'으로만 쓰고, '축구공'을 '축구'로만 쓰면 어떻게 되겠습니까? 의미가 완전히 달라집니다. 특히 '소문을 들었다'는 다른 말로 고쳐 쓸 수도 없습니다. '당구를 치다'도 마찬가지입니다. 당구撞球의 '撞'이 '칠 당'이므로, 이중 표현을 피하자면 '당구를 하다'라거나 '공을 치다'로 써야 합니다. 그러나 '당구를 하다'는 사람들이 전혀 쓰지 않는 말이고, '공을 치다'는 대개 "골프를 하다"라는 의미로 쓰입니다. '박수 치다'도 쓸 수 없습니다. 박수拍手의 '拍'이 '칠 박'이기에, 뒤에 '치다'가 오면 이중 표현이 되고 맙니다.

이러한 점 때문에 국립국어원도 이중 표현을 어느 정도 인정하고 있습니다. 국립국어원이 펴낸 〈표준국어대사전〉에 '피해를 입다' 등의 사용례가 보이고, '상갓집'과 '초가집' 등은 표제어로 올라 있거든요. 피해被害의 '被'가 '입을 피'이니 의미가 중복되고, '초가집'과 '상갓집'은 '가家'와 '집'이 겹치지만, 국립국어원은 이를 바른 표현과 바른말로 보고 있습니다.

국립국어원이 이들 표현과 말을 인정하는 것은 한자와 순우리말을 함께 쓸 수밖에 없는 우리 말글살이의 한계 때문입니다. 사실 예전에 한자는 권력자들의 언어로, 순우리말은 그들에게 휘둘림을 당하는 사람들의 말로 쓰였겠지요. 그러다 보니 한자말에 순우리말을 덧대어 쓰는 일이 자연스러운 언어 습관이 됐을 듯합니다. 한자로만 지시·명령하면 무슨 뜻인지 이해하지 못해 순우리말로 의미를 보충하게 된 거죠.

따라서 인터넷에 떠돌아다니는 "'병원에 입원했다'는 그냥 '입원했다'로만 쓰는 게 바른 표현이다" 등의 주장은 옳지 않습니다. 왜냐하면 "우달이가 아파서 입원했다"로만 쓰면 우달이가 입원한 곳이 병원인지, 아니면 한의원인지, 그도 아니면 요양원인지 알 수가 없으니까요.

또 '박수를 치다'는 '손뼉을 치다'로 고쳐 쓸 수 있기는 한데 "대통령이 국군 장병의 늠름한 모습에 손뼉을 치며 격려하고 있다"라고 하면, 어째 좀 대통령의 품위가 떨어져 보입니다.

물론 '이중 표현'을 바람직한 언어 사용이라고 말할 수는 없습니다. 습관처럼 사용하는 '결연을 맺다' 같은 표현이 우리말의 다양한 쓰임을 가로막기 때문이죠. '결연結緣'의 결結은

　　　　　　1부　말과 글은 생명체입니다

'맺을 결'입니다. 따라서 '결연을 맺다'라고 하면 "인연 맺기를 맺었다"는 이상한 말 꼴이 됩니다. '결연을 맺다'가 이상한 표현이라는 사실을 안다면 '결연을 하다' '인연을 만들다' '인연

을 맺다' 등 더욱 다양한 표현을 쓰려는 마음이 들게 될 겁니다. 표현력이 훨씬 좋아지는 거죠.

게다가 모든 국어사전이 여전히 '늘상'('늘'은 순우리말이고, '상常'은 "늘"을 뜻하는 한자말임)을 "'늘'의 잘못"이라고 밝히고 있습니다. '역전 앞' 역시 국립국어원은 '역 앞'으로 쓰도록 하고 있습니다. 또 '앙케트'이면 '앙케트'이고 '조사'면 '조사'이지 '앙케트 조사'는 좀 우스꽝스럽습니다. '이벤트 행사'도 마찬가지고요. 마치 '밀크 우유 좋아해'라고 말하는 것과 같습니다.

제가 이중 표현을 두고 이랬다 저랬다 하니까 좀 헷갈리시죠? 미안한데, 우리말이 원래 그렇습니다. 두부 자르듯이 쉽게 둘로 나눌 수 없는 겁니다. 이 때문에 국어학계에서도 '이중 표현'을 두고 '쓸 수밖에 없는 말'이라고들 합니다. 하지만 적극 권장할 우리말이라고는 절대 얘기하지 않습니다. 바르게 고쳐 쓰면 백번 좋다고들 하지요.

이런 이중 표현은 정말 많습니다. '간단히 요약하다' '결론을 맺다' '과반수를 넘다' '제가 보는 견지에서' '돈을 송금하다' '떨어지는 낙엽' '보는 관점에 따라' '만족감을 느끼다' '말로 형언할 수 없다' '맡은 바 소임' '방치해 두다' '서로 상통하다' '신속하고 빠르게' '쓰이는 용도에 따라' '아는 지인' '이득을 얻고' '지난해 연말' '하얀 백사장' 등등 헤아리기 힘들 정도입니다.

1부 말과 글은 생명체입니다

이들 표현을 찬찬히 살펴보면 한자말 중 하나가 앞뒤의 순우리말과 똑같은 의미를 지니고 있음을 금방 알 수 있습니다. 즉 이러한 이중 표현을 쓰지 않으려면 순우리말과 뜻이 같은 한자를 쓰지 않거나 순우리말을 다른 말로 바꾸면 되는 겁니다.

예를 들어 '만족감滿足感을 느끼다'는 '감感'과 '느끼다'가 겹치는 말이니까 '만족(함)을 느끼다'나 '만족감을 얻다(나타내다 / 누리다)' 따위로 쓰면 되는 거죠. 또 '떨어지는 낙엽落葉'은 '떨어지는 잎사귀' '가지에서 내려온 가을잎' '뒹구는 낙엽' 등 바꿔 쓸 말이 얼마든지 있습니다.

이들 예에서 보듯이 이중 표현을 쓰지 않으면 불편한 것이 아니라 표현력이 훨씬 좋아집니다. 그러나 아무리 생각해도 이중 표현이 훨씬 편하면 그냥 써도 됩니다.

'-화되다'는 반드시 피해야 할 겹말이다?
에이~ 말도 안 돼

겹말 또는 이중 표현을 얘기할 때면 꼭 등장하는 것이 '상품화되다' '보편화되다' 따위처럼 쓰이는 '-화되다'의 문제입니다. '-화되다'에서 '화'가 '될 화化'이므로, 뒤에 '되다'가 이어지면 '되다'를 두 번 쓴 꼴이 됩니다. 따라서

'화+되다'는 의미 중복이므로 써서는 안 되고, '화+하다'로 써야 한다고 주장하는 사람이 많습니다. 지금 시중에서 팔리는 책에도 이런 내용을 담고 있는 것이 적지 않습니다.

하지만 이는 하나만 알고 둘은 모르는 소리입니다. 당연히 우리말법에도 맞지 않습니다.

결론부터 말하면 '-화하다'와 '-화되다'는 모두 가능한 표기입니다. 이는 제 주장이 아니라 국립국어원의 견해입니다. 다만 저는 문장에 따라 어떨 때는 '-화하다'와 '-화되다'를 모두 쓸 수 있고, 어떨 때는 그중 하나만 써야 한다고 생각합니다.

우선 '-화하다'는 보통 앞에 목적어(을/를)가 있을 때 그 쓰임이 자연스럽습니다. "과일음료를 상품화했다"나 "소설을 영화화한다" 따위처럼요. 그런데 이 문장에서 앞의 목적어가 없어지고 그 자리에 주격조사(은/는/이/가)가 붙는 말이 오면 얘기는 달라집니다. "과일음료가 상품화했다"나 "소설이 영화화한다"는 어째 읽기가 어색합니다. 그보다는 "과일음료가 상품화됐다"나 "소설이 영화화된다"가 훨씬 자연스럽습니다. 이처럼 앞에 목적어가 있느냐 그렇지 않으냐에 따라 '-화하다'와 '-화되다'를 구분해 쓰는 것이 좋다는 게 제 생각입니다.

그런데요. "핵가족이 보편화했다"와 "핵가족이 보편화됐다"는 무엇이 무엇보다 더 어색한지 구별하기가 어렵습니다. 그 말이 그 말 같습니다. 이런 경우에는 '-화하다'와 '-화되다'

1부 말과 글은 생명체입니다

중 아무거나 써도 됩니다.

거듭 말씀드리지만, 이는 제 얘기가 아니라 국립국어원의 공식 견해입니다. '일반화되다'와 '보편화되다' 같은 '-화되다' 꼴의 말이 〈표준국어대사전〉에 표제어로 많이 올라 있기도 합니다. 그러니 "'-화되다'는 '-화하다'로 써야 한다"라는 말을 무조건 믿지 말고, 국립국어원 '온라인 가나다'에 물어보세요. 그럼 답이 보일 겁니다.

한 문장에서 '및'과 '등'은 함께 못 쓴다?

예전에 제 책을 읽은 독자 한 분이 '및'과 '등'에 대해 질문을 보내오셨습니다. "어떤 분이 한 문장 내에서 '및'과 '등'을 같이 쓸 수 없다고 하는데 그런 원칙이 있느냐"라고요.

예를 들어 '국어, 산수, 사회 및 과학 등과 같은 과목을 공부하려고 할 때'는 틀린 표현이라고 했다는 겁니다. '국어, 산수, 사회 및 과학과 같은…'으로 하든지, 아니면 '국어, 산수, 사회, 과학 등과 같은…'으로 해야만 한다는 거죠.

저도 그런 내용의 글을 본 적이 있습니다. 하지만 그런 얘기는 참말이 아닙니다.

부사 '및'은 "'그리고' '그 밖에' '또'의 뜻으로, 문장에서 같은 종류의 성분을 연결할 때 쓰는 말"입니다. '사과 및 배'라고 하면 '사과 그리고 배'라는 뜻이지요.

반면 의존명사 '등'은 원래 "(명사나 어미 '-는' 뒤에 쓰여) 그 밖에도 같은 종류의 것이 더 있음을 나타낼 때 쓰이는 말"이었습니다. "울산, 구미, 창원 등과 같은 공업 도시"라고 하면 이들 3개 도시 말고도 다른 도시가 또 있다는 얘기였지요.

따라서 '사과 및 배와'를 '사과 및 배 등과'로 쓰면 의미가 좀 이상해집니다. '사과와 배'뿐이라고 하면서 '그 밖에도 더 있다'고 하는 꼴이니까요. 이 때문에 '서울과 부산, 인천 등 3개 도시에서' 같은 표현은 바르지 않은 것이라는 주장이 오랫동안 정설처럼 여겨져 왔습니다. 열거한 도시가 3곳이므로 '등'을 써서는 안 된다는 거죠.

하지만 이는 어제만 알고 오늘은 모르는 소리입니다. 최근의 국어사전들은 '등'의 뜻풀이로 "그 밖에도 같은 종류의 것이 더 있음을 나타내는 말"과 함께 "두 개 이상의 대상을 열거한 다음에 쓰여, 대상을 그것만으로 한정함을 나타내는 말"을 덧대 놓았습니다. 〈표준국어대사전〉은 "남부군 사령부의 주최로 거리가 가까운 전남, 전북, 경남 등 3도 유격대의 씨름 선수를 초빙하여 씨름 대회를 열었다"라는 예문까지 들어 놓았지요.

이는 사람들이 '등'을 "그 밖의 것이 더 있음"을 뜻할 때뿐 아니라 "바로 그것들임"을 뜻하는 말로도 사용하고 있음을 살펴 '등'의 용례를 넓혀 놓은 것이라고 생각합니다.

결론적으로 요즘 사전의 뜻풀이를 따르면 "한 문장에서 '및'과 '등'을 함께 쓸 수 없다"라는 주장은 옳지 않습니다. 특히 "지난 3월 호두 및 밤을 사들인 엄 영감이 9월에는 사과 등 과일을 사들였다" 따위처럼 아주 멀쩡한 표현까지 '이상한 문장'으로 오해하게 만들 수 있습니다.

물론 '국어, 산수, 사회 및 과학 등과'보다는 '국어, 산수, 사회 및 과학과 같은'이나 '국어, 산수, 사회, 과학 등과 같은'으로 쓰는 것이 좋습니다. 문장이 훨씬 깔끔하잖아요.

따라서 '국어, 산수, 사회 및 과학 등과' 따위로는 못 쓴다고 할 것이 아니라, '국어, 산수, 사회 및 과학과 같은'이나 '국어, 산수, 사회, 과학 등과 같은'으로 쓰는 것이 더 좋다고 얘기해야 합니다.

그리고 제 생각으로는 글을 쓸 때 '및'은 가급적 쓰지 않는 게 좋습니다. 여러분은 친구들과 얘기할 때 "나 오늘 생선 및 고기를 먹었다"라고 말한 적 있으세요? 없죠?

'및'은 우리가 말할 때는 입 밖으로 나오지 않는 말입니다. 그런데도 글을 쓸 때면 아주 많이 사용합니다. 그러다 보니 '및'이 쓰인 문장은 꽤 딱딱한 느낌을 풍기게 됩니다. 한마디로 관공서 냄새가 폴폴 나지요.

문장 속에서 '및'은 '와(과)'로 쓰는 게 좋습니다. 그러면 글을 읽는 느낌이 한결 부드러워집니다. 다만 한 문장에서 '와'나 '과'가 연이어져 어느 것이 어느 것과 묶이는지 헷갈릴 때는 '및'을 써서 의미 관계를 분명히 해 둘 필요가 있기는 합니다. 또한 보고서 등에서 압축적으로 표현할 때 적절히 쓰는 것은 괜찮다고 봅니다.

'우연하다'와 '우연찮다'를 구분해 쓰라고? 왜?

인터넷의 글이나 우리말글 관련 책에 엉터리가 많은 것은 해마다 표준어가 바뀌고 있는데도, 옛날의 규정만 알고 계속해서 똑같은 말만 반복하는 탓입니다. 특히 출간된 지 좀 오래된 책 중에는 그 정도가 심한 것도 있습니다.

제가 누누이 얘기하지만 말은 생명체입니다. 오늘 태어나 성장하고, 내일은 죽기도 합니다. 어제 태어난 것이 오늘 죽기도 하죠.

따라서 수시로 사람들의 말과 글 씀씀이를 살펴 생명성을 따져야 합니다. 특히 우리말의 바른 씀씀이를 알려 주려고 쓴 글은 더욱 그래야 합니다. 표준어가 바뀐 것도 모르고 10여 년 전의 주장을 반복하는 글은 우리말글을 살리는 글이 아니라 오히려 죽이는 글입니다.

우리말과 관련한 엉터리 주장에는 "'우연하다'와 '우연찮다'는 다른 말이니 구분해 써야 한다"라는 식의 내용도 있습니다. 뭔가 대립하는 느낌의 말이나 표현 중에서 한쪽만 옳다고 주장하는 거죠.

'우연하다'는 여러분이 아시는 대로 "어떤 일이 뜻하지 아니하게 저절로 이루어져 공교롭다"를 뜻하는 말입니다. 따라서 논리대로 한다면 '우연하지 않다'는 "필연적"이라는 의미를 가져야 합니다. 하지만 실제는 그렇지가 않습니다. '우연찮다(우연치 않다)' 역시 "뜻하지 아니하다"라는 의미를 가진 말이거든요.

이렇게 된 것은 사람들의 말 습관 때문입니다. 많은 사람이 '우연하다'와 '우연찮다'를 같은 의미로 쓰는 사정을 감안해 국립국어원이 두 말에 비슷한 의미를 부여했습니다. 〈표준국어대사전〉의 '우연찮다'에 "꼭 우연한 것은 아니나 뜻하지도 아니하다"라는 뜻풀이를 달아 놓은 거죠.

이처럼 글 꼴이 대립적이면서도 같은 의미를 지닌 말은 적지 않습니다. '엉터리'와 '엉터리없다'가 대표적인 예입니다. 글자만 놓고 본다면 반대의 의미가 돼야 하지만 두 말의 의미는 똑같습니다. 이런 것을 모르는 사람들이 부질없이 '우연하다'와 '우연찮다'를 구분해 쓰라고 말하는 겁니다.

그러니까 여러분은 "'우연하다'와 '우연찮다'는 엄연히 다른 말이니 구분해 써야 한다"라는 얘기를 들으면 무조건 믿지 말고, 우선 국어사전부터 살펴봐야 합니다. 다만 오래된 종이 국어사전은 과거의 '우리말 정보'를 담고 있을지도 모릅니다. 따라서 국립국어원 누리집의 〈표준국어대사전〉에서 가장 최근의 '우리말 정보'를 익히는 것이 좋습니다.

그건 그렇고요. 이 밖에도 "'으로부터'는 영어 'from'에서 온 말로 '에게서'의 의미로는 쓸 수 없다" "'장본인'은 물의를 일으킨 사람에게만 써야 한다" "'후덥지근하다'는 '후텁지근하다'의 오자다" 등등 할 얘기가 무척 많은데, 이쯤에서 접을게요.

제가 그분들과 싸움을 하려고 이 글을 쓰는 것도 아니고, 또 제가 아무리 떠들어도 쉽게 고쳐질 내용이 아니잖습니까. 더욱이 그 잘못이 글을 쓴 분에게 있다기보다는 아무리 세월이 흘러도 잘못된 부분을 수정하지 않고 찍어 내는 출판사에 있으니, 그냥 빈 메아리에 그치기 십상이지요, 뭐.

하지만 이런 내용을 제 블로그에 꾸준히 올릴 생각입니다. 그러니까 궁금한 게 더 있으면 제 블로그에 자주 들어와 보세요.

1부 말과 글은 생명체입니다

청설모가

빙그르 돌았다

　　제가 앞에서, 제가 쓴 〈건방진 우리말 달인〉 〈더 건방진 우리말 달인〉 〈나도 건방진 우리말 달인〉에도 오류가 꽤 있다고 말씀드렸지요? **왜냐면**[•] 제 책이 나온 뒤에 국립국어원이 제 얘기를 듣고 그랬는지 모르지만, 〈표준국어대사전〉에서 고친 부분이 많거든요. 2009년 이후 국립국어원이 복수 표준어로 삼은 말 대부분은 저 우달이가 책에서 바른말로 보아야 한다고 주장한 것들입니다.

　제 말이 사실인지 거짓인지는 어지간한 도서관에 가면 금방 볼 수 있는 저의 옛날 책들을 보면 알 수 있을 겁니다. 제가 오래전부터 '먹거리' '짜장면' '내음' '연방' '개기다' '걸판지다' 등에 대해 하루빨리 표준어로 삼아야 한다고 주장한 사실을 말입니다. 그리고 제가 말한 이야기들 중 아주 많은 내용이 실

왜냐면 ⓧ 왜냐하면 ◎

구어로는 '왜냐하면'을 줄여 '왜냐면'으로 쓰기도 합니다. 하지만 〈표준국어대사전〉에 '왜냐면'은 등재돼 있지 않습니다. 아울러 국립국어원은 '온라인 가나다'에서 "가능하면 표준어인 '왜냐하면'으로 쓰실 것을 권한다"라고 밝히고 있습니다.

제로 바른말 대접을 받게 된 사실을 확인하면서 저를 아주 고운 눈으로 바라보게 될지도 모릅니다. 그중에는 이런 내용도 있습니다.

제가 〈더 건방진 우리말 달인〉을 준비할 때(2008년 말)만 해도 우리나라 모든 국어사전은 '청설모'를 "참다람쥐나 날다람쥐의 털. 붓을 만드는 데 많이 쓴다"로만 풀이해 놓고 있었습니다. 그래서 제가 '우리 산과 들에는 청설모가 살지 않는다'는 제목의 글에서 "청설모가 날다람쥐를 뜻하는 말로도 사용됐으면 좋겠다"라고 했지요. 거의 모든 사람이 '청설모'를 동물로 생각하지, 털로 생각하지는 않으니까 말입니다.

그런데 2009년께 국립국어원이 누리집의 〈표준국어대사전〉에 '청설모=청서'라는 뜻을 더해 놓았지 뭡니까. 이 우달이 뜻대로 청설모를 동물로 인정한 거죠. 그런데 현재는 "**다람쥐과°**의 하나. 몸빛은 잿빛 갈색이며 네 다리와 귀의 긴 털은 검은색이다. … 한국, 시베리아, 유럽, 일본 등지에 분포한

다람쥐과 ⓧ 다람쥣과 ◉

〈문법 편〉에서 사이시옷을 설명하며 자세히 다뤄 놓았습니다. 생물 분류학상의 단위로 속(屬)의 위이자 목(目)의 아래인 '과(科)' 앞에 '받침이 없는 순우리말'이 오면 그 말에 무조건 사이시옷을 넣어야 합니다. '올빼밋과' '거머릿과' 등처럼요.

1부   말과 글은 생명체입니다

다. =청서"라는 뜻풀이와 함께 "날다람쥐 따위의 털. 붓을 만드는 데 많이 쓴다. ≒청모"라는 뜻풀이도 함께 달아 놓았다고, 이 책의 편집자가 제 글을 읽고 난 뒤 알려 주었습니다. 제가 알던 것에서 한 걸음 더 나아간 정보입니다. 우리말은 이런 겁니다. 우달이라고 하면서 어제의 지식만 얘기하는 저보다 지금 당장 국어사전을 뒤지는 사람이 더 정확한 지식을 가질 수 있는 겁니다.

아무튼 국립국어원이 아무도 모르게 은근슬쩍 수정해 놓은 것이 좀 얄밉지만, 사람들의 말 씀씀이를 잘 살핀, 정말 잘한 일이라고 생각합니다. 이 때문에 몇몇 독자에게 제가 참 실없는 사람이 되기는 했지만, 우리말이 더욱 건강해진 것 같아 기분은 좋았습니다.

그리고 〈건방진 우리말 달인〉에서 "'빙그르'는 '빙그르르'로 써야 한다"고 했는데, 이 내용도 이제는 뻥이 됐습니다. '빙그르' 역시 국립국어원 누리집 〈표준국어대사전〉에 "몸이나 물건 따위가 넓게 한 바퀴만 도는 모양"이란 뜻으로 올랐거든요.

우리말에서 '르'가 들어가는 부사는 '우르르' '사르르' '부르르' '번지르르' 등처럼 '르'가 두 번 겹치는 것이 일반적이지만, 사람들이 하도 '빙그르'를 많이 쓰니까, '빙그르르'와 함께 복수 표준어로 삼은 거죠. 우리말은 이런 겁니다. 세월 속에서 늘 바뀝니다. 오늘은 비표준어이지만, 내일은 표준어가 되는

✦ 그동안 국어사전 속 '청설모'라는 단어에는 '붓을 만드는 데 많이 쓰는 날다람쥐의 털'
이란 뜻풀이만 있었습니다. 하지만 이제는 표준국어대사전에 실린 '청설모'의 뜻풀이
에 다람쥣과 동물로서의 의미가 추가됐습니다.

　　　　　　　　　　　　　　　1부　말과 글은 생명체입니다

것이 지금 우리가 쓰고 있는 말입니다.

　따라서 어떤 말을 두고 '이 말은 맞는다, 틀린다'라는 이분법적인 잣대를 갖기보다는 '이 말은 현재 비표준어로 다뤄지고 있지만, 사람들이 많이 쓰는 말이어서 표준어가 될 가능성이 높다' 따위로, 언어의 발전성을 잘 살펴야 합니다. 그래야 정말 '우리말 박사'가 될 수 있습니다. 박사는 많은 지식을 갖는 것보다 그릇된 지식을 갖지 않는 것이 더 중요하거든요.

　그래서 오랫동안 비표준어로 다뤄지다가 최근 몇 년 사이에 표준어로 바뀐 말들을 정리해 봤습니다. 여러분이 우리말 공부를 하는 데 도움을 주기 위해서 말입니다. 다만 이 내용을 여기에 옮기면 이것으로만 책 반 권은 나옵니다. 우스갯소리로 그냥 날로 먹는 셈이지요. 그래서 앞서 말씀드린 제 블로그에 그 내용을 옮겨 놓았습니다. 그냥 퍼 가면 됩니다. 저 착하죠?

열에
아홉은
틀리는
말

제가 생각하기에 우리나라 사람들은 우리말을 참 모릅니다. 오죽하면 제 몸의 이름 하나, 자기가 먹는 음식 이름 하나 제대로 알지 못하겠습니까. 정말입니다.

보통은 '내가 우리말을 20~30년, 아니 50~60년은 불편 없이 써 왔는데, 웬 뚱딴지같은 말이냐'고 생각하실지 모르지만, 제 말을 조금만 들어 보면 깜짝 놀라게 되실 겁니다. '내가 우리말을 이렇게 몰랐나' 하고요.

예를 들어 이런 겁니다.

여러분은 보통 귓밥을 얼마 만에 파세요? 한 일주일 만에? 아니면 열흘? 아니면 그냥 누가 파 주는 대로? 사람마다 시간의 차이가 있기는 하지만, 파기는 팔 겁니다. 그렇죠?

그러나 귓밥은 절대로 죽어도 무조건 팔 수가 없습니다. 귓밥을 파면 어떻게 되는지 아세요? 무지 아픕니다. 아파서 엉엉 울게 될 겁니다. 아프리카의 어느 원주민이 귀에 큰 구멍을 뚫고 거기에 이상한 장식을 하고 있는 것을 본 적 있으시죠. 바로 이 사람들이 귓밥을 판 겁니다. 흔히 귀걸이를 하는 부위를 가리키는 말이 '귓밥'이거든요.

또 여러분은 아구탕이나 아구찜을 먹어 보셨나요? 먹어 봤다고요? 그러면 '연포탕'이나 '뻘낙지'는요? 그것도 먹어 봤다고요? 에이~ 거짓말. 우리나라 바다에는 옛날부터 '아구'라는 물고기가 살지 않았는데 그것을 어떻게 먹습니까. 여러분이 드신 것은 **수입산***이라고요?

그것도 거짓말입니다. 태평양, 인도양, 대서양 어디에서도 아구라는 물고기는 잡히지 않거든요. 아구란 물고기가 없습니다. '뻘낙지'도 마찬가지고요. 또 여러분이 먹은 '연포탕'은 실제로 연포탕이 아닙니다. '연포탕'은 본래 "두부와 닭고기 따위를 넣어 맑게 끓인 국"을 뜻하거든요. '연포軟泡'를 한자만 놓고 보면 "연한 두부"로, 이 음식의 주재료는 두부입니다. 하지만 여러분이 먹은 것은 아마 낙지나 문어가 들어가 있었을 겁니다. 그런 것은 '연포탕'이라 하지 말고 '낙지 연포탕'이나 '문어 연포탕'이라고 불러야 합니다. 그뿐 아닙니다. 여러분도 가끔 '뗑깡'이라는 말 쓰시죠? 어린아이가 뭐 좀 사 달라고 마구 조르면 "야, 뗑깡 부리지 마"라고 말하지 않나요? 그러나 만약

수입산 → 외국산

'국내'에 대립하는 말은 '외국'이므로, '국내산'에 대립하는 말 역시 '외국산'입니다.

여러분이 '뗑깡'이라는 말의 뜻을 알면 이내 깊은 죄책감에 빠지실 겁니다. 왜냐하면 '뗑깡'은 일본말로, 간질병을 뜻하거든요. 그렇게 심한 말을 했으니, 얼마나 미안하겠습니까. 안 그래요?

자, 어떤가요? 그동안 불편 없이 우리말을 썼지만, 우리말 중에서 모르는 게 정말 많겠다는 생각이 들지 않나요? 맞습니다. 여러분도 그렇지만, 여러분 주변 분들도 잘못 쓰는 우리말이 참 많습니다.

그런데 말입니다. 우리말 공부는 정말 중요합니다. 여러분이 알고 싶어 하는 지식들은 대개 우리말로 적혀 있거든요. 단적인 예로 모든 교과서가 우리말로 적혀 있습니다. 하다못해 영어 교과서도 설명문은 우리말로 돼 있잖아요. 따라서 우리말 공부는 모든 공부의 기초라고 할 수 있습니다. 사회나 역사, 수학과 과학도 우리말을 많이 알면 쉽게 이해할 수 있는 게 많아집니다. 한마디로 요즘 화두가 되고 있는 '문해력'이 높아집니다.

여러분이 저처럼 우리말 달인이 되는 것은 그렇게 어렵지 않습니다. 조금만 관심을 갖고 재미를 붙이면 금방 우리말 달인이 될 수 있습니다. 제가 그 비법을 지금부터 알려 드릴게요.

신나죠? 자, 그러면 이제부터 우리말 공부를 시작해 볼까요? 아자!

여자에게도
'불알'이 있다

시작부터 이상한 말을 해서 정말 죄송합니다. 하지만 진짜입니다. 믿어지지 않겠지만, 여자의 몸에도 '불알'이라는 말이 들어간 부위가 있습니다.

제가 조금 전에 '귓밥'은 죽어도 팔 수가 없다고 했죠? 귀걸이를 하는 부위가 귓밥이라고요. 그 귓밥을 여러분은 뭐라고 부르나요? 귓바퀴(겉귀의 드러난 부분)의 아래쪽으로 축 늘어지고 좀 **두터운**˚ 살 말입니다. '귓볼'이라고 부르죠?

여러분뿐 아니라 여러분 주변 분들도 다들 그렇게 부를 겁니다. "뺨의 한복판"을 일컫는 말인 '볼'이 귀에 더해진 말로 알고 그렇게 쓰는 것이겠지요.

하지만 '귓볼'은 바른말이 아닙니다. '귓불'로 써야 합니다.

두터운 → 두꺼운

'두껍다'는 우선 "두께가 보통의 정도보다 크다"를 뜻합니다. '두꺼운 옷'이고, '두꺼운 입술'입니다. 또 "층을 이루는 사물의 높이나 집단의 규모가 보통의 정도보다 크다"라거나 "어둠이나 안개, 그늘 따위가 짙다"를 뜻할 때도 '두껍다'를 써야 합니다. 그래서 고객층이 두껍고, 지지층이 두꺼우며, 안개도 두껍게 깔립니다. 반면 '두텁다'는 "신의, 믿음, 관계, 인정 따위가 굳고 깊다"를 의미합니다. 신앙이 두터운 분이 두터운 은혜를 입습니다.

그리고 이때의 '불'이 "불알을 싸고 있는 살로 된 주머니" 또는 "불알의 준말"로 쓰이는 말입니다. 즉 '귀불알'이 줄어서 된 말이 '귓불'이라는 얘기죠.

그리고 '귓불'을 '귓방울'로 부르는 사람도 적지 않은데요. '귓방울' 역시 표준어가 아닙니다.

'지지'는 ✎
귀에도 있다

조금 전에 얘기했지만, 귓속에 낀 더러운 때를 가리키는 말로 '귓밥'을 쓰는 사람이 정말 많습니다. 다들 "귓밥을 팠더니 시원하다"라거나 "귓구멍에 귓밥이 가득 찼다"라고 말하잖아요.

하지만 "귓구멍 속에 낀 때"를 가리키는 말은 '귀지'입니다. 잘난 척해서 한자말로 하면 '이구耳垢'라고 합니다. '귀지'는 예전엔 '귀에지'의 준말로 보던 것인데, 지금은 '귀에지'는 버리고 '귀지'만을 표준어로 삼고 있습니다. 원말은 사라지고 준말만 남았으니, 굴러온 돌이 박힌 돌을 빼낸 셈이지요.

또 누구는 '귀지'를 '귀똥'이라고도 부르는데, 말 꼴이 너무 지저분해 보이지 않나요? 당연히 '귀똥'도 바른말이 아닙니다.

2부 열에 아홉은 틀리는 말

"귓밥을 판다" "귓구멍에 귀똥이 가득 찼다" 따위의 말에서 '귓밥'과 '귀똥'은 '귀지'라고만 써야 합니다.

여러분이 어렸을 때 엄마나 아빠가 여러분에게 "야, 그거 만지지 마. 지지야"라고 말하곤 했을 겁니다. 저도 그런 소리를 듣고 자랐지요. 그렇게 더러운 게 '지지'이니까, 귀에 있는 더러운 때도 '귀지'라고 생각하면 이해하기 쉬울 겁니다.

귀지는

귀이개로 파야 시원하다

"귓구멍 속에 낀 때"의 바른말이 '귀지'임을 알았을 테고, 그러면 그 귀지를 파내는 물건은 뭐라고 부를까요?

많은 사람이 '귀후비개'나 '귀파개'로 씁니다. '귀쑤시개'로 부르는 사람도 있고요. 하지만 이런 말들은 모두 바른말이 아닙니다. 꼭 '귀이개'로 써야 합니다.

사실 '귀이개'보다는 '귀후비개' 따위가 귀에 더 익고, 좀 더 널리 쓰이고 있습니다. 하지만 어쩌겠습니까. 표준어규정 제 15항에서 '귀이개'만을 표준어로 삼는다고 못 박아 놓았지 뭡니까.

소크라테스가 그랬지요? 악법도 법이라고 말입니다.* 한글맞춤법이나 표준어규정에는 그런 악법이 더러 있습니다. 벌써 30여 년 전에 만든 것이라서 지금의 말 씀씀이와 좀 동떨어진 점이 없지 않기 때문입니다. 또 연령이나 지역 등에 따라 많이 쓰는 말이 천차만별이라 누구에게는 악법처럼 보이지만 다른 사람에게는 합리적인 규정으로 보일 수도 있습니다. 따라서 현재의 한글맞춤법이나 표준어규정은 일단 지켜야 하는 것이 옳습니다.

악법도 법

'악법도 법이다'는 소크라테스가 한 말이 아닙니다. 일본의 법철학자 오다카 도모오가 1930년대에 출판한 책 〈법철학〉에서 "소크라테스가 독배를 든 것은 실정법을 존중했기 때문이다. '악법도 법'이므로 이를 지켜야 한다"라고 실정법주의를 주장한 내용이 소크라테스의 말로 와전된 거죠. '악법도 법이다'는 준법 사례로 연결하기에 적절하지 않지만, 과거 권위주의 정권이 억압적인 법 집행을 정당화하는 데 이 표현을 악용했습니다. 그런 까닭에 헌법재판소는 지난 2004년 당시 중학교 사회교과서에 실린 "소크라테스가 '악법도 법이다'라며 독약을 먹었다"는 내용을 수정토록 교육인적자원부(현 교육부)에 요청하기도 했답니다. 악법은 법이 아닙니다.

귀는
트이지 않는다

"세 살이 돼서야 귀가 트였다"라거나 "소리를 제대로 배우려면 먼저 귀가 틔어야 한다"라고 말하는 사람이 많습니다.

모 방송에서는 '귀가 트여야 입이 트인다'는 프로그램도 만들었습니다. 영어를 가르치는 프로그램인데, 우리말도 제대로 못 하면서 괜히 잘난 척한 프로그램이었지요. 아무튼 귀와 관련해서 '트이다'를 쓰면 무조건 잘못된 말입니다.

'트이다'는 "거치적거리거나 거리끼는 것이 없어지다"(운이 트이다, 재활의 길이 트이다) "마음이나 생각이 환히 열리다"(시원한 바람에 가슴이 확 트이는 듯하다) "막혔던 것이 통하다"(숨통이 트이다, 길이 트이다) 따위의 뜻을 가진 말이거든요. 〈표준국어대사전〉에는 이보다 많은 뜻풀이가 달려 있지만, 귀와는 별로 관계가 없는 설명들뿐입니다.

"**닫힌** 귀의 상태가 열려 무언가를 듣는다"를 뜻하려 할 때는 '뜨이다'를 써야 합니다. 그리고 이 말의 준말은 '띄다'입니다. "상대편이 눈치로 알아차릴 수 있도록 미리 슬그머니 일깨워 줌"을 일컫는 '귀띔'이 바로 '띄다'에서 온 말이지요. 귀에 '띄다'의 명사형 '띔'이 더해진 겁니다. 따라서 귀띔을 '귀뜸'이나 '귀띰'으로 쓰는 것도 잘못입니다.

자, 그러면 저 앞의 예문은 어떻게 써야 할까요? 그렇습니다. "세 살이 돼서야 귀가 뜨였다(띄었다)"라거나 "소리를 제대로 배우려면 먼저 귀가 띄어야(뜨여야) 한다"라고 써야 합니다.

닫힌 → 닫친

"열린 문짝, 뚜껑, 서랍 따위를 꼭꼭 또는 세게 닫다" 또는 "입을 굳게 다물다"를 뜻하는 말은 '닫다'이고, 그와 같은 의미의 말이 '닫치다'입니다. '닫치다'는 '닫다'의 힘준 말 정도로 생각하면 됩니다. 반면 '닫히다'는 '닫다'의 피동사입니다. 따라서 '닫치다'는 문장 주어 스스로 할 때에, '닫히다'는 외부의 영향 등으로 이뤄졌을 때 씁니다. '부딪치다'와 '부딪히다'도 같습니다. 이 말의 기본형은 '부딪다'("무엇과 무엇이 힘 있게 마주 닿거나 마주 대다" 또는 "예상치 못한 일이나 상황 따위에 직면하다")이고, '부딪치다'는 '부딪다'를 강조해 이르는 말입니다. '부딪히다'는 '부딪다'의 피동사이고요. 따라서 내가 자전거를 몰고 가다가 마주 오던 자전거와 충돌했을 때는 '부딪치다'를 쓰고, 가만히 서 있는 나를 자전거가 쳤다면 '부딪히다'를 써야 합니다.

귓방망이를 ✎
때릴 수 없다

"갑자기 벌떡 일어나더니 귓방망이를 때리더란 말입니다" "까불다가 귓방망이를 얻어맞았다" 등의 예문에서 보듯이 '귓방망이'는 널리 쓰이는 말입니다. 여러분도 TV에서 귓방망이를 어쩌고저쩌고하는 얘기를 들은 적이 있을 겁니다. 그렇죠?

하지만 '귓방망이'는 글 꼴이 좀 이상한 말입니다. 네이버의 오픈 국어사전은 "귀 뒤쪽머리를 말하는 용어다. 사투리라고 할 수도 있지만 이 단어를 써서 말을 했을 때 너무 상스럽기 때문에 욕으로도 쓰인다"라고 설명해 놓고 있습니다.

하지만 그 설명과 사람들이 실제로 쓰는 사례에는 조금 거리감이 있습니다. 현실에서는 귀 뒤쪽의 머리를 뜻하기보다 '귀와 뺨의 어름'을 나타내는 말로 쓰이니까요. 또 오픈 국어사전에 올라 있으니까 당연히 표준어도 아닙니다.

인터넷의 오픈 국어사전에 올라 있으면 그것도 표준어로 아는 사람이 많은데, 실제는 그렇지 않습니다. 표준어라면 그냥 〈표준국어대사전〉에 올라 있어야 합니다. '오픈'에 있으면 안 됩니다. 네이버 '우리말샘'에만 올라 있는 말 역시 '앞으로 표준어가 될 가능성은 있지만 아직은 표준어가 아니다'라는 의미입니다.

아무튼 '귓방망이'는 널리 쓰이는 말입니다. 이렇게 널리 쓰이면 비표준어가 표준어로 바뀌기도 합니다. 예전에는 '짜장면'을 꼭 '자장면'으로만 써야 했지만, 이제는 바뀌어서 '짜장면'으로 써도 되잖아요.

그러나 우리말에서 '방망이'는 ①무엇을 치거나 두드리거나 다듬는 데 쓰기 위해 둥그스름하고 길게 깎아 만든 도구 ②야구에서, '타격'을 비유적으로 이르는 말 ③어떤 일에 대해 필요하고 참고할 만한 사항을 간추려 적은 책 ④시험을 치를 때에 부정행위를 하기 위해 글씨를 잘게 쓴 작은 종이쪽지를 속되게 이르는 말 등의 뜻으로 쓰입니다. 그런데 이들 의미가 '귀와 뺨의 어름'하고는 도저히 어울릴 수 없습니다. 그래서 표준어가 되기 힘듭니다. 물론 전 국민이 다 쓴다면 언젠가 표준어가 될 수도 있기는 합니다.

그러면 '귀와 뺨의 어름'을 뜻하는 말은 뭘까요? 그것은 바로 여러분도 잘 아는 '귀싸대기'입니다. 이때 '싸대기'의 첫소리가 된소리이므로 '귓싸대기'로 써서는 안 됩니다. 된소리나 거센소리 앞에서는 사이시옷을 못 쓰거든요. 이것은 〈문법 편〉에서 자세히 설명해 드릴 테니까, 여기에서는 일단 통과!

또 '귀싸대기'를 '싸대기'나 '싸다구'로만 쓰기도 하는데, 이들 말 역시 국어사전에 올라 있지 않습니다. 현재는 비표준어라는 얘기죠.

그리고 '뺨'을 속되게 이르는 말로 '뺨때기' '뺨따구'도 널리 쓰이는데, 이들 말도 '뺨따귀'로 써야 합니다. 왜냐고요? 왜긴요. 그게 표준어규정입니다.

2부 열에 아홉은 틀리는 말

할아버지 귀가 잡수셨다고?

뭘 드셨는데요?

과공비례過恭非禮라는 말이 있습니다. 지나친 공경은 오히려 예의에 어긋난다는 얘기죠. 이는 행동뿐 아니라 말도 마찬가지일 겁니다.

그런데 여러분도 알고 있겠지만, 우리말은 어느 나라 말보다 존댓말이 발달해 있습니다. 그것이 자랑거리이고, 그래서 다른 나라에서 우리를 동방예의지국이라고 부르기도 합니다. **옛부터**˚ 중국이 우리나라를 '예의가 밝은 사람들이 사는 나라'라고 평했다는 데서 생겨난 말이지요. 정말로 중국의 오래된 지리책인 〈산해경〉에 중국인들이 우리나라를 '해 뜨는 동방의 예의지국' 또는 '군자국君子國'으로 불렀다는 내용

▌〉 옛부터 ⊗ 예부터 ◉

'부터'는 조사입니다. 체언이나 부사, 어미 뒤에 붙죠. 하지만 '옛'은 관형사입니다. 관형사는 조사가 붙지 못하고 어미 활용도 하지 않습니다. '옛'과 같은 의미의 명사는 '예'입니다. 따라서 '옛부터'는 '예부터'로 써야 합니다. 이러한 이치로 '옛스럽다' 역시 '예스럽다'가 바른말입니다. 아울러 '예스럽다'를 '예스런'으로 활용하는 일도 흔한데, 이는 '예스러운'이 바른 표기입니다. 이와 관련해서는 〈문법 편〉에서 ㅂ불규칙 용언을 설명하면서 자세히 다뤄놓았습니다.

이 **나오걸랑요.**[•]

아무튼 우리나라 사람은 옛날부터 예의를 중요하게 여겼고, 그러다 보니 존댓말이 발달해 왔습니다. 그런데 정말 엉뚱하게 쓰는 존대 표현도 많습니다. 존댓말이라고 생각해 쓴 표현인데, 아주 우스운 말이 되는 것들이죠.

그런 말 중에 대표적인 표현이 "우리 할아버지는 귀가 잡수셔 아무것도 못 들으셔" 따위 문장에서 보이는 '귀가 잡수시다'입니다.

제가 어렸을 때 "저 할아버지는 귀가 먹었나 봐"라고 말했다가 아버지께 "어른께 귀가 먹었다가 뭐니. 귀가 잡수셨다고 해야지"라고 꾸중을 들은 기억이 있습니다. 그래서 오랫동안 '귀가 잡수시다' 따위 말을 써 왔습니다.

제 아버지처럼 '귀(가) 먹다'의 높임말이 '귀(가) 잡수시다'인 것으로 **생각하시는 분들이**[•] 무척 많습니다. 하지만 그것은 '먹다'의 의미를 잘못 생각한 겁니다.

◤◢ 나오걸랑요 ◎

저 뒤에 가면 '사투리로 오해받는 표준어'들에 대해 얘기해 놓았는데요. 표준어임에도 사투리로 오해받는 말 가운데 하나가 '-걸랑'입니다. '-걸랑'은 "해할 자리에 쓰여, 청자는 모르고 있을 내용을 가르쳐 준다는 뜻을 나타내는 종결어미"인 '-거들랑'의 준말이랍니다. 멀쩡한 표준어죠.

2부 열에 아홉은 틀리는 말

우선 '잡수다'의 의미가 뭐죠? "음식 따위를 입을 통해 배 속에 들여보내다"를 뜻하는 '먹다'의 높임말입니다. 그래서 "조반을 잡수다" "약주를 잡수다" "아버지께서 진지를 잡수고 계신다" 등으로 씁니다.

하지만 '귀가 먹다'에서 쓰인 '먹다'의 뜻은 뭘까요? "귀가 음식을 먹었다"는 의미일까요? 그건 아니죠.

'귀가 먹다'라는 말의 '먹다'는 "귀나 코가 막혀서 제 기능을 하지 못하게 되다. 또는 그렇게 되게 하다"를 뜻하는 말입니다. 즉 '귀가 먹다'는 "귀가 막혔다"는 의미인 거죠.

우리가 코가 막힌 것을 "코가 잡수셨다"로 쓸 수 있나요? 없지요. 그러니까 귀가 막힌 것도 "귀가 잡수셨다"로 쓸 수 없습니다.

'귀가 먹다'를 높여서 말하려면 "저 할아버지는 귀가 잘 안

'분들'과 '분'

앞의 문장처럼 '생각하시는 분들이 무척 많습니다'를 아래한글에서 작성하면 빨간 줄이 그어지지 않습니다. 하지만 '많은 분들'을 쓰면 빨간 줄이 그어집니다. '많다'가 복수를 의미하는데, 복수를 뜻하는 '들'을 왜 썼느냐고 '꾸짖는' 거죠. 그 말이 그 말인데, 하나는 괜찮다고 하고 하나는 안 된다고 합니다. 아래한글에서는 이렇듯 엉뚱하게 빨간 줄이 그어지는 경우가 많습니다. 즉 아래한글의 맞춤법 검색 기능을 너무 믿으면 안 됩니다. 국립국어원은 '온라인 가나다'에서 '많은 분들'과 '많은 분' 모두 쓸 수 있다고 밝혀 놓았습니다.

들리시나 봐" 정도면 충분합니다. '귀가 어둡다'를 높여 "귀가 어두우신가 봐"라고 해도 되고요.

귀가 멍멍한 적이 있다고? ✏️
에이~ 거짓말

　　　　　귀와 관련해 열이면 아홉은 틀리는 말이 또 하나 있습니다. 바로 '귀가 멍멍하다'입니다. 여러분도 높은 데 올라가거나 갑자기 기침 같은 것을 한 뒤에 소리가 잘 안 들리면서 귓속이 답답해지는 일을 경험한 적 있으시죠?

　그때마다 이런 말도 했을 겁니다. "귀가 멍멍하다"고 말입니다. 하지만 귀는 절대 멍멍할 수가 없습니다. '멍멍하다'는 "정신이 빠진 것같이 어리벙벙하다"를 뜻하는 말이거든요.

　"갑자기 귀가 막힌 듯이 소리가 잘 들리지 않다" 또는 "체한 것같이 가슴이 답답하다"를 뜻하는 말은 '멍멍하다'가 아니라 '먹먹하다'입니다. 그러니까 "귀가 멍멍하다"는 "귀가 먹먹하다"로 써야 합니다.

눈에도
꼬리가 생겼다

귀에 대한 얘기는 여기까지 하고, 다른 신체 부위에 대해서도 좀 얘기해 보려 합니다.

생명체 같은 우리말은 늘 변합니다. 사람이 태어나서 자라 어린이가 됐다가 나중에는 어른이 되고, 그다음에는 할아버지나 할머니가 됩니다. 그러는 사이에 누구나 모습이 계속 바뀔 겁니다.

우리말도 마찬가지입니다. 시간의 흐름 속에서 글 꼴이 계속 바뀌는 거죠. 올해는 비표준어이지만 내년에는 표준어가 되고, 오늘은 표준어이지만 내일은 죽어 버린 말이 되기도 한다는 얘기입니다.

'눈꼬리'도 그런 말 가운데 하나입니다. "민용이는 눈꼬리가 죽 올라갔어" 따위처럼 '눈꼬리'는 자주 쓰입니다. 그런데 **곰곰히°** 생각해 보면 '눈꼬리'는 참 이상한 말입니다. 눈에 꼬

> ### 곰곰히 ⓧ 곰곰이 ◉
>
> 간단히 설명하면, 앞에서 얘기한 '누누히'처럼 '곰곰하다'가 없으므로 '곰곰히'도 없습니다.

리가 있다는 게 이상하지 않나요? 꼬리가 엉덩이 쪽에 있어야지 얼굴에 있는 것이 이상하지 않냐고요?

맞습니다. 원래 '눈꼬리'는 '눈초리'로 써야 하는 말입니다. '초리'가 "어떤 물체의 가늘고 뾰족한 끝부분"을 가리키는 말이거든요. 하지만 여러분은 물론이고 여러분 주변 분들도 '눈초리' 대신 '눈꼬리'를 쓰는 일이 아주 많습니다. 특히 성형과 관련한 얘기에서는 백이면 백 눈꼬리가 어쩌고저쩌고하지, 눈초리가 이러쿵저러쿵하지 않습니다. 대신 날카로운 눈빛을 가리킬 때는 백이면 백 "눈초리가 사납다"라고, '눈초리'를 얘기합니다.

이런 것을 보면 사람들이 '눈초리'와 '눈꼬리'를 구분해 쓰는 것이 분명합니다. 눈길을 얘기할 때는 눈초리를, 눈의 가장자리를 얘기할 때는 눈꼬리를 쓴다는 얘기죠.

그래서 제가 오래전부터 주장했습니다. '눈꼬리'를 표준어로 삼아야 한다고 말입니다. 특히 '입꼬리'라는 말이 국어사전에 실려 있기도 한데, 왜 '눈꼬리'는 안 되냐고 얘기했지요.

그랬더니 제 말을 들었는지, 국립국어원이 2011년 8월에 '눈꼬리'를 표준어로 삼았지 뭡니까. "귀 쪽으로 가늘게 좁혀진 눈의 가장자리"라고 친절하게 뜻풀이를 해 놓으면서요. 그런데도 이런 것을 모르고 여전히 '눈꼬리'가 잘못된 말이라고 주장하는 사람이 많습니다. 하지만 아닙니다. 그런 말은 세월

2부 열에 아홉은 틀리는 말

을 모르고 하는 소리입니다.

만약 여러분이 '눈꼬리'를 쓰니까 '그런 말을 쓰면 안 된다'고 하는 사람이 있으면, 눈꼬리를 바짝 세우고 째려보면서 이렇게 말하세요.

"어디서 호랑이 담배 **피던**˚ 시절 이야기를 하세요"라고 말입니다.

피던 → 피우던

〈문법 편〉에 자세히 설명해 놓았지만, '담배(를)' '바람(을)' 등처럼 앞말에 목적어가 있거나 생략된 때에는 '피다'가 아니라 '피우다'를 써야 합니다.

눈에는 '두덩'이 있지만 논밭에는 '두덩'이 없다

예전에 눈과 관련해 많이 틀리는 말 가운데는 '눈두덩이'도 있었습니다. 이 말은 원래 '눈'에 "우묵하게 들어간 땅의 가장자리에 약간 두두룩한 곳"의 뜻을 지닌 '두덩'이 더해진 '눈두덩'이 표준어였지요.

그런데 "눈언저리의 두두룩한 곳"을 뜻하는 말 '눈두덩'에 쓸데없이 조사를 겹쳐 쓰는 일이 아주 흔했습니다. "내 눈두덩이를 습격한 모기"나 "눈두덩이가 퍼렇게 멍들었다" 등의 예문처럼 '눈두덩'이라는 말에 쓸데없이 '이'를 갖다 붙이곤 했죠. 그래서 제가 〈건방진 우리말 달인〉에서 "그래서는 안 된다. 눈두덩은 '눈두덩'이지, '눈두덩이'가 아니다"라고 주장했습니다. 그래서 앞의 예문도 "내 눈두덩을 습격한 모기"나 "눈두덩이 퍼렇게 멍들었다"라고 써야 한다고도 했고요.

그러나 이제는 아닙니다. '눈두덩이'를 써도 됩니다. 지금은 〈표준국어대사전〉에 '눈두덩'과 '눈두덩이'가 함께 올라 있거든요. 이런 게 우리말입니다. 늘 변합니다. 하지만 현재 도서관 등에 꽂혀 있는 책 중에는 '눈두덩이'를 쓰면 안 된다는 내용이 꽤 실려 있을 겁니다. 그 책이 처음 나올 때는 그게 맞는 말이었죠. 하지만 이제는 아닙니다.

그건 그렇고요. 여전히 '두덩' 때문에 자주 틀리는 말이 있습니다. '논두덩'과 '밭두덩'입니다. '논두덩'과 '밭두덩'은 '논두렁'과 '밭두둑, 밭두렁'으로 써야 합니다. "논이나 밭 가장자리에 경계를 이루도록 두두룩하게 만든 것"은 '두덩'이 아니라 '두렁'이라는 얘기입니다. 왜냐고요? 그건 저도 모릅니다.

흐흐, 농담입니다. 쉽게 말해 '두덩'은 앞에서 말했듯이 "우묵하게 들어간 땅의 가장자리"를 뜻하고, '두렁'은 "평평한 땅인 논과 밭에 인위적으로 만든 둑"을 말하는 겁니다. 애초에 의미가 다른 말인 거죠.

　모양으로 보면 '두덩'은 세모이거나 원형일 수 있고, 어느 땅의 한쪽에만 있거나 사방에 있을 수 있습니다. 반면 '두렁'은 대부분 길쭉한 일자형에다 같은 방향으로 반복해 있습니다. 또 '두덩'은 평평한 곳에서 우묵하고 들어간 곳의 가장자리이고, '두렁'은 평평한 곳 중간중간에 쌓아 올린 부분입니다. 이렇게 설명하면 좀 이해가 되나요? 안 된다고요? 그러면 저도 더는 정말 모릅니다.

　그리고 밭과 밭 사이에 길을 내려고 흙으로 쌓아 올린 언덕은 '밭두둑'입니다. 또 밭의 이랑과 이랑 사이의 홈이 진 곳은 '밭고랑'이고, 밭의 고랑 사이에 흙을 높게 올려서 만든 두둑한 곳은 '밭이랑'입니다. 비슷비슷하지만 다 다른 말이니 꼭 가려 써야 합니다. 아셨죠?

　참, 네이버의 어학사전을 뒤지다 보면 밭두덩이 표제어로 올라 있고 "밭의 가장자리로 약간 두두룩한 곳"이라는 뜻풀이를 해 놓은 사전도 있습니다. 이런 것을 보고 '밭두덩'도 바른 표기이구나 하고 생각하면 안 됩니다. 그것은 그 사전을 펴낸 출판사의 자체 판단일 뿐입니다. 어느 말이 표준어인지 아닌지는 반드시 〈표준국어대사전〉에 올라 있느냐 그렇지 않으냐로 따져야 합니다.

코에는
꽃이 피지 않는다

　　　　　다음은 코와 관련해 많이 틀리는 말들을 살펴보겠습니다. 우선 '콧망울'입니다. 여러분도 이 말을 자주 쓰시죠? '내 콧망울 예쁘지' 하면서 말입니다. 여러분뿐 아니라 신문과 방송에서도 '콧망울'을 쓰는 일이 아주 많습니다.

　그런데 '망울'이란 "우유나 풀 따위 속에 작고 동글게 엉겨 굳은 덩이"를 뜻하거나 "꽃망울의 준말"로 쓰이는 말입니다. 그것이 코와 결합하는 것은 좀 이상하지 않나요? 많이 이상합니다. 당연히 '콧망울'은 바른말이 아닙니다. "코끝 양쪽으로 둥글게 방울처럼 내민 부분"은 '콧방울'입니다. 그 모양이 꼭 방울 같아서 붙여진 이름이죠.

　'콧방울'을 '콧볼'이라고 말하는 사람도 많은데, '콧볼'도 아직은 표준어로 대접받지 못하고 있습니다. 어느 국어사전도 표제어로 다루고 있지 않거든요. 사전에 오르지 않았다는 소리입니다.

　하지만 제 생각은 조금 다릅니다. '콧볼'이라는 말이 예쁘고, 어법에도 크게 어긋나지 않으니 그냥 썼으면 좋겠습니다. 여러분 생각은 어떠신가요?

　아마 지금은 힘들겠지만, 곧 '콧볼'이 표준어가 될지도 모릅니다. 우리말은 늘 바뀌니까요. 그때는 제가 생각나실지 모르겠네요. '야, 우달이가 굉장하구나'라는 감탄사를 터뜨리면서 말입니다.

콧털은 ✎
나지 않는다

'콧웃음'도 무척 많이 틀리는 말입니다. 그것도 우리말을 꽤 많이 안다는 신문사 기자들의 글에서도 '콧웃음'으로 쓴 단어가 자주 보입니다.

아마 받침이 없는 명사와 다른 명사가 결합한 말이니까 당연히 사이시옷이 들어갈 것으로 생각하고 그리 적는 듯합니다. '코'+'날'이면 '콧날'이 되는 것처럼 말입니다.

그러나 실제는 그렇지 않습니다. '콧웃음'으로 쓰면 안 되고, 반드시 '코웃음'으로 써야 합니다. '콧웃음'으로 적으려면 [콘누슴]으로 소리가 나야 하는데, 절대 그렇게 소리가 나지 않기 때문이죠. 이에 대해서는 〈문법 편〉에서 사이시옷을 이야기하며 자세히 설명해 드릴게요.

그리고 '콧털'도 '코털'로 써야 합니다. 이것 역시 사이시옷과 관련한 얘기니까 나중에 한꺼번에 알려드리겠습니다.

구렛나루 난 사람은
못 봤다

　　　　　털 얘기가 나와서 하는 말인데, 혹시 여러분 주변에는 수염이 귀밑에서 턱까지 잇따라 난 사람이 있나요? 아니면 그런 사람을 본 적은 있으시죠?

　바로 그런 수염, 귀밑에서 턱까지 잇따라 난 수염을 가리키는 말이 뭔지 아세요? '구렛나루' 아니냐고요? 아닙니다. 구렛나루라는 수염은 없습니다. 바른말은 '구레나룻'입니다.

　여기서 '구레'는 "말이나 소 따위를 부리기 위해 머리와 목에서 고삐에 걸쳐 얽어매는 줄"을 뜻하는 '굴레'의 옛말이고, '나룻'은 "수염"의 옛말입니다. 굴레처럼 난 수염이 구레나룻인 거죠. 참 기막힌 표현입니다.

　'구레나룻'은 아주 옛날부터 그렇게 쓰던 것인데, 적잖은 사람이 '구레'와 '나루'의 합성어로 잘못 생각해 그 사이에 사이시옷을 넣어 '구렛나루'로 쓰고 있는 겁니다. 하지만 이제 구레나룻이 어떻게 해서 생긴 말인지 알았을 테니, 여러분은 '구렛나루'로 잘못 쓰는 일이 없기를 바랍니다.

　참, 털이 많이 난 사람이나 짐승을 가리키는 말 '털복숭이' 있죠? 이 말 역시 무척 많이 쓰이지만, 바른말이 아닙니다. '털북숭이'라고 해야 합니다. 모든 사전에 다 그렇게 나와 있거든요.

옹니가 난 사람은
없다

　　　　　　　귀와 눈·코를 거쳐서 이제는 입입니다. 입과 관련해서 자주 틀리는 말로는 우선 '옹니'가 있습니다. "안으로 오그라지게 난 이를 뜻하는 말"로 '옹니'를 쓰는 사람이 많습니다. 하지만 '옹니'는 '옥니'로 써야 합니다. 오그라지다의 '오그'가 줄면 '옥'이 됩니다.

　우리말법에는 자음동화나 자음접변이라 불리는 게 있습니다. 음절 끝 자음이 그 뒤에 오는 자음과 만날 때, 어느 한쪽이 다른 쪽을 닮아서 그와 비슷하거나 같은 소리로 바뀌기도 하고, 양쪽이 서로 닮아서 두 소리가 다 바뀌기도 하는 현상입니다.

　국물이 [궁물]로, 밥물이 [밤물]로, 섭리가 [섭니] → [섬니]로 소리 나는 것이 모두 자음동화 때문이죠. 이러한 자음동화 때 ㄱ 받침은 ㅇ 소리로 바뀌게 됩니다. 국립이 [궁닙]으로 소리 나는 것처럼요.

　"안쪽으로 조금 오그라져 있다"는 뜻의 말 '옥다'와 관련이 있는 '옥니' 역시 ㄱ 받침이 뒤에 오는 말의 첫소리 ㄴ의 영향을 받아 최대한 ㄴ에 가까운 ㅇ으로 바뀌어 '옹니'로 소리 나게 됩니다.

　병病 가운데 하나인 '축농증'을 '충농증'으로 잘못 쓰는 일도 흔한데, 이것도 자음동화를 알지 못해서 빚어진 일입니다. 땅속에서 소나무 따위의 뿌리에 기생하는 공 모양 또는 타원형의 버섯인 '백복령'과 '적복령'을 '백봉령'과 '적봉령'으로 잘못 쓰는 일이 흔한 것도 같은 이유고요.

이빨이 아프다고요?
그럼 혹시 동물이세요?

사람의 이(치아)를 가리켜 '이빨'이라고 말하는 사람이 많습니다. 여러분도 "아~ 이빨 아파" "아~ 이빨 시려*" 따위처럼 말한 적 있으실 겁니다.

그러나 그렇게 말해서는 안 됩니다. '이빨'은 "이를 낮잡아 이르는 말"이거든요. 그래서 주로 동물들에게나 쓰입니다. "늑대가 이빨을 드러내고 으르렁거렸다"처럼 말입니다. 그런 말을 여러분 자신이나 남에게 함부로 써서야 되겠습니까? 안

시려 ⓧ 시어 ◉

"오잉~" 하는 소리가 절로 나오죠? 하지만 사실입니다. 이때는 '시어'가 맞습니다. 그 이유는 조금 뒤에 가면 자세히 나옵니다.

　　　　　　　　2부　열에 아홉은 틀리는 말

되겠죠?

우리가 음식을 맛있게 먹는 데 꼭 필요한 '치아'를 우리말로
는 '이'라고 해야 합니다. '이빨'로 써서는 안 됩니다. '이'가 난
곳의 이름이 '이빨몸'이 아니라 '잇몸'인 것도 그 때문입니다.

그러나 "말재주가 좋다" 따위 의미의 표현을 속되게 이르
는 '이빨 까다'나 '이빨이 세다' 등의 말에서는 '이빨'을 쓸 수
있습니다. 속되게 쓰는 거니까요.

코끼리의 어금니는
보이지 않는다

저는 낱말 **맞히기***를 좋아합니다. 우리말
공부를 하는 데 도움이 많이 되거든요. 아는 말을 알아맞히는
재미도 있고, 가끔 새로운 말을 배울 수 있어 참 좋습니다. 제
가 우달이가 된 비결 중 하나이기도 합니다.

그런데 낱말 맞추기를 하다 보면 더러는 아주 엉뚱한 문제
를 만나기도 합니다. 그중 대표적인 문제가 '코끼리의 어금니'
라는 겁니다. 문제를 출제한 사람은 '상아象牙'라는 답을 쓰도록
하기 위해 문제를 낸 것이겠지만, 그것은 혼자만의 생각입니다.

왜냐고요? 왜기는 왜겠습니까. 상아는 코끼리의 어금니가

아니기 때문이죠.

'어금니'는 "송곳니의 안쪽에 있는 큰 이"입니다. 가운데가 오목해서 음식물을 잘게 부수는 역할을 하죠. 하지만 상아는 어떻게 생겼죠? 오목하지도 않을 뿐 아니라 앞으로 뾰족하게 뻗어 있죠?

상아처럼 "크고 날카롭게 발달해 있는 포유동물의 이빨"은 '어금니'가 아니라 '엄니'입니다. 사람의 손가락 중에서 으뜸인 것이 '엄지'이듯이 코끼리의 이빨 중에서도 으뜸인 것은 '엄니'입니다. 사자·호랑이·멧돼지 등의 날카로운 이빨 역시 '엄니'라고 합니다.

하지만 코끼리의 엄니와 사자·호랑이·멧돼지 등의 엄니는

맞히기 → 맞추기

'맞히다'의 여러 뜻 가운데 하나가 "문제에 대한 답을 틀리지 않게 하다"입니다. 그래서 "1번 문제의 답을 맞혔다"처럼 쓰입니다. 이와 달리 '맞추다'의 여러 뜻 중 하나가 "둘 이상의 일정한 대상들을 나란히 놓고 비교해 살피다"입니다. 그래서 "친구들과 1번 문제의 답을 맞춰 보았다"라고 쓰죠. 또 '맞추다'에는 "어떤 기준에 틀리거나 어긋남이 없이 조정하다"라는 의미도 있습니다. 따라서 한 문제의 답만 맞히는 것이 아니라 가로와 세로로 주어진 조건에 맞게 전체 틀을 완성하는 놀이는 '낱말 맞추기'입니다. 〈표준국어대사전〉에 실린 '퍼즐(puzzle)'의 뜻풀이에도 "풀면서 지적 만족을 얻도록 만든 놀이. 이에는 낱말이나 숫자·도형 맞추기 따위가 있다"라고 돼 있습니다. 한편 '주사를 맞추다'와 '화살로 과녁을 맞추다'로 쓰는 일이 흔한데, '주사를 맞히다'와 '화살로 과녁을 맞히다'가 바른 표기입니다.

같으면서도 다릅니다. 사자·호랑이·멧돼지의 엄니는 송곳니가 발달한 것이지만, 코끼리의 엄니는 앞니가 발달한 것이거든요.

아무튼 코끼리의 어금니는 입 안쪽에 따로 있습니다. 넓적한 모양으로요. 그것을 본 사람은 거의 없을 겁니다.

목젖이 예쁘다고?
에이 아무렴~

인터넷 사이트를 뒤지다 보면 웃기는 내용을 자주 접하곤 합니다. 우연히 본 '목젖이 예쁜 남자'라는 제목의 글과 사진도 그중 하나입니다. 참 웃기는 얘기죠. 거짓말이기도 하고요.

여러분은 남자 성인들의 목 중앙에 툭 불거진 부분을 뭐라고 부르시나요? '목젖'이라고 부르지 않나요? 여러분뿐 아니라 대부분의 사람이 '목젖'이라고 얘기합니다.

그러나 그 부분은 목젖이 아닙니다. 우리 몸에 '목젖'은 있지만, 다른 사람의 '목젖'을 보기는 쉽지 않습니다. 저도 30년 가까이 함께 살아온 아들의 목젖을 본 적이 없습니다.

지금 거울 앞에 가서 입을 벌리고 입 속을 들여다보세요. 그러면 "목구멍의 안쪽 뒤 끝에 위에서부터 아래로 내민 둥그

스름한 살"이 보일 겁니다. 그게 바로 '목젖'입니다. 그것을 남에게 보여 준 적 있으신가요? 아니면 남의 것을 본 적은요? 거의 없을 겁니다.

그런데 어느 인터넷 포털 사이트에 누가 "올해 고 3이 되는 남학생인데요. 목젖이 안 나와서 고민입니다"라고 써 놓았지 뭡니까. 또 그것을 보고 어떤 사람은 친절하게 "목젖이란 남성의 목에 연골이 튀어나와 보이는 것인데요. 이미 성장이 끝나셨다면 더 이상 나오진 않을 거예요. 목젖이 작다고 별로 문제가 될 것은 없으니 너무 걱정하지 마세요"라고 답변을 달아 놓았습니다.

정말 엉뚱한 질문에 더 엉뚱한 답변입니다. 모든 사람이 태어날 때부터 가지고 있는 '목젖'이 없다고 하고, 거기에 맞장구를 친 사람이 절로 웃음을 짓게 합니다.

이렇게 '목젖'이라고 잘못 부르는 부위의 바른 이름은 '울대뼈'입니다. '울대'는 소리를 내는 기관인 '성대聲帶'의 순우리말이고, 성대 근처에 뼈처럼 툭 불거져 있어 그런 이름이 붙은 거죠.

2부　열에 아홉은 틀리는 말

목에는
줄기가 없다

       "나의 욱하는 감정이 내 목줄기를 타고 올라오면 그때는 아무도 못 말렸다."

  어느 일간지에 실린 내용입니다. 그런데 이 글에서 보이는 '목줄기'는 대체 어느 부위일까요? 흔히 쓰는 말로는 울대뼈가 있는 부위를 뜻하는 듯합니다. 여러분 생각도 그런가요?

  "길게 이어져 나간 갈래"를 뜻하는 '줄기'는 "한 줄기 희망이 보인다"처럼 단독으로 쓰이기도 하고, '핏줄기'처럼 복합명사를 만들기도 합니다. 따라서 '목줄기'라는 말도 만들 수 있을 것 같습니다. 하지만 실제는 그렇지 않습니다. '목줄기'는 '목덜미'의 경상북도 방언입니다. 사투리라는 얘기죠.

  그리고 '목덜미'는 목의 뒷부분을 가리키는 말입니다. 목의 앞쪽은 '멱'이라고 합니다. 흔히 '멱살을 잡다'로 쓰는 '멱살'이 "멱 부위에 붙은 살"입니다. 그러니까 목의 앞쪽을 잡았으면 '멱을 잡다'나 '멱살을 잡다'로 써야 하고, 목의 뒤쪽을 잡았으면 '목덜미를 잡다'로 써야 합니다.

놀부의 몸도

오장육부다

우리 몸에는 오장육부가 있습니다. 오장五臟은 간장·심장·비장·폐장·신장을, 육부六腑는 위·대장·소장·쓸개·방광·삼초를 이르는 말입니다.

헌데° 이 '오장육부'를 '오장육보'라고 잘못 말하거나 쓰는 사람들이 적지 않습니다. 한 포털 사이트 지식검색창에 "오장육보란 무엇 무엇 무엇을 말합니까?"라는 질문이 올라 있을 정도입니다.

'오장육부'를 '오장육보'로 잘못 쓰는 것은 어쩌면 〈흥부전〉 때문일지 모릅니다. 〈흥부전〉에 "사람마다 오장육보로되 놀보는 오장칠보인가 보더라. 어찌하여 칠보인가 하니 심술보 하나가 왼편 갈비 밑에 주먹만 하게 딱 붙어 있어…"라고 말하

헌데 ⓧ 한데 ◉

'그런데' 또는 '그러나'와 같은 의미로 '헌데'와 '허나'를 쓰는 일이 흔합니다. 젊은 사람보다는 좀 나이가 드신 분들이 많이 쓰죠. 예스러운 느낌이 나는 때문일 듯합니다. 하지만 '헌데'와 '허나'는 바른말이 아닙니다. 문법적으로 설명하면 '하다'는 문장 앞에서 '하나' '하니' '하면' '하여' '한데' '해서' 따위의 꼴로 쓰여 '그러나' '그러니' '그러면' '그리하여' '그런데' '그래서'의 뜻을 나타냅니다.

는 대목이 나오거든요.

그러나 〈흥부전〉에서 '오장육보'라고 한 것은 '심술보'와 말 꼴을 맞추기 위해 그리 쓴 것일 뿐, 실제 우리 몸이 '오장육보'로 이뤄졌다는 뜻은 아닙니다. 문학적 표현인 거죠. 게다가 '심술보'는 "심술이 많은 사람"을 뜻하는 말이지, 심술이 생기는 신체 부위를 일컫는 말이 절대 아닙니다. 우리말에서 접미사 '-보'는 꾀보, 땅딸보, 뚱뚱보, 먹보, 싸움보, 울보, 잠보, 째보, 털보 등에서 보듯이 그러한 특성을 지닌 사람을 가리키거든요.

아무튼 '오장육보'는 '오장육부'가 바른말입니다.

부화는 ✎
치밀어 오르지 않는다

오장육부 중 하나인 폐장(허파)을 다른 말로 '부아'라고 합니다. 그런데 어느 신문의 칼럼니스트가 "그의 몰상식하고 뻔뻔함에 은근히 부화가 치밀기도 했고…"라고 써 놓았듯이 '부아'를 '부화'로 잘못 적는 일이 흔합니다. 아마 "화가 나다" "화가 치밀다" 따위의 화火를 떠올린 때문일 겁니다.

그러나 "분한 마음이 있어서 속이 타들어 갈 듯하다"라거나

"분한 마음에 숨을 고르게 내쉬지 못하고 가슴을 들썩거리는 모습"을 나타내는 표현은 '부아가 나다' '부아가 치밀다' '부아가 끓다' '부아가 돋다' 따위로 써야 합니다.

숨이 들어오고 나가는 곳인 허파가 부글부글 끓거나 그 허파가 밖으로 튀어 나갈 것 같다는 얘기죠. 참 기막힌 표현입니다.

아무튼 허파를 '부아'로 부른다는 것과 화가 난 것을 말할 때는 '부아가 치밀다' 따위로 써야 한다는 것, 이거 잊지 마세요.

알 듯 모르는
손가락 이름들

자, 손을 좍 펴 보세요. 폈으면 손가락들이 보일 텐데요. 여러분이 글씨를 쓰거나 맛있는 것을 먹을 때 도움을 주는 그 손가락들의 이름을 다 아세요? 엄지나 검지는 알겠지만, 나머지는 잘 모르겠죠?

그래서야 되겠습니까. 소중한 내 몸인데, 이름 정도는 알고 있어야죠.

손가락 중 가장 굵은 첫째 손가락의 이름은 다들 아실 겁니다. '엄지'죠. '엄지손가락' 혹은 '엄지손' '엄지가락'이라고도 합니다. 한자어로는 '대지大指' '거지巨指' '무지拇指'라고 합니

2부 열에 아홉은 틀리는 말

다. 도장을 대신해 손가락에 인주 따위를 묻혀 그 지문을 찍은 것, 즉 지장指章을 무인拇印이라고 하는 것이 바로 엄지를 나타 내는 한자말 '무지'로 찍기 때문입니다.

둘째 손가락은 '검지' '집게손가락' '식지食指' '염지鹽指' '인 지人指'라고 하고, 가운데 긴 손가락인 셋째 손가락은 '가운뎃 손가락' '중지中指' '장지將指,長指'라고 부릅니다.

또 예부터 우리 조상님들이 탕제를 젓던 넷째 손가락은 '약 손가락' 혹은 '약손'이라고 합니다. 한자어로는 '무명지無名指' '약지藥指'라고도 하고요.

그리고 가장 작은 다섯째 손가락은 '새끼손가락' '새끼손' '계지季指' '소지小指'라고 합니다.

그러나 엄지를 뜻하는 '모지', 가운뎃손가락을 뜻하는 '장 가락', 새끼손가락을 달리 부르는 '애끼손가락'은 모두 바른말 이 아닙니다. 아셨죠?

아이들 손은
조막손이 아니다

손과 관련해 사람들이 많이 틀리는 말에는 '조막손'도 있습니다. 우리말을 잘 안다는 신문사 기자들과 방송사 아나운서들도 툭하면 '아이들이 조막손으로 뭔가를 만들고 있다'는 내용의 글을 쓰거나 말을 합니다.

그러나 아이들의 손이 모두 조막손일 리 없습니다. 그런 말을 아이들에게 함부로 써서는 절대 안 됩니다. '조막손'이란 "손가락이 없거나 오그라져서 펴지 못하는 손"을 뜻하는 말이기 때문이죠.

'조막손'의 조막은 '조각'의 옛말입니다. 옛 문헌에 '조각구름을'을 '조막구루믈'로 쓴 것이 보이거든요. 즉 손가락 전체가 아니라 일부 조각이라는 의미에서 생긴 말이 '조막손'입니다.

그러니까 앞으로 주변 사람들이 아이들의 손을 보고 '조막손' 어쩌고저쩌고하면 여러분이 탁 째려보면서 이렇게 알려 주세요.

"아니, 아이들의 손이 조막손이었으면 좋겠어요? 어쩌면 그렇게 심한 말을 할 수 있는 거죠!"라며 "이 아이들처럼 작고 예쁜 손은 '고사리 같은 손(고사리손)'이라고 해야 한다고요"라고 말입니다.

손톱눈 밑에는
손톱반달이 있어야 한다

　손가락의 끝에는 손톱이 있고 손톱의 아래쪽에는 흰색을 띠는 부위가 있습니다. 이곳의 흰색 정도를 가지고 신체 건강을 따지는 얘기가 많이 전해지죠.

　그런데 그런 이야기들을 보면 흰색 부위를 가리키는 말이 제각각입니다. '손톱눈'과 '손톱반달'을 비롯해 '조반월' '조근' '조모' 등이 쓰이죠. 또 누구는 그 모양이 반달 같다고 하고, 누구는 초승달을 닮았다고 하는 등 보는 눈도 다릅니다.

　여러분은 이 부위가 무엇을 닮았고, 그 이름은 무엇이라고 생각하시나요? 〈표준국어대사전〉을 기준으로 정답부터 말씀 드리면 모양은 반달을 닮았다고 해야 합니다. 〈표준국어대사전〉에 올라 있는 이름 자체가 '반달'이거든요. 발톱에 있는 흰 부위도 '반달'입니다.

　하지만 저는 여기에 문제가 있다고 봅니다. 사람들은 '반달' 하면 하늘에 떠 있는 반달이나 "한 달의 절반"을 뜻하는 반달을 생각하지, 손톱과 발톱의 부위를 떠올리지는 않을 것이기 때문이죠. 따라서 손톱과 발톱의 흰색 부위는 '손톱반달'과 '발톱반달'을 표제어로 삼아야 한다고 생각합니다.

　특히 "손톱의 좌우 양쪽 가장자리와 살의 사이"를 '손톱눈'

이라고 합니다. 당연히 '발톱눈'도 국어사전에 올라 있는 말입니다. '손톱눈'과 '발톱눈'은 분명 얼굴에 있는 눈과 구별하기 위해 만들어진 이름일 겁니다. 그런 이치라면 하늘의 반달과 손톱·발톱의 반달도 구분해야 한다는 것이 저의 생각입니다.

현재 〈표준국어대사전〉에는 이런 사례가 많습니다. 당연히 구분해 써야 할 말을 구분해 놓지 않은 것들요. '다래'도 그런 말 가운데 하나입니다.

여러분은 '다래' 하면 뭐가 떠오르시나요? 산에서 나는 열매로, 대추 모양에 달달한 맛을 지닌 다래가 떠오르시죠? 그러실 겁니다. 저도 그렇거든요.

그런데 산에 나는 다래만큼은 아니지만, 꽃이 피지 않은 목화의 봉오리도 달달한 것이 먹을 만합니다. 저도 어린 시절엔 꽤 자주 먹었죠. 저뿐만 아니라 저희 동네 사람들은 다 이것을 '목화다래'라고 불렀습니다. 산에서 나는 다래와 구분하기 위해서요.

하지만 현재 〈표준국어대사전〉은 산에서 나는 것이든 밭에서 나는 것이든 모두 '다래'로만 쓰도록 하고 있습니다. 북한 문화어는 '다래'와 '목화다래'를 구분하는데, 우리 표준어는 그러지 말라고 합니다. 그뿐 아니라 '산다래'도 비표준어라고 못박고 있습니다.

이래서는 안 된다고 봅니다. 말의 가짓수가 많아야 의미를 정확히 전달할 수 있습니다. '반달에는 물이 들지 않았다'와 '발톱반달에는 물이 들지 않았다', '다래보다는 다래가 더 달다'와 '목화다래보다는 산다래가 더 달다'는 의미 전달에서 엄청난 차이를 보입니다. 여러분이 보시기에도 그렇죠?

결론적으로 '손톱반달'이나 '목화다래' 같은 말은 표제어로 올라야 합니다. '손톱눈'처럼요. '발톱반달 양옆에 발톱눈이 있다'고 하면 무슨 뜻인지 확 와닿는데, '반달 양옆에 발톱눈이 있다'고 하면 고개가 절로 갸우뚱거려지잖아요.

그건 그렇고요. 여러분도 손톱이나 발톱의 뿌리가 박힌 자리에 살갗이 거슬거슬하게 일어난 것을 경험한 적 있으시죠? 저는 이거 건드렸다가 쓰리고 아파서 눈물 흘린 적이 여러 번 있습니다.

바로 이것, 거슬거슬하게 일어난 살갗을 뜻하는 말은 뭘까요? 표준어는 '거스러미'입니다. '거스레기'나 '그스르기' 따위로 쓰시는 분도 많은데, 이들 말은 모두 비표준어랍니다. 또 "이로 손톱 끝을 잘근잘근 씹거나 물어뜯는 행동"을 뜻하는 말은 '손톱여물'이라는 것도 알아 두시기 바랍니다.

사람에게는
꽁지가 없다

        사람의 신체와 관련해 자주 틀리는 말로는 꽁지뼈도 있습니다. "등골뼈의 가장 아랫부분에 있는 뾰족한 뼈", 즉 엉덩이 바로 위에 있는 뼈를 가리켜 '꽁지뼈'라고 하는 사람이 많습니다. 하지만 '꽁지'는 "새의 꽁무니에 붙은 깃"을 이르는 말로, 사람에게는 있을 수가 없습니다. 사람의 것은 '꼬리뼈'입니다.

무릎팍도사는
엉터리다

        만약 누가 저에게 "그동안 가장 싫어한 TV 프로그램이 뭐냐"라고 물으면 저는 〈황금어장〉의 '무릎팍도사' 코너라고 말할 겁니다.

    제가 이 프로를 싫어하는 것은 출연자가 마음에 들지 않거나 내용이 마뜩하지 않아서 그런 게 아닙니다. 자주는 아니지만 가끔 보고 적잖이 웃음을 짓기도 했습니다.

    하지만 이 프로로 인해 '무릎팍'이라는 말이 표준어인 양

       2부   열에 아홉은 틀리는 말

세력을 넓혀 사람들 입에 자주 오르내리는 것이 영 마음에 들지 않습니다. '무릎팍도사'가 '무르팍'이라는 바른말을 몰아내고, 말도 안 되는 '무릎팍'을 퍼뜨린 것입니다. 제 딸이 어린 시절 책에 적힌 '무르팍'이라는 글자를 보고 '무릎팍'을 잘못 쓴 것이라고 얘기해 쓴웃음을 지은 적도 있습니다.

"가슴의 판판한 부분을 속되게 이르는 말"인 '가슴팍'이 있다 보니, 무릎을 달리 부르는 말도 '무릎팍'일 것으로 생각하는 듯한데, "무릎을 속되게 이르는 말"은 '무르팍'입니다. '무르팍'은 '무릎'에 '악'이 더해진 뒤 '릎'의 ㅍ 받침이 연철된 거랍니다.

그 프로가 변명거리로, '무릎'에다가 의성어 '팍'을 재미로 붙인 것이었다고 한다면, '무릎 팍'으로 띄어 썼어야 합니다.

청소년은 물론 국민 전체에 영향을 미칠 수 있는 방송이라면 재미를 핑계로 소중한 우리말을 훼손하는 일이 없었으면 좋겠습니다. 제발~

이 때문에 제가 지금 제일 싫어하는 프로그램이 SBS의 〈런닝맨〉입니다. 저는 절대 이 프로그램을 보지 않습니다. 왜냐고요? 영어 'running'의 바른 외래어 표기는 '런닝'이 아니라 '러닝'이거든요. 그 이유는 〈문법 편〉에서 좀 더 자세히 얘기해 드릴게요.

발자국 소리는
들리지 않는다

　　발과 관련해 틀리기 쉬운 표현으로는 '발 자국 소리를 내지 마라'나 '한 발자국 물러나라' 등처럼 '발자 국'을 잘못 쓰는 사례도 있습니다.

　'발자국'은 "발로 밟은 자리에 남은 모양" 또는 "(수량을 나 타내는 말 뒤에 쓰여) 발을 한 번 떼어 놓는 걸음을 세는 단위"를 나타내는 말입니다. 그런 '발자국'은 소리를 내지 않습니다. '발 자국'은 "발자국이 뚜렷하다"거나 "두 발자국을 내디뎠다" 따위 처럼 써야 합니다.

　"발을 옮겨 디딜 때 발이 바닥에 닿아 나는 소리"는 그냥 '발소리'입니다. 아니면 '발걸음 소리'로 써도 되고요.

　그리고 발의 뒤쪽을 나타내면서 '뒷꿈치'처럼 '뒤'에 사이 시옷을 받쳐 적는 일도 흔한데, 그러면 안 됩니다. 그냥 '뒤꿈 치'로 써야 합니다. 〈문법 편〉에서 자세히 얘기하겠지만, 뒤의 소리가 거센소리(ㅊ, ㅋ, ㅌ, ㅍ)이거나 된소리(ㄲ, ㄸ, ㅃ, ㅆ, ㅉ) 인 경우에는 앞에 사이시옷을 받쳐 적을 수 없거든요.

　발 얘기가 나온 김에 제가 아주 재미있는 사실 하나 알려 드릴게요. 정말 많은 사람이 속고 있는 이야기입니다. 여러분 도 그동안 속아 온 이야기인지도 모르고요.

여러분도 신데렐라 아시죠? 그러면 신데렐라가 무도회에 갈 때 뭐를 신고 가죠? 유리구두라고요? 땡!

그게 거짓말입니다. 신데렐라는 절대로 유리구두를 신지 않았습니다. 여러분도 생각해 보세요. 유리로 만든 구두를 신을 수 있겠어요? 유리구두는 발의 모양이나 움직임에 따라 늘어나거나 변하지 않기 때문에 그것을 신고 몇 발짝만 걸어도 발등의 허물이 벗겨지고 뒤꿈치가 까져서 피가 철철 날 겁니다.

더욱이 옛날에는 강화 유리도 없었는데, 만약 신고 뛰다가 깨지기라도 하면…. 어휴, 끔찍합니다. 그것은 동화가 아니라 공포영화입니다.

여러분이 알고 있는 신데렐라 이야기는 프랑스의 시인이자 동화작가인 샤를 페로가 지은 〈엄마 거위 이야기집〉의 일부입니다. 그런데 작가 페로는 소설 속에서 신데렐라에게 유리구두를 **신킨**° 적이 없습니다. 정말입니다.

페로가 소설 속에서 신데렐라에게 신게 한 것은 유리구두가 아니라 '(회색빛에 가까운) 하얀 털신'이었습니다. 그런데 프

신킨 ⊗ 신긴 ◉

"신, 버선, 양말 따위를 발에 꿰게 하다", 즉 '신다'의 사동사는 '신키다'가 아니라 '신기다'입니다. '신키다'라는 말은 없습니다.

✚ 신데렐라가 신은 건 **유리구두**가 아니라 (회색빛에 가까운) **하얀 털신**이었습니다.

랑스판에 'vair(일종의 흰색 털)'로 적힌 것이 영어판으로 번역
되는 과정에서 'verre(유리)'로 잘못 인쇄됐고, 그것을 그대로
들여온 우리나라에서는 신데렐라가 주욱~ 유리구두를 신고

있는 겁니다.

이런 사실을 아는 분들도 더러 있습니다. 하지만 이 거짓말이 누구를 상하게 하는 것이 아니고, 내용도 훨씬 동화답고 해서 다들 그러려니 하고 넘어가는 거죠, 뭐.

아무튼 여러분은 이런 얘기 처음 들으셨죠? 앞으로도 이런 얘기 많이 나오니까 눈에 불을 켜고, 책에 집중 집중 또 집중하세요.

이 밖에 우리 몸과 관련해 잘못 쓰는 말로는 가리마, 쌍까풀·쌍거풀, 입천정도 있습니다. 이들 말은 가르마, 쌍꺼풀, 입천장이 바른말입니다.

자, 어떤가요. 정말 뻔한 말들인데, 잘못 쓰는 것이 무척 많죠. 특히 이들 말은 일반인은 물론 신문과 방송에 종사하는 기자들도 자주 틀리는 말입니다. 그들이 자꾸 틀리게 쓰니까, 여러분도 자연스레 잘못 쓰게 되는 거고요.

그래서 드리는 말인데, 이제부터는 여러분이 우리말 전도사가 되는 것이 어떨까요? 여러분 주변 분들이 잘못 쓰는 말들이 정말 많습니다. 그럴 때마다 여러분이 바른말을 알려 주는 겁니다.

그러기 위해서는 우선 여러분부터 '우리말 고수'가 돼야 합니다. 그래야 다른 사람들이 여러분 말을 믿을 거 아니겠습니까.

우리말 고수가 되는 거, 그거 어렵지 않습니다. 다만 시간이 조금 걸릴 뿐이죠. 우선 우리말에 관심을 갖고 궁금한 것이 있으면 국어사전을 열심히 뒤져야 합니다. 평소에 바르고 고운 말을 쓰려는 마음을 갖는 것도 중요하고요.

그리고 지금까지 제가 알려 드린 말들과 앞으로 할 얘기들을 한 번만 읽은 채 휙 버리지 말고 읽고 또 읽어야 합니다. 우리말은 좀 헷갈리는 구석이 많아 자꾸 깜빡하게 만들거든요. 하지만 읽고 또 읽으면 여러분 머릿속에 곱고 예쁜 우리말을 바르게 쓰는 어떤 흐름이 자리를 잡게 될 겁니다. 그렇게 우리말을 공부하다 보면 여러분 스스로 깨닫지 못한 채 어느새 '국어왕'이 돼 있을 겁니다.

아무튼 몸에 대한 얘기는 이쯤에서 접고, 다음은 먹는 얘기로 넘어갈게요.

된장찌게와 김치찌게는 못 먹는다

여러분도 '된장찌개' '김치찌개' '부대찌개' 등은 한 번쯤 먹어 봤을 겁니다. 그런데 그런 음식들을 파는 집 중에는 '된장찌게' '김치찌게' '부대찌게' 등처럼 '-찌게'라고 써 놓은 음식점이 적지 않습니다. 하지만 그런 말들은 죄다 바

2부   열에 아홉은 틀리는 말

른 표기가 아닙니다.

'-게'와 '-개'는 모두 동사 어간에 붙어서 명사를 만드는 뒷가지(접미사)입니다. 그러나 우리말에서 '-게'가 붙는 것은 '지게' '집게' '뜯게' 등 몇 개 되지 않습니다.

열에 아홉은 '걸개' '깔개' '덮개' '뜨개(질)' '마개' '쓰개(치마)' '얼개' '지우개' 등처럼 '-개'가 붙습니다. '찌다'의 명사형도 '찌게'가 아니라 '찌개'입니다. "잠을 자거나 누울 때에 머리를 괴는 물건" 역시 '베개'입니다. 이를 '벼게' '배게' 등으로 쓰는 일도 흔한데, 이들 모두 바른말이 아닙니다.

오대양 너른 바다에
아구는 살지 않는다

싱싱한 콩나물과 미더덕이 붉은 고추장 양념으로 몸단장을 하고, 그 사이사이로 하얗게 터지는 그놈의 눈부신 속살…. 크흐~ 생각만 해도 군침이 돕니다.

뭔 얘기냐고요? 아구찜 얘기입니다. 저도 여러분이 아구찜이라고 부르는 것을 무척 좋아합니다. 더러는 아구탕을 먹기도 하고요.

하지만 그것을 먹을 때마다, 아니 그것을 파는 음식점에 갈

때마다 은근히 화가 납니다. 왜냐하면 저기 앞에서도 잠깐 얘기했듯이, 오대양 어느 바다에도 '아구'라는 물고기가 살지 않기 때문입니다. 살지도 않는 물고기를 판다고 하니, 세상에 이런 거짓말이 어디 있습니까.

우리가 흔히 '아구'라고 부르는 생선의 바른 이름은 '아귀'입니다. '아귀'는 "입 또는 구멍"을 일컫는 '악'에 '위'가 더해져 '악위'로 쓰던 것인데, '악위'를 연음한 '아귀'로 불리다가 그대로 굳어진 말이지요.

그런데도 거리에는 '아구찜 전문' '원조 아구탕' 등 온통 아구투성이입니다. '아귀찜'이나 '아귀탕'은 눈을 씻고 찾아봐도 보이지 않습니다. 여러분이 이것을 바로잡아 주었으면 좋겠습니다. 어떻게 바로잡냐고요?

만약 어느 집에 들어갔는데, 차림표에 '아구찜 7만 원' 따위로 쓰여 있다면 그냥 나오는 겁니다. 친구들한테 "세상에 있지도 않은 생선으로 찜을 만들고 탕을 끓이는 거짓말쟁이가 어디 있느냐"라며 "이런 집에서 먹지 말자"라고 얘기하는 거죠. 그런 뒤 주인을 째려보며 나와서 맛깔스러운 '아귀탕'과 '아귀찜'을 찾아가는 겁니다. 그 정도의 마음이 있어야 우리말 전문가가 될 수 있지 않겠습니까.

만약 친구들이 그냥 먹자고 하면 여러분이 주인을 불러 '아귀'가 바른말이라는 것만은 알려 주시기 바랍니다. 꼬옥~요.

어부 임연수를
잘못 읽은 이면수

사람들이 열이면 열, 이름을 잘못 알고 있는 물고기에는 '이면수'라는 것도 있습니다. 여러분도 이 물고기 아시죠? 두꺼운 껍질이 맛있는 물고기로, 강원도에서 껍질 쌈밥으로 먹기도 하는 녀석 말입니다. 여러분도 기름에 튀긴 이 생선을 많이 먹어 봤을 겁니다. 그렇죠?

그런데 이 생선의 진짜 이름은 '이면수'가 아닙니다. 그리고 진짜 이름에는 정말 재미있는 유래가 있습니다. 그게 뭐냐 하면, 19세기 초 실학자 서유구가 지은 〈난호어목지〉라는 책에 "옛날에 임연수林延壽라는 사람이 있었는데, 이 물고기를 잘 낚았다. 이로 말미암아 본토박이가 그런 이름을 붙였다"라는 내용이 나옵니다. 그러면서 이 물고기의 이름을 '임연수어林延壽魚'라고 밝히고 있습니다.

그러니까 이 물고기는 임연수라는 어부에게 잘 잡혀서 '임연수어'라는 이름을 얻게 된 것입니다. 정말 재미있는 이름이죠?

우리 조상님 가운데 한 분인 그 어부의 이름 '임연수'가 [이면수]로 소리 나는데, 사람들이 그것을 물고기의 이름으로 잘못 알고 쓰는 겁니다.

하지만 여러분은 이제 그 물고기 이름의 유래를 잘 아셨을 테니까 '이면수'로 쓰지 말고, '임연수어'로 쓰시기 바랍니다. 그리고 주변 사람들에게도 살짝 알려 주세요. 그러면 무척 재미있어하지 않을까요?

가자미로는
식혜를 못 만든다

우리 바다에 사는 물고기 중에서 흔히 '가재미'로 불리는 녀석이 있습니다. 납작한 몸에 두 눈이 한쪽에 몰려 있고, '넙치'보다 조금 몸이 작은 물고기 말입니다.

그러나 이 물고기의 바른 이름은 '가재미'가 아니라 '가자미'입니다. 이에 대해서는 〈문법 편〉에서 아주 자세히 얘기해 드릴게요.

그건 그렇고, '가자미'를 '가재미'로 잘못 쓰는 것 못지않게 아주 많이 틀리는 말이 또 하나 있습니다. '가자미식혜'가 바로 그것입니다. 여러분 주변 분들에게 '가자미식혜'를 어떻게 쓰느냐고 물어보세요. 아마 대개는 '가자미식혜'로 쓸 겁니다.

하지만 가자미로 식혜를 만든다는 것은 말이 안 됩니다. 달착지근한 식혜와 가자미는 전혀 어울리지 않으니까요. '가자미식혜'는 '가자미식해'가 바른말입니다. 여기서 '식해'는 "생선에 약간의 소금과 밥을 섞어 숙성시킨 식품", 즉 '생선젓'을 뜻합니다. 젓갈의 참맛을 모르는 사람도 적지 않지만, 그 맛을 알면 젓갈 하나만으로 밥 한 그릇을 뚝딱 비우기도 하죠. 그중 대표적인 것이 '가자미식해'입니다.

참, 앞에서 얘기한 넙치 있지요? 이름만으로 생김새를 떠올릴 수 있으니, 정말 멋진 이름인 것 같습니다. 그런데 그런 좋은 이름을 놓아두고 사람들은 왜 한자말 '광어廣魚'로 부르는지 모르겠습니다. 여러분은 그러지 마세요. '넙치'가 죽은 말도 아닌데, 멀쩡한 우리말을 두고 군이 한자말을 쓸 필요는 없지 않나요? 안 그렇습니까?

여러분이 지금부터 우리말 '넙치'를 쓰면 나중에 '광어' 대신 '넙치'가 더 많이 쓰이게 될 겁니다. 저는 그렇게 되리라 믿습니다.

육계장 파는 집은
가지 말자

'육계장'도 음식점 차림표에 잘못 쓰여 있곤 하는 이름입니다. 여러분도 이 음식을 먹어 봤을 겁니다. 군이 밖에서 사 먹을 필요 없이 집에서도 자주 해 먹을 듯합니다.

그러니 이 음식을 어떻게 만드는지도 잘 아실 겁니다. 쇠고기를 삶아서 알맞게 뜯어 넣고, 얼큰하게 갖은양념을 하여 끓여 냅니다.

그런데 '육계장'이라고 하면 좀 이상하지 않나요? 보통 쇠고기를 주재료로 하는 음식에 갑자기 닭을 뜻하는 '계鷄'가 들어가 있으니까요.

맞습니다. '육계장'은 바른말이 아닙니다. 바른 표기는 '육개장'입니다. 이 말은 원래 '개장국'에 뿌리를 두고 있습니다. '개장국'이란 우리가 흔히 **사철탕**˚이나 **영양탕**˚이라고 부르는 겁니다. 개고기를 끓인 보신탕, 그거요.

반려견을 키우는 분들은 고개를 **절래절래**˚ 흔드시겠지만, 우리 조상님들은 옛날에 삼복더위 때는 개장국을 즐겨 먹었다고 합니다. 사실 당시만 해도 가장 흔한 가축 중 하나가 개였지요. 일반 백성들에게는 이보다 귀중한 영양 공급원이 없었습니다. 지금이야 고기가 흔하지만, 옛날에는 아주 귀했거든요. 고

'사철탕'과 '영양탕'과 '보신탕'

〈표준국어대사전〉에 "허약한 몸에 영양을 보충해 주는 국이라는 뜻으로, '개장국'을 이르는 말"로는 '보신탕'만 올라 있습니다. 하지만 '사철탕'과 '영양탕' 역시 일부 국어사전에 오르기도 한 말로, 표준어가 되기에 충분한 말로 생각됩니다. 물론 이것은 저 혼자의 생각입니다.

2부 열에 아홉은 틀리는 말

기는커녕 먹을 곡식이 없어서 굶어 죽는 사람도 많던 시절이었잖습니까. 그러니 그 시절에 개고기를 먹었다고 뭐라고 해서는 안 될 것 같습니다. 그 '개장국'을 줄여서 그냥 '장국'이라고도 합니다.

그런데 일반 백성들은 개고기면 감지덕지였지만, 양반들은 개고기 대신 쇠고기를 넣고 끓여 먹기도 했다고 합니다. 돈 있겠다, 권세도 있겠다, 못 먹을 게 뭐가 있겠습니까. 안 그래요?

'육계장'의 바른말 '육개장'도 바로 여기서 나왔습니다. 일반 백성들이 개장국을 먹을 때 사대부 중 일부는 개장국에 개고기 대신 쇠고기를 넣어 먹으면서 그 이름을 '육개장'이라고 부른 거죠. 개장국에 쇠고기를 뜻하는 '육肉'을 덧붙인 겁니다.

참, 요즘에는 이 음식에 쇠고기 대신 닭고기를 넣기도 합니다. 그런 음식을 일부러 '육계장'이라고 부르는 듯도 합니다. 하지만 그것도 옳지 않은 이름입니다.

▌〉 절래절래 ⊗ 절레절레 ◎

보는 순간 느낌이 팍 오시죠? 모음조화 현상! 만약 이때 굳이 '래'를 쓰고 싶다면 '잘래잘래'를 쓰면 됩니다. 절레절레(머리를 좌우로 자꾸 흔드는 모양)와 잘래잘래(머리를 좌우로 '가볍게' 자꾸 흔드는 모양)의 차이는 '크기'입니다. 음성모음이 크고, 양성모음이 작습니다. 이런 말맛을 많이 알면 글쓰기에도 도움이 된답니다.

개장에 쇠고기를 넣은 것이 '육개장'이니까, 개장에 닭고기를 넣은 것은 '계개장'이나 '닭개장'이라고 해야 합니다. 그래야 말의 어원을 살릴 수 있으니까요.

국어사전에 없는 말 ✏

'막창'과 '홍창'

혹시 '막창'이라는 거 먹어 보셨죠? 맛이 어떻던가요? 아주 맛있죠.

그런데 말입니다. 막창은 대체 소와 돼지의 어느 부위를 가리키는 말일까요? '막창'이면 '마지막 창자'일 테니, '소의 대장'이 아닐까 싶죠?

하지만 '막창'은 소의 대장이 아니라 "소의 넷째 번 위"를 가리키는 말입니다. 이를 '홍창'이라고도 부르는데, 현재 국어사전에는 '막창'이나 '홍창'이라는 말이 없습니다. 사람들은 다 '막창'이나 '홍창'이라고 하는데, 국어사전들은 '주름위' '제4위' '추위' 등으로 잘난 척만 하고 있지요.

문제는 이것 말고도 더 있습니다. "소의 첫째 번 위"도 그렇습니다. 씹히는 맛이 그만인 이 부위를 사람들은 대개 '양'이라고 부릅니다. 그런데 국어사전들은 '양'을 "소의 위胃를 고기로 이르는 말"이라고 뭉뚱그려 풀이할 뿐입니다.

정작 사람들은 첫째 번 위는 '양', 둘째 번 위는 '벌집위', 셋째 번 위는 '천엽'이나 '처녑', 넷째 번 위는 '막창'이나 '홍창'으로 정확히 가려 쓰는데도 말이지요. 사람들은 말의 가짓수를 늘려 우리말을 건강케 하고 있는데, 국어사전들은 그런 말 씀씀이를 전혀 살피지 않는 듯싶어 마음이 좋지 않습니다.

그러면 '양'이나 '막창' 또는 '홍창' 등은 사용하면 안 되는 말일까요? 아닙니다. 써도 됩니다.

더러 "국어사전에 없는 말이니 써서는 안 된다"라고 주장하는 글을 보기도 하는데, 그것은 정말 소도 웃을 얘기입니다. 사람들이 널리 사용하는 말 중에 사전들이 하나같이 '써서는 안 되는 말'이라고 못 박은 말이 아니라면, 아울러 우리말의 품격을 떨어뜨리는 말이 아니라면 그냥 써도 됩니다. 사전은 아주 일반적인 말을 올려놓는 곳이지, 사람들이 쓰는 말을 죄다 담아두는 곳이 아니거든요.

예를 들어 "'백성'을 질긴 생명력을 가진 잡초에 비유해 이르는 말" '민초民草'가 사전에 오른 것은 20여 년 전 일입니다. 1970~1980년대에도 널리 쓰였는데 말입니다. "얼마간의 도움이 되다"를 뜻하는 '일조하다(一助하다)' 역시 제가 초등학생 때도 들은 말이지만, 제가 교열 일을 시작하고 한참 지난 후에도 국어사전에 없던 말입니다. 지금 너나없이 쓰는 말인데도 국어사전에 올라 있지 않은 말은 정말 많습니다. 따라서 소의 '막창'이나 '홍창'도 쓸 수 있다고 봅니다.

그런데 말입니다. '대구의 막창'은 소의 막창과 조금 다릅니다. 대구를 대표하는 음식 중 하나인 '막창'은 소의 것이 아니라 돼지의 것이거든요. 소의 것은 네 개의 위 중에서 마지막 위라서 '막창'이라는 이름이 붙은 것인데, 돼지의 경우는 창자의 마지막 부분을 가리킵니다. 바로 항문 직전까지의 '직장'을 뜻하죠.

하지만 '돼지 직장 볶음'이라고 솔직히 얘기하고 팔면 사람들이 덜 찾을 것 같습니다. 말이 좀 그렇잖습니까. 이 때문에 좀 있어 보이는 '소 막창'에 슬쩍 묻어간 것이 '돼지 막창'입니다.

진짜 전골 파는 집은
못 봤다

'돼지 막창'처럼 교묘하게 거짓 이름으로 여러분을 유혹(?)하는 음식은 꽤 많습니다. '전골'도 그중 하나입니다.

다들 전골 먹어 보셨죠? 김치전골이나 만두전골, 부대전골, 두부전골 같은 것 중에서 아무거나요. 다들 먹어 봤다고 하겠

2부 열에 아홉은 틀리는 말

지만, 사실은 아닐 겁니다. 제가 이렇게 확신하는 것은 현재 거리의 음식점에서 전골을 파는 집을 보지 못했기 때문입니다.

우리의 전통 요리인 전골은 음식상 옆에 화로를 놓은 뒤 그 위에 전골틀을 올려놓고 볶으면서 먹는 음식입니다. 잔칫상이나 주안상을 차릴 때 곁상에 재료와 참기름, 장국 등을 준비해 두고 즉석에서 볶아 대접하는 요리죠. 이것을 부엌에서 아예 볶아서 나오면 '볶음'이 되고, 국물을 잘박하게 붓고 미리 끓여서 올리면 '조치' 또는 '찌개'가 됩니다. 전골은 예전에 일반 백성들이 좀처럼 맛볼 수 없는 음식이기도 했습니다.

자, 그동안 여러분이 드신 전골의 실체는 '전골'이 아니라 '찌개'였다는 것을 아시겠죠? 맞습니다. 요즘 우리 주변에서 파는 '전골'은 다 '찌개'입니다. 그런데 '찌개'보다 '전골'이 더 고급스러워 보이니까 음식점 주인들이 눈 가리고 아웅 하듯이 '전골'이라고 이름을 붙인 거죠.

뭐 맛만 좋으면 '전골'이든 '찌개'든 상관없지만, '전골'과 '찌개'가 어떻게 다른지는 알고 먹자는 의미에서 드린 이야기입니다.

그런데요. 더 재미난 사실은 〈표준국어대사전〉이 최근 전골의 뜻풀이를 "잘게 썬 고기에 양념, 채소, 버섯, 해물 따위를 섞어 전골틀에 담고 '국물'을 조금 부어 끓인 음식"으로 살짝 바꿔 놓았다는 점입니다.

예전 사전들은 뜻풀이를 "쇠고기·돼지고기·해물이나 내장 따위를 잘게 썰어 양념을 한 뒤, 채소·버섯 따위를 곁들여 전골틀이나 냄비·벙거짓골 따위에 담고, 국물을 조금 부어 즉석에서 볶으면서 먹는 음식"이라고 했는데, 뭔가 바뀐 구석이 보이나요?

이런 겁니다. 우리말은 생명체여서 세월에 따라 글 꼴이나 의미가 바뀌게 마련입니다. 그러므로 여러분도 자신이 알고 있는 표준어 또는 비표준어 상식을 마냥 '고집'해서는 안 됩니다. 틈틈이 사전을 뒤지며 계속 되새김질을 해야 진정한 '우리말 고수'가 될 수 있습니다.

그건 그렇고, 여러분은 '국'과 '탕'의 차이는 뭔지 아세요? '생선국'과 '생선탕'에는 어떤 차이가 있을까요?

정답은 '아무 차이가 없다'는 겁니다. 그냥 생선국의 높임말이 생선탕입니다. '국'의 높임말이 '탕'인 거죠. 그래서 우리 부모님들은 집에서는 동탯국을 끓여 주는데, 식당 아주머니는 동태탕을 파는 겁니다. 그래야 좀 그럴듯해 보이잖습니까.

아울러 탕은 "제사에 쓰는, 건더기가 많고 국물이 적은 국"을 뜻하기도 합니다. 소탕, 어탕, 육탕 따위로 나뉘는 '탕국' 말입니다.

요즘은 한마디로 '맛집 광풍' 시대입니다. 이 방송 저 방송 앞을 다퉈 맛있는 먹거리를 소개합니다. '맛장수'(아무런 멋이나 재미없이 싱거운 사람을 비유적으로 이르는 말)의 사투리로 쓰이던 '맛집'이 이제는 "맛있기로 유명한 음식집"을 뜻하는 말로 두루 쓰이는 세상이 됐습니다. 그러다 보니 국립국어원도 최근에 "음식의 맛이 뛰어나기로 유명한 음식집"을 '맛집'으로 써도 된다고 인정해 주었답니다.

그런데요. 그런 '맛집 방송'을 보다 보면 잘못 쓰는 '음식' 또는 '음식 재료' 이름들이 참 많이 나옵니다. 정말 '입맛 뚝 떨어지게 만드는 일'입니다.

그렇게 우리말을 잘못 쓰는 일이 흔한 데는 여러 이유가 있겠지만, 그 말이 어떻게 해서 생겨났는지 유래를 알지 못하는 것도 이유 중 하나라고 생각됩니다.

예를 들어 흔히 '돈나물'이나 '돗나물'로 쓰는 반찬거리는 돌 틈에서 잘 자라니까 '돌나물'이 바른말이고, 포장마차 등에서 안줏거리로 인기가 좋은 '오돌뼈' 역시 이것을 씹을 때 '오도독' 하는 소리가 나니 '오도독뼈'가 바른말이랍니다.

이렇게 우리의 음식들은 대부분 참 재미난 유래를 가지고 있습니다. 그런 유래를 알면 바른말을 쓸 수 있는 것은 물론 우리의 문화와 역사도 알게 됩니다. 그야말로 말을 알면 세상이 더 넓게 보이는 거죠.

우리나라 대표 음식 중 하나인 '깍두기'에도 재미난 유래, 기가 막힌 우리의 문화가 담겨 있습니다. '깍두기'는 조선의 제22대 왕 정조의 딸인 숙선옹주가 궁중 종친 회식 때 내놓아 호평을 받으며 세상에 알려지게 된 것이라 하는데요. 당시 종친 어르신들이 "어떻게 만들었느냐"라고 묻자 "평소 남는 무를 '깍둑깍둑' 썰어 버무렸더니 맛이 있어서 이번에 내놓게 됐습니다"라고 해 '깍두기'로 불리게 됐다고 합니다. 이때 지금의 '깍두기'를 한자로 음차해서 '각독기刻毒氣'라 했는데, 그 의미는 말 그대로 "독기를 없앤다"입니다. 무가 가진 해독성에 딱 들어맞는 이름이죠.

정조의 할아버지인 영조도 무를 정말 좋아했다고 합니다. 영조는 성격이 깐깐한 탓에 평소 소화불량에 시달렸는데, 무를 먹으며 배앓이를 이겨냈다고 합니다. 그 덕에 조선 왕들의 평균 수명이 40대였지만 그는 82세까지 장수를 하지요.

이렇게 우리 몸에 좋은 '무'를 '무우' 또는 '무수'라고 부르는 분들도 많은데요. '무우'와 '무수'는 모두 바른말이 아닙니다. 또 "무청째로 김치를 담그는, 뿌리가 잔 무"를 '알타리무'라고 부르는 일이 많은데, 이는 '총각무'가 바른말이고요.

참, 많은 분이 맛있게 먹는 '도루묵'에도 재미난 유래가 널리 알려져 있습니다. 이 생선은 조선 제14대 왕 선조와 인연이 있다고 하는데요. 임진왜란 때 선조가 피란을 가다 '묵'이라는 생선을 먹게 됐다고 합니다. 시장이 반찬이라고, 한동안 배고팠다가 먹었으니 당연히 맛있었겠죠. 그래서 선조가 "이 맛있는 물고기에게 '묵'이란 이름은 너무 촌스러워 격에 맞지 않는다"라며 그 자리에서 '은어'라는 이름을 지어 줬다고 합니다.

그런데 전란이 끝나고 궁궐에 돌아와 옛날을 생각하며 '은어'를 찾았는데, 이번에는 아주 맛없게 느껴졌다고 합니다. 배가 부르니 당연히 그러했겠죠. 그러자 선조는 그 자리에서 "도로 묵이라고 하라"고 일렀고, 그 '도로 묵'이 '도루묵'으로 바뀌었다고 합니다.

그러나 어디까지나 이런 **유래설**˚은 하나의 설일 뿐입니다. 국어학계에서는 선조와 관련한 이야기보다는 '돌묵'이 변한

'유래설'과 '어원설'

〈표준국어대사전〉에 사람들이 많이 쓰는 '유래설'이나 '어원설' 같은 말은 등재돼 있지 않습니다. "사물이나 일이 생겨난 바에 대한 이야기"를 뜻하는 말로는 '유래담(由來談)'만 올라 있습니다. 하지만 '-설(說)'이 "(일부 명사 뒤에 붙어) '견해' '학설' '풍설' 따위의 뜻을 더하는 접미사"로 쓰이는 만큼 '유래설'과 '어원설'도 쓸 수 있다고 봅니다.

말로 보는 견해가 더 우세합니다. '묵'이라는 생선이 있고, 같은 종류의 생선에서 좀 맛이 빠지는 것이 '돌묵'이라는 주장이죠. 사과와 돌사과, 배와 돌배, 묵과 돌묵을 생각하면 어떤 것인지 느낌이 올 듯합니다. 그 맛없는 '돌묵'이 '도루묵'으로 변했다는 게 국어학계의 견해입니다.

그런데요. 국어학계의 그런 견해보다는 그냥 민간에 알려진 이야기가 '도루묵'을 더욱 맛나게 하는 듯합니다. 그래서 저는 민간 유래담이 더 좋습니다.

쉰 김치를 먹으면
탈 난다

김치 얘기가 나와서 하는 말인데요. 우리가 일상생활에서 무심코 쓰는 잘못된 표현 중에는 '김치가 쉬다'라는 말도 있습니다. 여러분도 그렇고 여러분 주변 분들도 "김치가 너무 쉬었다"라는 말을 자주 쓸 겁니다.

하지만 우리말에서 '쉬다'는 "음식 따위가 상해 맛이 시금하게 변하다"를 뜻합니다. 그렇게 쉰 음식, 즉 상한 음식은 버려야지 먹으면 안 됩니다. 먹었다가는 탈이 나겠지요.

김치가 숙성해 맛이 드는 것을 뜻하는 말은 '쉬다'가 아니

2부   열에 아홉은 틀리는 말

라 '익다(삭다)'입니다. 그렇게 익으면 김치는 시어지죠. 따라서 "김치가 너무 쉬었다"는 "김치가 너무 익었다(삭았다)"나 "김치가 너무 시어졌다"로 써야 바른 표현이 됩니다. "푹 익은 김치"를 뜻하는 말도 '쉰 김치'가 아니라 '신(묵은) 김치'입니다.

술이든 밥이든 찐하게 사지 말고, 한턱 쏘지도 마라

우리가 쓰는 말에는 '입말'이라는 것이 있습니다. 평소의 대화체에서 많이 쓰는 말이 입말입니다. 이런 입말은 귀에는 익지만 표기상으로는 바른말이 아닌 것이 많습니다. 여러분이 평소 "내가 찐하게 살게, 얼굴 한번 보자" 따위로 말하는 '찐하다'도 그런 입말 가운데 하나입니다.

여러분은 누구에게도 술이나 음식을 찐하게 사면 안 됩니다. 그랬다가는 고맙다는 말 대신 눈총을 받기 십상입니다. 왜냐고요? 우리말에서 '찐하다'는 "안타깝게 뉘우쳐져 마음이 언짢고 아프다"를 뜻하는 말이기 때문입니다. 그렇게 '언짢고 아픈 마음으로 산다'면 얻어먹은 사람도 탈이 날 게 분명합니다.

물론 사람들이 '찐하다'를 쓸 때는 "무엇이 보통보다 세거나 강하다"를 뜻하는 '진하다'를 세게 소리 낸 것이겠지요. 그러나 그런 '찐하다'는 바른말이 아닙니다.

그러면 "크게 한턱내다"라는 의미의 말로는 뭘 써야 할까요? "아주 넉넉하다"를 뜻하는 '건하다'입니다. "일을 끝내고 술 한잔 건하게 얻어먹었다" 따위처럼 쓰는 거죠. '건하다'는 "아주 넉넉하다"라는 뜻을 지니고 있을 뿐 아니라 "술 따위에 취한 정도가 어지간하다"를 의미하는 '거나하다'의 준말이기도 합니다.

이때 문득 "오늘 내가 거하게 산다" 따위처럼 '거하다'를 쓰면 안 될까 하는 의문이 들 수도 있습니다. 정답은 '(아직은) 안 된다'입니다. 순우리말인 '거하다'는 "나무나 풀 따위가 우거지다" "지형이 깊어 으슥하다" 등의 뜻을 지닌 말로, 술이나 음식과는 눈곱만큼도 관계가 없는 말이거든요. 일부 사전에서 '거하다'의 뜻으로 "(주로 '거하게'의 꼴로 쓰여) 수나 양이 많고 풍부하다"를 덧붙여 놓기도 했지만, 국립국어원의 〈표준국어대사전〉은 아직 그렇게 보고 있지 않습니다.

한편 어떤 값을 치르는 의미로 '쏘다'를 쓰는 일도 아주 흔합니다. 하지만 '한턱 쏘다'라는 표현 속의 '쏘다'는 바른 쓰임이 아니고, 표준어가 되기도 어려운 말입니다. "셈을 치르다"를 뜻할 때도 쓰는 영어 'shot'의 대표적 의미인 '쏘다'를 아무생각 없이 끌어다 쓴 말이기 때문입니다. 우리말 '쏘다'에는 돈을 낸다는 의미가 전혀 없습니다. 그런 뜻으로 쓰려면 '한턱

　　　　　　　　　2부　열에 아홉은 틀리는 말

쏘다'가 아니라 '한턱 쓰다'로 해야 합니다. 다만 일부 사전이 "(속된 말로) 다른 사람에게 대접하고 값을 치르다"라는 뜻을 다루고 있는 만큼 앞으로 '한턱 쏘다'가 바른 표현이 될 가능성이 아주 조금은 있다고 봅니다.

깡소주도 없고
데낄라도 없다

　　　　　　　　술 이야기가 나온 김에 몇 가지 더 짚고 넘어갈까 합니다. 술과 관련해 잘못 쓰는 말이 참 많거든요.

우선 술 종류부터 살펴보면, 흔히 잘못 쓰는 술 이름에는 '빼갈'과 '빼주'가 있습니다. 중국의 고량주高粱酒를 이르는 말은 '빼갈'이나 '빼주'가 아니라 '배갈'입니다. 또 "용설란의 즙으로 만든 멕시코 원산의 독한 술"을 일컬어 '데낄라'라고 부르는 사람이 많은데요. 이 술의 바른 이름은 '테킬라'입니다. 에스파냐어인 이 술의 원이름이 'tequila'이거든요.

많은 사람이 흔히 "오늘 탁배기 한잔 어때?" 하며 쓰는 '탁배기'도 현재는 표준어가 아닙니다. 〈표준국어대사전〉을 비롯한 국어사전들이 이 말을 아예 다루지 않거나 다루더라도 '막걸리'의 사투리로만 다루고 있기 때문이죠. 하지만 '탁배기'는 우리 언중이 너나없이 쓰고, 특히 북한에서는 문화어로 인정하고 있다는 점에서, 비표준어로 다루고 있는 지금의 국어 현실이 조금은 아쉽습니다.

'깡술'도 참 많이 틀리는 말입니다. 흔히 "안주 없이 마시는 술"을 일컬을 때 '깡술'을 씁니다. 술을 안주 없이 먹으니까, '깡다구 있게 술을 마신다'는 의미쯤으로 생각해 그렇게 쓰는 듯합니다. 하지만 돈이 없어 안주를 못 시키는 것과 깡하고는 아무 상관이 없습니다. 당연히 '깡술'이라는 말도 없습니다.

'깡술'은 '강술'로 써야 하는 말입니다. 이때의 '강'은 "다른 것이 섞이지 않은"의 뜻을 더하는 접두사로, 여러분이 좋아하는 '강된장'에도 그런 '강'이 붙어 있습니다. '깡술'이 없으므로 '깡소주'도 없습니다. 이 말 역시 '강소주'로 써야 합니다.

이 밖에 '샤또 고띠에' 따위처럼 와인 등의 이름에 된소리(ㄲ, ㄸ, ㅃ, ㅆ, ㅉ)를 적는 일이 흔한데, 이들 말은 모두 거센소리(ㅊ, ㅋ, ㅌ, ㅍ)나 **예삿소리**°로 적어야 합니다. 그게 지금의 외래어표기법입니다.

예삿소리 ⊗ 예사소리 ◉

'예사소리'의 바른 발음은 [예: 삳쏘리]가 아니라 [예: 사소리]입니다. '예사'와 '소리' 사이에 사이시옷이 들어갈 수 없는 조건이죠. 〈문법 편〉에서 사이시옷에 대해 설명하며 자세히 다뤄 놓았답니다.

2부 열에 아홉은 틀리는 말

술은 권커니 잡거니 하면서 ✎
적당하게…

사람들이 흔히 쓰는 표현이지만, 그 말의 뜻을 살펴보면 '피식~' 하고 웃음이 나는 표현이 더러 있습니다. 많은 사람이 별 생각 없이 쓰는 '술이 취했다'는 표현도 그중 하나입니다.

"오늘 술이 취해 헛소리를 많이 한다" 같은 예문에서 보듯이 '술이 취하다'는 아주 널리 쓰입니다. 하지만 여러분도 벌써 눈치챘겠지만, 사람이 술에 취하는 것이지, 술 자체가 취할 수는 없습니다. '어떤 분위기에 취하다'를 '어떤 분위기가 취하다'로 쓸 수 없듯이, 술이 취할 수는 없습니다. 술에 취하는 것이죠.

〈표준국어대사전〉도 '취하다'의 풀이에서 "('…에' 뒤에 쓰이어) 어떤 기운으로 정신이 흐려지고 몸을 제대로 가눌 수 없게 되다"라고 하면서 '술에 취하다' '뜨거운 열기에 취하다' '잠에 취하다' 등의 예문을 들어놓고 있습니다.

술을 마실 때의 모습을 일컫는 표현 중에서 '권커니 자커니'라는 것이 있습니다. 여러분도 많이 쓰실 듯합니다. 하지만 '권커니 자커니'는 바른 표현이 아닙니다. 〈표준국어대사전〉이 '권커니 잣거니'와 '권커니 잡거니'를 바른 관용구로 보고 있거든요.

그러나 '잣거니'는 어딘가 어색합니다. '잣'이 어디에서 왔는지 도통 그 뿌리를 알 수가 없습니다. '잡거니'는 "술잔을 잡는다"는 의미가 있으니 조금 이해가 가지만, '잣거니'는 정말 이상합니다.

반면 '자커니'는 "자! 하거니"의 준말 꼴로 보면 술을 마시는 모습과 아주 잘 어울립니다. 그런데 어찌 된 까닭인지 국립국어원은 뚱딴지같이 '잣거니'를 바른 표현으로 삼고 있습니다.

술과 관련해 '고주망태'도 잘못 쓰이는 사례가 많은 말입니다. '고주망태'는 "술에 몹시 취해 정신을 가누지 못하는 상태. 또는 그런 사람"을 뜻합니다. 즉 '고주망태'는 '지금' 술에 잔뜩 취해 **사단**°을 일으킬 상태이거나 그런 사람인 거죠. 따라서 "몸도 못 가눌 만큼 고주망태가 되도록 술을 마셨다"거나 "엄 기자 그 녀석, 어제 소주 몇 잔에 고주망태가 됐더라고" 같은 문장은 '고주망태'를 제대로 쓴 사례입니다.

그러나 "야, 이 고주망태야. 오늘은 제발 술 마시지 말고 집

사단 → 사달

'사단'은 뜻이 여럿입니다. 하지만 "사고나 탈"이란 의미는 없습니다. "사고나 탈"을 뜻하는 말은 '사단'과 비슷한 '사달'입니다. 따라서 '사단이 났다'거나 '사단이 벌어졌다' 따위의 표현에서는 '사단'을 '사달'로 써야 합니다.

2부 열에 아홉은 틀리는 말

에 일찍 좀 가라"라는 표현의 '고주망태'는 바르게 쓰인 말로 보기 어렵습니다. 어제는 '고주망태'였을지 몰라도 오늘 지금은 '고주망태'가 아니니까요. 이때는 '모주망태'가 바른말입니다. '모주망태'는 "술을 늘 대중없이 많이 마시는 사람을 놀림조로 이르는 말"입니다. '모주꾼'이라고도 합니다.

하지만 현실에서 '모주망태'나 '모주꾼'을 쓰는 사람은 거의 없습니다. 따라서 〈표준국어대사전〉의 고주망태 뜻풀이에 모주망태의 뜻풀이를 덧대어 놓는 것이 좋을 듯합니다. 국립국어원이 그렇게 해 주기 전까지 여러분은 '모주망태' 대신 '술고래'를 쓰길 권해 드립니다. 술고래 역시 "술을 아주 많이 마시는 사람을 비유적으로 이르는 말"이거든요.

음식 맛이   ✎
슴슴하면 안 된다

"맛이 조금 싱겁다"는 의미로 '슴슴하다'라는 말을 쓰는 사람이 많습니다. '슴슴하다'는 인터넷 포털 사이트의 블로그뿐 아니라 신문과 방송에서도 무척 많이 쓰는 말입니다.

특히 방송의 음식 프로그램을 시청하다 보면 요리사들이

"음식은 조금 습습하게 먹는 것이 좋다"라고 하는 말을 듣기도 합니다. '습습하다'는 그 말맛이 '싱겁다'보다 더 감칠맛이 납니다. 순우리말에서 느껴지는 구수함도 팍팍 풍기죠.

그러나 우리나라 국어사전들은 죄다 '습습하다'를 쓰지 못하게 하고 있습니다. 꼭 '심심하다'로 쓰라고 고집하는 거죠. 정말 심심하기 짝이 없는 국어사전들입니다.

그런데 이거 아세요? 북한에서는 '심심하다' 대신 '습습하다'를 바른말로 삼고 있다는 것을요. 즉 '습습하다'는 예부터 우리 조상들이 써 온 말인 겁니다. 다만 '습습하다'는 북한 지역에서 많이 쓰고, '심심하다'는 남한 쪽에서 많이 써 왔던 거죠. 그래서 북한에서는 '습습하다'를, 남한에서는 '심심하다'를 표준어로 삼게 된 겁니다.

이런 말이 무척 많습니다. 글 꼴은 비슷한데, 남한과 북한이 표준어를 달리 보는 것이요. 그게 걱정입니다. 나라가 통일되려면 말부터 하나가 돼야 하는데, 북한과 남한의 말이 자꾸 달라지고 있습니다.

제가 예를 하나 들어 볼게요. 여러분이 북한 친구에게 "내일 만나자"라고 했는데, 북한 친구가 "일 없다"라고 대답했다면 기분이 어떠실 것 같나요? 기분이 별로겠죠? 하지만 북한의 친구는 여러분에게 '그러자. 나 시간 있어'라는 의미로 말한 겁니다. 북한에서는 "괜찮다"는 의미로 '일 없다'라는 말을 쓰거든요.

2부 열에 아홉은 틀리는 말

또 북한에서는 '주스'를 '단물'로, '소풍'을 '들모임'으로, '수중발레'를 '예술헤엄'으로, '도시락'을 '곽밥'으로 씁니다. 무슨 말인지 도통 모르시겠죠?

그래서 걱정이라는 겁니다. 이래서는 남한 사람과 북한 사람이 서로 만나도 얘기를 할 수가 없잖습니까. 따라서 남북의 언어가 더 이상 이질화하지 않도록 하려는 정부의 노력이 절실히 필요합니다. 말이 같아야 이념도 같아질 수 있고, 그래야 나라도 하나가 될 수 있을 테니까요.

닝닝한 /
말도 없다

방금 얘기한 '심심하다'와 비슷한 의미로 쓰이는 말 중에 '닝닝하다'도 있습니다.

"소금물을 쓰지 않고 그냥 물을 부어 반죽을 하면 면발을 씹을 때 닝닝한 게 밀가루 냄새가 느끼하게 배어나 입맛을 버릴 수도 있다" "커피에 물을 너무 부어 맛이 닝닝해졌다" 등처럼 '닝닝하다'는 그 쓰임새가 꽤 폭넓은 말입니다.

이 말은 "음식 따위가 싱겁다"를 뜻하거나 "본래의 맛과 느낌에서 뭔가 부족한 기분이 들 때"도 쓰이지요. 특히 설렁탕

같은 거 먹을 때 소금을 치기 전의 맛을 나타내면서 많이 쓰입니다.

하지만 어느 국어사전에도 '닝닝하다'라는 말은 올라 있지 않습니다. 그런 뜻의 말로는 '밍밍하다'가 올라 있을 뿐입니다. '닝닝하다'는 '밍밍하다'로 써야 한다는 얘기죠.

차돌 같은 게 박혀 있어서

차돌박이다

저 앞에서도 얘기했지만, 우리 주변의 음식점에 가면 차림표에 음식 이름이 잘못 적혀 있는 게 무지 많습니다. 어느 음식점에 가든 한두 개는 꼭 있습니다. 1인분에 몇만 원씩 하는 등심이나 갈비 등을 파는, 겉보기에 번지르르한 고깃집도 마찬가지입니다.

여러분이 좋아하는 쇠고기 중에서 붉은 살과 하얀 부위가 예쁘게 어우러지는 거 있죠? 얇게 썬 것을 살짝 **데쳐**° 먹으면 참 맛있는 거요. 저도 이 부위를 무척 좋아합니다. 쇠고기에서는 이 부위를 가장 좋아하고, 돼지고기에서는 갈매기살을 아주 좋아합니다.

그런데 차림표를 보면 이 부위의 이름이 '차돌바기' '차돌배기' '차돌박이' 등 엿장수, 아니 식당주인 마음대로 적혀 있습니다. 어느 집에서는 '차돌배기'를 먹고, 다른 집에 가서는 '차돌바기'를 먹는 셈이죠. 이 얼마나 웃기는 일입니까.

자, 우리말의 동사나 형용사인 '길다' '높다' '다듬다' '먹다' '벌다' '살다' 등의 명사형이 뭘까요? 당연히 '길이' '높이' '다듬이' '먹이' '(돈)벌이' '(살림)살이'입니다. 그러면 박다의 명사형은? 두말할 것 없이 '박이'죠, 뭐. 그러면 차돌처럼 희고 단단한 것이 박혀 있는 부위는 뭘까요? 말 그대로 '차돌박이'입니다.

이와 비슷한 예로, 얼굴이나 몸에 큰 점이 있는 사람이나 짐승을 가리키는 말 역시 '점배기'가 아니라 '점박이'입니다. 대대로 그 땅에서 나서 오래도록 살아오는 사람 역시 "그 땅에

데쳐 → 익혀

'데치다'는 "'물'에 넣어 살짝 익히다"를 뜻합니다. '불'에는 '익히다'가 더 어울립니다. 익히다가 "고기나 곡식 따위의 날것에 뜨거운 열을 가하여 그 성질과 맛을 달라지게 하다"를 의미하니까요. 이처럼 '물'이나 '불'에 따라 구분해 써야 하는 말이 많은데요. 흔히들 틀리는 말에는 '기록적 폭우에 초토화된 수도권'처럼 쓰이는 '초토화'도 있습니다. '초토'가 "불에 타서 검게 그을린 땅" 또는 "불에 탄 것처럼 황폐해지고 못 쓰게 된 상태를 비유적으로 이르는 말"이기 때문이죠. 물과 관련한 피해에는 '초토화'보다 '쑥대밭'을 쓰는 것이 낫습니다. "매우 어지럽거나 못 쓰게 된 모양을 비유적으로 이르는 말"로 쑥대밭을 쓸 수 있으니까요.

뿌리를 박고 산다"는 의미이니, '토배기'가 아니라 '토박이'라고 합니다.

여기서 업그레이드 문제 하나. 그렇다면 겉이 얼룩덜룩한 짐승이나 물건은 '얼룩배기'일까요? 아니면 '얼룩박이'일까요? 당연히 '얼룩박이'라고요? 땡! 아닙니다.

곰곰 생각해 보세요. 얼룩은 박힐 수 없습니다. 얼룩은 본바탕에 다른 빛깔의 점이나 줄 따위가 뚜렷하게 섞인 자국이잖아요. 박힌 게 아니라 묻거나 배어든 거죠. 일상생활에서도 얼룩이 묻었다고 하지 박혔다고는 하지 않습니다. 그러니까 박다의 명사형 '박이'를 쓸 까닭이 없습니다.

그러면 정답은? 바로 '얼룩빼기'입니다. 박는다는 의미가 없으므로 '박이'를 쓰지 않고, 그냥 소리 나는 대로 쓰는 거죠. '얼룩빼기 송아지' '얼룩빼기 강아지'라고 쓰면 됩니다.

참, 그런데요. 누구나 다 아는 '얼룩소'는 대체 어떤 소일까요? 많은 분이 '얼룩소'를 요즘 우리 축산농가에서 기르는 젖소로 잘못 알고 있는 듯합니다. 하지만 젖소는 모두 외국 품종이며, 우리나라에 젖소가 들어온 것은 1960년대입니다. 따라서 1948년 국정음악교과서 1학년용에 처음 실린 동요 〈얼룩송아지〉의 노랫말로 등장할 까닭이 없습니다. 우리가 흔히 보는 젖소를 털빛으로 표현하면 얼룩소가 아니라 '점박이 소'입니다.

'얼룩소'는 우리의 고유종인 '칡소'를 가리킵니다. 칡소는

"온몸에 칡덩굴 같은 어룽어룽한 무늬가 있는 소"로, 일제강점기 때만 해도 흔했지만 요즘에는 기르는 농가가 아주 드물죠. 하지만 적지 않은 축산 농가가 얼룩소 복원에 힘쓰고 있다고 하니, 우리 주변에서도 정겨운 얼룩소를 자주 볼 수 있기를 기대해 봅니다.

만두 속에는 만두소가 들어 있다

무엇에 뭔가 박힌 것은 우리말에서 '○○박이'가 된다는 것을 이제는 아셨죠? 그러면 오이를 토막으로 썬 뒤 가운데에 십자로 칼집을 내고 그 사이에 부추와 양파 등으로 만든 양념을 끼워 넣은 김치를 뭐라고 할까요? 오이소배기? 오이소바기? 오이소박이? 맞습니다. '오이소박이'입니다. 오이에 뭔가를 박았으니까 '오이소박이'가 되는 겁니다.

그런데 오이에 뭘 박은 거죠? '소'죠? '오이+소+박이'이잖습니까. 그러면 '소'가 뭘까요? 모르겠다고요?

아닙니다. 여러분이 늘 하는 말이랍니다. 다만 이 말을 잘못 쓰는 일이 아주 흔하죠. "너는 호빵 속이 팥인 게 좋아? 야채인 게 좋아?"라는 말 하시죠? 그러나 이런 말, 즉 '호빵 속'은 '호빵 소'를 잘못 쓴 겁니다. 도대체 무슨 소리를 하는지 모르겠다고요?

무슨 소리냐 하면 "김치 따위의 속에 넣는 여러 가지 고명"을 뜻하는 말은 '속'이 아니라 '소'라는 얘기입니다. 우리말에서 '속'은 어떤 것의 안쪽을 뜻합니다. 겉의 반대말인 거죠. 맛있는 양념이란 뜻은 없습니다.

만두 안에 들어 있는, 그 맛있는 것도 '만두속'이 아니라 '만두소'입니다. 만두 속에 만두소가 들어 있는 거죠. 호빵 속의 팥은 '팥소'라고 부릅니다.

또 김장을 할 때면 "김치속을 버무린다" 또는 "김치속을 넣는다" 따위의 말도 많이 쓰게 되는데, 이때의 '김치속'도 틀린 말입니다. '김치속'은 말 그대로 "김치 안"을 뜻하거든요. 이때도 '김치소'라고 해야 합니다.

이 밖에도 음식과 관련해 잘못 쓰는 말은 아주 많습니다. '창난젓'을 '창란젓'으로 쓴다거나 '황석어'를 '황새기'로 잘못 부르는가 하면 즐겨 먹는 쇠고기와 돼지고기의 각 부위 이름을 잘못 아는 등 음식 얘기로만 책을 한 권 쓸 수 있을 겁니다. 그래서 음식 얘기는 여기서 접을까 합니다.

하지만 아쉬워할 필요는 없습니다. 제 블로그에 그런 얘기를 많이 올려놓을 생각이니까요. 여러분은 틈틈이 들러 둘러보면 됩니다.

"영월 엄씨"라고?
이런 버릇없는 놈

　　여러분은 누가 여러분에게 "혹시 성을 여쭤봐도 되나요?" 따위처럼 물으면 보통 뭐라고 대답하시나요? 혹시 "엄씨요" 따위처럼 대답하지 않나요?

　아마 대부분 그렇게 대답할 겁니다. 그러나 윗사람에게 자신의 성姓을 말할 때는 성 뒤에 '씨'를 붙이면 안 됩니다.

　'씨'는 높임말로, 남에게 사용하는 것은 괜찮지만 자신에게 사용하는 것은 예법에 맞지 않거든요. 남이 나의 성을 물을 때는 "엄 씨입니다"가 아니라 "엄가입니다"라고 대답해야 예의에 어긋나지 않습니다.

　여기서 '가哥'는 "(성을 나타내는 대다수 명사 뒤에 붙어) '그 성씨 자체' 또는 '그 성씨를 가진 사람'의 뜻을 더하는 접미사"로, '엄가' '이가' '김가' '박가' '최가' 등처럼 쓰입니다.

　우리말에서는 자기 집안과 가족에 대한 표현은 낮추고, 남의 집안과 가족에 대한 말은 높여서 하는 것이 예의입니다. 우리말을 바르게 쓰는 것 못지않게 예의에 맞게 쓰는 것도 중요하니까, 그런 언어 예절도 익혀 두었으면 좋겠습니다.

　그런 것들은 조금 뒤에 가서 더 자세히 설명해 드릴게요. 잠시만 기다려 주세요.

누구든
한글 이름은 있다

하루는 TV를 보다가 피식 웃음을 흘렸습니다. 한 오락 프로에서 출연자들이 자기 주변 사람들 중에서 별난 이름을 얘기하는 내용이었는데, 한 명도 남의 이름을 제대로 부르지 못하더고요. 무슨 얘기냐고요?

그날 출연자들이 남의 이름을 얘기하면서 "'이' 자 '야' 자 '타' 자를 쓰는 분을 안다" 따위로 말했는데, 이런 식으로 남의 이름을 부르는 것은 우리말 화법에 어긋납니다. 누가 내 가족이나 내가 아는 사람의 이름을 물을 때, 남에게 내 주변 사람의 이름을 들려줄 때에는 성에 '자' 자를 붙여 말하면 안 됩니다.

예를 들어 '엄민용'이라는 이름을 얘기할 때는 '엄 자 민 자 용 자'가 아니라 '엄 민 자 용 자'라고 얘기해야 하는 거죠. 나를 아는 사람에게 내 식구를 얘기할 때는 아예 성을 빼고 '민 자 용 자'라고만 해도 됩니다. 성을 밝힐 필요가 있을 때는 "영월 엄가이고, 민 자 용 자를 씁니다" 따위로 말하면 되고요.

그런데 말입니다. 그날 출연자 중에서 누가 순우리말로 지은 이름을 두고 '한글 이름'이라는 표현을 써서 저를 한 번 더 실망시켰습니다.

'고은님' '정아름' 등처럼 한자가 아니라 순우리말로 지은 이름은 '한글 이름'이 아니라 '순우리말 이름'이라고 해야 정확한 표현이 됩니다.

제 이름이 한자로 '嚴敏鎔'인데, 이를 한글로 적으면 '엄민용'입니다. 결국 '엄민용'이 한글 이름이 되는 거죠. 한자에 대립되는 말, 즉 우리 토박이말을 이르는 말은 '한글'이 아니라 '순우리말'입니다.

'장애우'를
쓰지 말자

10여 년 전부터 '장애우'라는 말이 부쩍 많이 쓰이고 있습니다. 심지어 '장애인'보다 '장애우'가 더 친근하게 들린다며, 그렇게 쓰자고 주장하는 사람들도 있습니다. 여러분도 그렇게 생각하시나요?

하지만 이 말은 바른말도, 장애인을 위하는 말도 될 수가 없습니다. 우선 장애우의 '우友'가 문제입니다. '우'가 '벗 우'이니, '장애우'는 "장애를 가진 친구"쯤이 될 겁니다. 이는 자칫 장애인을 다른 사람들과 격리하는 의미를 가질 우려가 큽니다. 더욱이 예의에도 크게 벗어날 수 있습니다.

예를 들어 나이가 일흔이나 되신 어르신께 스무 살쯤 된 젊은 사람이 '친구'라는 말을 쓸 수는 없잖습니까. 이 때문에 장애인 단체에서도 '장애우'라는 말을 쓰지 말아 달라고 부탁하고 있습니다.

물론 '장애우'를 쓰는 사람들의 마음을 모르는 것은 아닙니다. 그들이 장애인을 정성껏 돕는다는 것도 잘 압니다. 그렇다고 해서 '장애우'가 바른 표현이 될 수는 없습니다.

옛말에 '예도 지나치면 예가 아니다'라고 했는데, '장애우'가 바로 그런 말일 듯싶습니다. 말하는 사람은 좋은 의미에서 해도, 듣는 사람은 불쾌해질 수 있거든요.

어느 젊은이가 나이 지긋한 어르신께 '장애우' 어쩌고저쩌고하면, 그 말이 아무리 살가워도 어르신께서 "이런 **싸가지**˚ 없는 놈을 봤나. 어디서… 너는 네 부모랑 친구 하냐" 하고, 크게 나무랄지도 모릅니다. 더구나 장애인은 무조건 친구가 필요하고 도움을 받아야 하는 존재인 양 묘사하는 것인 만큼 시혜적 의미를 지닌 '장애우'는 쓰지 않는 게 좋습니다. 그러니 여러분은 절대 '장애우' 어쩌고저쩌고하지 마시길 바랍니다.

▌싸가지 ⓧ 싹/싹수 ◉

'싸가지'를 '싹'으로 써야 한다고 하니까 깜짝 놀라셨죠? 조금 뒤에 자세히 설명해 놓았는데요. '싸가지'는 하루빨리 표준어가 돼야 합니다. 하지만 지금은 비표준어입니다.

2부 열에 아홉은 틀리는 말

참, '장애인'과 대립하는 말로 '정상인'을 쓰는 사람도 많습니다. 하지만 이 역시 바른 표현이 아닙니다. 자칫 장애인을 '비정상인'으로 생각하게 할 우려가 있기 때문이죠. 장애인과 대립하는 단어는 말 그대로 '비장애인'입니다. 이것도 잊지 마시길 바랍니다.

귀머거리나 장님 등을 쓸 때는
조심 또 조심

귀머거리, 장님(봉사·소경), 벙어리 등도 조심해서 써야 합니다. 이런 말에는 사람을 **깐보는**˚ 의미가 담겨 있기 때문입니다. 귀머거리는 청각장애인을, 장님(봉사·소

깐보는 → 깔보는

"얕잡아 보다"를 의미하는 말은 '깔보다'입니다. '깐보다'는 "어떤 형편이나 기회에 대해 마음속으로 가늠하다. 또는 속을 떠보다"를 뜻하죠. 이러한 의미로 '간보다'도 널리 쓰입니다. "너, 왜 자꾸 사람을 간보냐"처럼요. 하지만 '간보다'는 〈표준국어대사전〉에 없는 말입니다. '간'은 "소금, 간장, 된장 등처럼 음식물에 짠맛을 내는 물질을 통틀어 이르는 말"이나 "음식물의 짠 정도를 뜻하는 말"로만 쓰입니다. 사람의 마음을 간봐서는 안 되고, 깐봐야 합니다.

경) 등은 시각장애인을, 벙어리는 언어장애인을 낮잡아 이르는 말이거든요.

옛날부터 '하늘 아래 사람은 다 똑같다'고 했습니다. 누가 누구를 업신여길 수 없다는 얘기죠. 그런데도 여러분이 귀머거리, 장님(봉사·소경), 벙어리 등의 말을 쓴다면, 그건 하늘로부터 벌받을 일입니다.

물론 우리말에 '벙어리장갑'이 있고, "귀머거리 삼 년이요 벙어리 삼 년이라"라는 속담도 있습니다. "장님 문고리 잡기"나 "장님 개천 나무란다"라는 속담도 있고요.

그러니 이런 말을 아예 쓰지 않을 수는 없습니다. '벙어리장갑'을 '언어장애인 장갑'이라거나, '귀머거리 삼 년이요 벙어리 삼 년이라'를 '청각장애인 삼 년이요 언어장애인 삼 년이라'로 쓸 수는 없잖습니까. 안 그래요?

여기에서는 귀머거리나 벙어리가 어떤 물건이나 상황을 비유적으로 이를 뿐 누구를 비하하려는 뜻을 담고 있지는 않습니다. 그렇지만 실제로 그런 장애를 가진 사람을 가리키며 '귀머거리' 따위의 말을 쓰면, 자신은 그럴 뜻이 없었더라도, 결국 그 사람을 낮춰 부른 것이 되고 맙니다. 그래서는 안 된다는 겁니다.

사람들이 흔히 '언챙이'라고 잘못 쓰는 '언청이'도 마찬가지입니다. "언청이 퉁소 대듯"(이치에 닿지 아니하는 말을 함부로

함을 비유적으로 이르는 말)이나 "언청이 아니면 일색"(어떤 결점
이 몹시 두드러진 경우에, 그 결점만 없으면 훌륭하고 완전하다고 비
꼬는 말) 등의 속담이 있으니, 비유적 의미로는 쓸 수가 있다고
봅니다. 하지만 그런 장애를 가진 사람을 가리킬 때는 '구순열'
또는 '구개열' 장애인이라고 말해야 합니다.

'난쟁이'라는 말도 예외는 아닙니다. 일반인 평균보다 유난
히 키가 작은 사람은 '왜소증 환자' 또는 '성장장애인'입니다.
아니면 말 그대로 '작은 사람'이라고 부르면 됩니다. 키가 작은
사람을 낮잡아 부를 권리는 누구에게도 없습니다.

그런 점에서 동화책을 만드는 사람들에게 부탁할 것이 하
나 있습니다. 우리 아이들이 읽는 동화책에다가 제발 '난쟁이'
라는 말을 쓰지 말아 달라는 겁니다. '난쟁이의 나라'나 '백설
공주와 일곱 난쟁이' 따위로 쓰지 말라는 얘기죠.

누구보다 고운 심성을 가져야 할 아이들에게 남을 얕잡아
보는 말부터 가르치는 게 정말 기분 나쁩니다. 그런 것은 바른
교육이 아니라고 생각합니다.

'난쟁이'는 그냥 '작은 사람'이라고 하면 충분하다고 봅니
다. 〈걸리버 여행기〉에 나오듯이 '소인'이라고 해도 되고 말입
니다.

그러니까 여러분이 책을 보다가 '난쟁이'라는 말이 나오면 그
출판사에 "'난쟁이'를 다른 말로 바꿨으면 좋겠다"라고 압력(?)

좀 넣어 주세요. 도통 제 말은 안 들으니까, 출판사가 가장 무서워 하는 독자 여러분이 힘 좀 써 주세요. 그래 줄 수 있죠?

제 생각에 아예 없어졌으면 하는 말도 있습니다. 바로 '문둥이'라는 말입니다. 〈표준국어대사전〉은 '문둥이'를 "'나환자'를 낮잡아 이르는 말" 또는 "경상도 출신의 사람을 낮잡아 이르는 말"로 올려놓았는데, 이를 "'나환자'의 잘못"이나 "'한센인'의 잘못"으로 고쳐 놓았으면 하는 것이 제 바람입니다.

더욱이 "경상도 출신의 사람을 낮잡아 이르는 말"이라고 한 것은 정말 잘못된 뜻풀이라고 생각합니다. 지역감정을 조장하는 것도 아니고, 이게 무슨 강아지 풀 뜯어 먹는 소리냐고요.

저는 지금까지 경상도 사람을 그렇게 부른 적이 없습니다. 만약 경상도 사람을 그렇게 부르는 것을 인정한다면, 일부 못 돼먹은 사람이 호남 사람을 낮잡아 부르는 '깽깽이'는 어떻게 할 건데요? 그것도 사전에 올려놓을 거냐고요?

아무튼 '문둥이'나 '문둥병' 같은 말은 하루바삐 없어졌으면 좋겠습니다. 그 병을 한자로는 '나병癩病'이라 하고, 영어로는 '한센병Hansen病'이라고 합니다. 그러니까 그 병으로 고통받는 사람을 얘기할 때는 '나병환자(나환자)'나 '한센인'이라고 해야 합니다. 절대 '문둥이'라는 말을 쓰면 안 됩니다.

그리고 요즘 저기 앞에서 말한 '벙어리장갑'을 '손모아장갑'이나 '엄지장갑'으로 쓰자는 운동도 벌어지고 있습니다. 이런 일들이 좀 더 확산돼 우리 사회에서 누구를 무시하거나 비하하는 표현들이 사라졌으면 좋겠습니다.

'뚱땡이'라
놀리지 마라

'뚱땡이 길고양이' '뚱땡이버거' 등처럼 요즘 들어 '뚱땡이'라는 말이 널리 쓰이고 있습니다. 사람한테도 이 말을 많이 씁니다. '뚱땡이'는 또 '뚱떵이'나 '뚠띠' 따위 말로 재생되기도 합니다. 여러분도 이런 말 쓰시죠?

아니면 다행이지만, 쓴다면 앞으로는 그러지 마시길 바랍니다. 우선 이들 말은 표준어가 아닙니다. 이런 것을 '입말'이라고 합니다. 저 앞에서 "사람들의 입에는 자주 오르내리지만, 국어사전에는 없는 것을 입말이라고 한다"라고 얘기한 것 기억나시죠?

물론 사전에 없다고 해서 모두 비표준어인 것은 아닙니다. 앞에서도 얘기했지만, 우리말법의 큰 울타리를 벗어나지 않고 사람들이 많이 쓰면, 그 말이 국어사전에 있든 없든 바른말로 봐야 합니다.

하지만 '뚱땡이'나 '뚱떵이'는 표준어가 되기 어렵습니다.

그런 말이 생기기 위해서는 '뚱땡하다'와 '뚱떵하다'라는 말이 있어야 하는데, '뚱땡하다'와 '뚱떵하다'가 '뚱뚱하다'보다 널리 쓰여서 표준어가 될 가능성이 거의 없기 때문입니다.

"살이 쪄서 몸이 옆으로 퍼진 듯하다"를 뜻하는 말은 '뚱뚱하다'이고, 그런 사람을 놀림조로 이르는 말은 '뚱뚱이'입니다. 이를 '뚱뚱보' '뚱보'라고도 씁니다.

하지만 제가 방금 얘기했듯이 이들 말은 남을 놀림조로 쓰는 말입니다. 따라서 사람들에게 함부로 사용하는 일은 좋지 않습니다. 누구든 남의 생김새를 두고 놀릴 권리는 없으니까요.

비만인 사람은 없다

'뚱뚱하다'라는 의미로 '비만이다'가 널리 쓰입니다. "비만인 아이들의 식습관을 보면…" 따위가 그런 예입니다.

하지만 '비만이다'는 바른말이 될 수 없습니다. '비만'은 "살이 쪄서 몸이 뚱뚱함"을 일컫는 명사입니다. 일반적으로 명사 뒤에 '-이다'가 붙는 것은 자연스럽습니다. 이 때문에 '비만이다'가 널리 쓰이는 것이겠죠.

2부 열에 아홉은 틀리는 말

그러나 모든 명사에 '-이다'가 붙어 서술어를 이루는 것은 아닙니다. 또 'A는 B이다'의 문장에서 A와 B는 동격을 이루는 것이 일반적입니다. "이것은 책이다" "그분이 내가 존경하는 형님이다" "이 사건의 범인은 바로 그 사람이지?" 따위 예문에서 '것=책' '그분=형님' '범인=그 사람'의 구조를 이루는 것처럼요.

하지만 '민용이는 비만이다'에서는 '민용=비만'이 될 수 없습니다. '민용이는 뚱뚱함이다'는 너무 어색하죠.

'비만'은 뚱뚱한 상태를 나타내는 상태 명사입니다. 이런 상태 명사에는 '건강'도 있습니다. 이 '건강'을 '민용이는 건강이다'로 쓸 수 있을까요? 당연히 없죠.

그러면 뭐라고 써야 할까요? '민용이는 건강하다'로 써야 하지 않을까요? 맞습니다. '비만'도 마찬가지입니다. '비만이다'가 아니라 '비만하다' 꼴로 써야 하는 거죠. '비만인 사람'이 아니라 '비만한 사람'이라는 얘기입니다.

째째한 사람이 ✎
되지 말자

모음 'ㅐ'와 'ㅔ'가 헷갈려 잘못 쓰기 쉬운 말이 참 많은데요. '째째하다'도 그중 하나입니다. "너무 적거나 하찮아서 시시하고 신통치 않다" 또는 "사람이 잘고 인색하다"라는 의미로 '째째하다'를 쓰는 사람이 많습니다.

그러나 '째째하다'는 어느 사전에도 올라 있지 않습니다. '쩨쩨하다'가 바른말이거든요. 이 '쩨쩨하다'와 비슷한 뜻으로 '쫀쫀하다'라는 말도 널리 쓰입니다. "사람이 쫀쫀하게 1만 원이 뭐냐. 기왕에 기부를 할 거면 10만 원쯤은 해야지" 따위로 얘기하잖아요.

왠지 모르게 '쫀쫀하다(=존존하다)'는 사투리 같지만 아주 건강한 바른말입니다. 게다가 본래의 뜻은 "피륙의 발 따위가 잘고 곱다"라는, 좋은 의미를 지녔습니다. 즉 예전에는 "천의 짜임새가 잘고 고운 모양을 가리키는 말"로, "최 부자네 셋째 딸은 뜨개질을 쫀쫀하게 잘한다" 따위로 쓰였습니다. 하지만 지금은 그런 의미가 거의 사라진 채 "소갈머리가 좁고, 인색하다"라는 의미로만 사용됩니다. 피륙을 촘촘하게 짜듯이 아주 작은 일까지 세세히 신경 써서 손해를 보지 않으려 한다는 거죠.

참, '쩨쩨한 사람'이라는 의미로 널리 쓰이는 '쫌팽이' 있죠? 이것 역시 바른말이 아닙니다. 쓰려거든 '좀팽이'로 써야 합니다. '쫌스럽다' 역시 '좀스럽다'로 써야 하고요.

　　　　　　　　2부　열에 아홉은 틀리는 말

여성 차별과
남녀 구별은 다르다

　　　　　최근 들어 우리 사회에서 여성을 비하·차별하는 언어를 쓰지 말아야 한다는 목소리가 높아지고 있습니다. 당연한 지적입니다. 남녀뿐 아니라 인종 차별이나 지역 차별 등 어떤 차별도 있어서 좋을 것은 없습니다.

　하지만 여자 상사가 더 이상 어색하지 않고 '딸바보'라는 말이 생길 정도로 직장과 가정에서 남녀평등이 이뤄졌음에도, 우리가 흔히 쓰는 표현에는 여전히 까닭 없이 여성을 비하하거나 남자와 차별하는 말들이 적지 않습니다.

　세상의 모든 사람은 어머니의 자식이고, 대부분의 남자는 어떤 여자의 남편이거나 오빠 또는 동생입니다. 그러면서도 '여성 비하·차별의 말'을 쓰는 것은 분명 잘못입니다.

　그런데 여기에는 조금 논란거리도 있습니다. 한 예로 일부에서 "'여교수' '여검사' 등처럼 어떤 직업에 '여'를 붙이는 것이 남녀차별의 흔한 예이다"라고 주장하는데, 이를 그대로 받아들이기는 어렵습니다.

　"우리 대학에 여교수님이 몇 분이시지" "○○○씨는 강력부 최초 여검사다" "2023년은 여군 창설 73주년을 맞는 해다" 등의 표현에는 비하 또는 차별의 의미가 담겨 있지 않습니다. 게다가 이들 말에서 '여'를 뺀다면 표현 자체가 안 됩니다. 이들 표현 속의 '여'는 '차별'이 아닌 '구별'의 용법으로 사용됐기 때문이죠. 따라서 어떤 직업에 '여' 자를 붙인 것을 두고 '무조건' 여성비하 또는 남녀차별로 봐서는 곤란합니다.

하지만 '암탉이 울면 집안이 망한다' '미운 며느리 제삿날 병 난다' '여자 팔자는 뒤웅박 팔자다' 등의 표현에 배어 있는 '여자가 뭘~' 하는 식의 생각은 하루바삐 버려야 합니다. '남자는 돈, 여자는 얼굴' '술은 여자가 따라야 맛있다' 등의 표현 또한 별 설득력도 없고 괜히 사람 기분만 나쁘게 할 뿐입니다. 당연히 쓰지 말아야 합니다.

또 "처음으로 지었거나 발표한 작품"을 '처녀작處女作'이라 하고, "사람이 손을 대지 아니한 자연 그대로의 산림"을 '처녀림'이라 하는 등 일상의 일에 여성성을 비유적으로 갖다 붙이는 것도 서둘러 바로잡아야 합니다. '처녀작'은 '첫 작품'으로, '처녀림'은 '원시림'으로 써도 충분합니다.

이와 함께 '저출산'과 '유모차' 등처럼 일상생활에서 흔히 쓰는 말에도 여성 차별의 의미가 담겨 있지 않은지 살펴볼 필요가 있습니다. '출산'은 "여자가 아이를 낳음"을 뜻하는 말로, '저출산'이라고 하면 인구문제의 책임이 여성에게 있다는 인식을 주기 쉽습니다. 현재 우리나라의 인구감소와 노령화는 사회 전체의 문제이지 여성들이 해결해야 하는 숙제가 아닙니다. 따라서

✛ '유모차(乳母車)'는 마치 엄마만 사용한다는 인식을 주기 쉬우므로 '유아차(幼兒車)'로
  대체해서 사용하는 게 좋겠습니다.

여성들이 아이를 낳지 않는 현상에 초점을 맞출 것이 아니라 그
러한 환경을 만든 사회문제들에 초점을 맞춰 '저출산' 대신 '저
출생'으로 써야 한다는 목소리가 높습니다. '유모차乳母車' 역시
마치 엄마만 사용한다는 인식을 주기 쉬우므로 '유아차幼兒車'로

대체하자는 것이 요즘의 사회 분위기이고, 많은 호응을 얻고 있습니다.

호칭에도 변화의 바람이 불고 있습니다. 평소 자주 경험하겠지만, 결혼을 한 남녀가 양가 사람들을 상대로 쓰는 말에 분명 '차별'이 담겨 있기 때문입니다. 예를 들어 여성은 시부모를 자신의 부모보다 더 **깎듯이**˚ '아버님·어머님'으로 부릅니다. 반면 남성은 처부모를 '장인·장모'라고, 확실히 남이라는 인식을 가지고 호칭을 씁니다. 또 여성은 '시댁 식구'를 아주버님·도련님·아가씨 등으로 부르는데, 남성은 '처가 식구'를 처형·처남·처제 따위로 부릅니다. 왠지 여성은 시댁 사람들을 높이는 듯하고, 남성들은 처가 사람들을 하대하는 느낌이 듭니다.

아이들에게 할아버지를 '친'할아버지와 '외'할아버지로 나눠 부르게 하는 것 역시 문제라는 시각도 있습니다. 아버지 쪽에는 가까이해야 할 '친親' 자를 붙이고 어머니 쪽에는 우리 식구가 아니라는 의미의 '외外' 자를 붙이는 것이 아이들에게 비

깎듯이 → 깍듯이

"분명하게 예의범절을 갖추는 태도로"를 뜻하는 부사는 '깍듯이'입니다. "곶감 깎듯이 껍질을 벗겨서…"처럼 '깎다'를 활용한 '깎듯이'라는 표기도 가능합니다. 하지만 '깍드시'나 '깎드시'는 어떤 경우라도 틀린 표기입니다.

뚤어진 가족관을 갖게 할 우려가 있다는 지적입니다.

물론 이들 말이 그 옛날 여성을 비하하거나 차별할 의도로 만들어지지는 않았을 겁니다. 하지만 세월은 변하고 있고, 공동체 사회에서 구성원들이 원한다면 말 또한 바뀌어야 합니다. 50여 년 전 그 누구도 쓰지 않던 '아빠'를 지금 모두가 쓰듯이 말입니다.

개인적 생각으로는 '여인의 숨결처럼 부드러운' '여인의 손길처럼 고운' 같은 표현도 가급적 쓰지 않았으면 좋겠습니다. 여자는 나약한 존재이고, 부드러운 사람이어야 한다고 강요(?)하는 듯한 느낌이 들기 때문입니다. '어머니'에게는 흔히 위대하다거나 강인하다는 표현을 쓰면서 '여성'에게는 곱다거나 부드럽다는 말을 쓰는 것은 논리모순처럼 보입니다. 연약함이나 부드러움을 나타내는 표현의 대상으로는 '여성'보다 '아기'가 더 적합해 보입니다. 물론 이는 순전히 저의 개인적 생각입니다.

'조선족' 말고
'재중동포'로 쓰자고요

언젠가 TV를 보다 '피식' 하고 웃음이 났

습니다. 한 출연자가 "되게 아름답다"라고 말했는데, 자막에는 '정말 아름답다'라고 쓰여 있었기 때문입니다. 자막을 넣은 사람이 '되게'를 사투리나 속어로 여겼나 본데, "아주" 또는 "몹시"의 의미를 가진 '되게'는 당당한 표준어입니다. 게다가 요즘 사람들이 무척 많이 써서 표준어로 인정받은 말이 아니라 아주 오래전부터 그렇게 쓰던 말입니다. 제 할아버지께서도 "되게 맵다"라고 말씀하셨고, 할아버지의 할아버지께서도 "되게 좋다"라고 말씀하셨겠지요. '되게'와 비슷한 의미의 말로는 '되우'가 있습니다.

그런데 '되게'를 '디게'로 소리 내거나 그렇게 쓰는 사람이 적지 않습니다. 하지만 이는 잘못된 발음이고, 당연히 그렇게 쓸 수도 없습니다.

'되게'를 얘기하다 보니 문득 떠오르는 말이 하나 있습니다. 바로 "중국 사람을 낮잡아 이르는 말" '되놈'입니다. 이 '되놈'은 모든 국어사전에 올라 있습니다. 그럼에도 "이후 각종 언론과의 강의 등을 통해 '떼놈보다 더하다' 등의 날선 표현들을 거침없이 사용했다" "'짱꼴라'나 '때놈'을 볼 것이 아니라 중국인을 보아야 한다" 등의 예문에서 보듯이 '되놈'보다는 '떼놈'이나 '때놈'이 더 널리 쓰이는 듯합니다.

더욱이 어느 신문은 "흔히 중국 사람을 낮추어 부를 때 '때놈', 중국을 '때국'이라 부르는데, 왜 그럴까. 이는 대국大國, 즉

　　　　　　　　2부　열에 아홉은 틀리는 말

큰 나라라는 말에서 온 것이다"라는, 정말 강아지 하품하는 듯한 주장을 늘어놓기도 했습니다. 그러나 '떼놈'이나 '때놈'은 바른말이 아닙니다. '때놈'이 '대국 사람'에서 왔다는 주장도 새빨간 거짓말이고요.

'되놈'은 본래 "만주 지방에 살던 여진족을 낮잡아 이르던 말"이었습니다. 그러다 지금은 중국인 전체를 이르는 말로 확장된 것입니다. 이때의 '되'는 "북쪽"이란 의미를 담고 있습니다. 우리 옛말에서 '되'는 "북쪽"을 뜻했거든요. 그런 의미가 이제는 거의 사라졌지만, 현재까지 쓰이는 말도 있습니다. '되초'가 바로 그것인데요. '되초'는 "북쪽 지방에서 나는 잎담배"를 뜻하는 말입니다. 우리는 사용하지 않지만, 북한에서는 문화어로 인정받고 있습니다.

참, 그리고요. 중국 국적을 가진 우리 동포를 '조선족'으로 부르는 일이 흔합니다. 하지만 '조선족'은 중국의 중심 민족인 '한족'에 대립하는 소수민족 중 하나를 가리키는 말입니다. 중국인들이 중국에 사는 우리 겨레를 '조선족'이라고 부르죠.

그러나 우리는 미국에 사는 우리 겨레를 '조선족'이라 부르지 않습니다. 일본에 사는 우리 핏줄을 '조선족'이라 부르지도 않고요. 우리는 그들을 '재미교포' '재미동포'나 '재일교포' '재일동포'라고 부릅니다. 따라서 중국에 사는 우리 겨레 역시 '재중동포' 또는 '재중교포'로 불러야 한다고 생각합니다. 지금이야 '조선족'이 익숙해 '재중동포'와 '재중교포'가 어색하게 들릴지 모르지만, 자꾸 쓰다 보면 이 또한 금방 익숙해질 것이라고 봅니다.

그리고 하나 더. 교포는 "다른 나라에 아예 정착해 그 나라 국민으로 살고 있는 동포"를 의미하고, 동포는 "한 부모에게서 태어난 형제자매"를 뜻합니다. 즉 교포는 '지역'에 초점이 맞춰진 말이고, 동포는 '핏줄'의 개념이 강한 말입니다.

자신의 아내는
어부인이 아니다

우리말의 특징 중 하나는 '호칭어'가 무척 발달해 있다는 겁니다. 그런 까닭에 잘못 쓰는 호칭어도 참 많습니다.

그중 대표적인 것이 '어부인御夫人'이라는 말입니다. 자기 부인을 높여 부른다는 생각에서 "우리 어부인께서…" 따위로 장난스럽게 말하는 것을 자주 듣습니다. 그러나 '어부인'은 어느 사전에도 없는 말입니다. 왜 그럴까요? 왜긴 왜겠습니까. 잘못된 말이기 때문이죠.

우리말에서 '어御'는 임금과 관련된 것에 붙습니다. 임금의 명령이 어명御命이고, 임금이 신하에게 내리는 술이 어주御酒입니다. 또 임금의 손은 어수御手이고, 임금에게 올리는 우물물도 어수御水이고, 임금의 나이 역시 어수御壽라고 합니다. 이렇게 임금과 관련한 말 중에는 '어'가 붙는 게 많습니다.

그러나 우리와 달리 일본은 '어'를 명사는 물론이고, 동사와 형용사에도 마구 붙입니다. 존경을 나타내고 싶을 때면 그냥 '어' 자를 붙인다고 보면 됩니다. 상대편의 회사를 '어사御社'라고 하고, 전화를 '어전화御電話'라고 높여 부르기도 한다네요.

그렇다면 일본 사람들은 남의 부인을 높이고 싶을 때 어떻게 부를까요? 맞습니다. '어부인'이라고 합니다. 이렇듯 '어부인'은 일본인들의 말버릇에 뿌리를 둔 데다가 남의 부인을 높여 부르는 말입니다. 그러니 자신의 아내를 가리키는 말로는 절대 쓸 수 없습니다.

자기 아내를 가리켜 남에게 "우리 부인은…"이라고 어쩌고 저쩌고해서도 안 됩니다. 부인夫人은 "남의 아내를 높여 이르는 말"이거든요.

그러면 "남에 대하여 자기 아내를 겸손하게 이르는 말"은 뭘까요? 바로 '집사람'입니다. 일부에서는 집사람이 '집에 있는 사람'을 의미하므로, 여성의 역할을 제한하는 말로 여기기도 합니다. 하지만 우리말의 언어 예절에서 남에게 자신의 가족을 얘기할 때는 낮춰 부르는 것이 일반적인 지칭입니다. 그래도 '집사람'이 거슬리면 '안사람'으로 쓰면 됩니다. '안사람' 역시 "'아내'를 예사롭게 또는 낮추어 이르는 말"이거든요.

자기 아내를 가리키는 말로는 '여편네'도 있습니다. 하지만 이 말은 되도록 쓰지 마시길 권합니다. "자기 아내를 낮잡아 이르는 말"이거든요.

'마누라'는 좀 헷갈립니다. '마누라'의 사전적 의미는 "중년이 넘은 아내를 허물없이 이르는 말"입니다. 분명 낮잡아 이르는 의미는 없습니다. 따라서 자신의 아내에게 직접 "여보, 마누라!" 하고 부르면 정겨움이 뚝뚝 떨어집니다. 하지만 남에게 "요즘 마누라 등쌀에 피가 바싹바싹 마른다"라고 할 때는 왠지 낮잡아 얘기한 것 같은 느낌도 풍깁니다. 그래서 좀 헷갈립니다.

아울러 "자네 마누라는 잘 있지?"처럼 남의 부인을 '마누라'라고 불러서는 안 됩니다. "저 마누라가 지금 누구한테 반말을 하는 거야!"처럼 '마누라'는 "중년이 넘은 여자를 속되게 이르는 말"로도 쓰이기 때문입니다.

이러한 호칭과 지칭은 국립국어원 누리집에 들어가서 '표준 언어 예절'을 검색해 살펴보면 정말 많은 것을 배울 수 있답니다. 국립국어원의 자료들은 여러분의 세금으로 만들어진 것이니까 당당하게 쓰셔도 상관없습니다.

칠칠맞은

사람이 됩시다

제가 여러분에게 "당신은 어쩜 그렇게 칠칠하세요"라고 말하면 기분이 어떻겠어요? **빈정 상할**˚ 것 같다고요? 아니 왜요? 저는 칭찬했는데.

제 부모님은 저에게 늘 칠칠하다고 말씀해 주셨습니다. 제가 칠칠한 때문인지 제 아들과 딸도 무척 칠칠합니다. 여러분도 저처럼 칠칠하셨으면 좋겠습니다.

그런데 말입니다. 남의 꼼꼼하지 못한 일 처리를 탓하면서 "너는 왜 그리 칠칠하냐"라거나 "칠칠맞게 어디서 잃어버린 거야" 따위로 말하는 사람을 자주 봅니다. 또 드라마나 코미디

빈정 상할 ⊗ **속상할/언짢을** ◉

"근심, 슬픔, 노여움 따위로 마음이 언짢아지다" "몸을 다쳐 상처를 입다" "물건이 깨어지거나 헐다" "음식이 변하거나 썩어서 먹을 수 없게 되다" 등을 뜻하는 '상하다' 앞에는 상하는 그 '무엇'이 와야 합니다. '속상하다' '기분 상하다' '몸 상하다' 따위처럼요. 하지만 우리말에 '빈정'이란 명사는 없습니다. '빈정'이 "남을 은근히 비웃는 태도로 자꾸 놀리다"를 뜻하는 '빈정거리다'의 어근이기는 하지만 홀로는 쓰이지 않습니다. 언젠가부터 언짢은 감정을 나타내는 말로 '빈정 상하다'가 많이 쓰이는데, '빈정'이 "마음"을 뜻하는 명사로 국어사전에 오르지 않는 한 '빈정 상하다'는 바른말이 되기 어렵습니다.

프로그램에서도 칠칠하다는 소리를 듣고 충격을 받는 장면이 자주 나옵니다.

하지만 '칠칠하다'는 해서 좋고, 들어서 좋은 말입니다. "푸성귀가 길차다" "나무, 풀, 머리털 따위가 잘 자라서 알차고 길다" "주접이 들지 아니하고 깨끗하고 단정하다" "성질이나 일 처리가 반듯하고 야무지다" 등의 뜻을 지녔거든요.

따라서 남에게 빈정거리거나, 남의 잘못을 야단칠 때에는 '칠칠하지 못하다'라거나 '칠칠찮다(칠칠하지 않다)' 따위의 표현을 써야 합니다. 또 남으로부터 '칠칠맞다'고 하는 얘기를 들으면 불같이 화낼 것이 아니라 환한 얼굴로 고맙다고 인사할 일입니다.

'안절부절이다'는
반쪽 말

칠칠하다와는 사례가 다르지만, 꼭 써야 할 '-못하다'를 생략함으로써 아예 낱말 자체를 이상한 말로 만드는 사례도 있습니다. '안절부절하다'가 바로 그런 말이죠.

표준어규정 제25항은 "의미가 똑같은 형태가 몇 가지 있을 경우, 그중 어느 하나가 압도적으로 널리 쓰이면 그 단어만을

2부 열에 아홉은 틀리는 말

표준어로 삼는다"라고 규정하고 있습니다. 그러면서 '안절부절하다'와 '안절부절못하다' 중 '안절부절하다'를 버리고 '안절부절못하다'만을 표준어로 삼도록 했지요.

따라서 "안절부절하지 말고 좀 진득하게 기다리거라"라고 하는 말은 "안절부절못하지 말고 좀 진득하게 기다리거라"로 써야 바른 표현이 됩니다. 특히 "아버지는 집을 나간 철수 때문에 안절부절이다"라는 문장에서, '안절부절이다'는 하나의 말인 '안절부절못하다'의 허리를 **싹뚝°** 자른 뒤 체언(명사·대명사 등)에나 붙는 조사 '-이다'를 갖다 붙인 이상한 말입니다.

물론 '안절부절'은 쓸 수 있습니다. 그 자체로 "마음이 초조하고 불안해 어찌 할 바를 모르는 모양"을 뜻하는 부사이거든요. 그런데 부사는 모양을 바꾸지 않는 특성이 있습니다. 그래서 조사 같은 게 붙지 않지요. 활용도 안 하고요. 이 때문에 '안절부절이다'로는 못 씁니다. 그러나 "전차에 올라타자 조바심은 더욱 심해지고 안절부절 견딜 수가 없었다"처럼은 쓸 수가

싹뚝 ⊗ 싹둑 ◉

〈문법 편〉에서 된소리 표기 규정을 얘기하며 자세히 설명해 드릴게요. 여기에서는 '깍두기'처럼 한 형태소(뜻을 가진 가장 작은 말의 단위)의 말에서는 'ㄱ' 'ㄷ' 'ㅂ' 'ㅅ' 'ㅈ' 같은 받침 뒤에서는 된소리로 나도 된소리로 적지 않는다는 것만 알고 넘어가자고요.

있습니다.

　그리고 앞서 말한 표준어규정 제25항은 "일정한 주견이나 줏대 없이 이랬다저랬다 하여 몹시 실없다"의 뜻을 가진 말로는 '주책없다'만 표준어로 삼고, '주책이다'는 버리도록 했습니다. 그러니까 "박 영감은 참 주책이다"는 "박 영감은 참 주책없다"로 쓰고 말해야 바른 표현이 됩니다. '주책없다'를 '주책맞다'나 '주책스럽다'로 써도 되고요.

임신부는 당연히 　　　　　　　　　　　 ✎
'홀몸'이 아니다

　　　　　　　　　우리말에는 서로 의미가 비슷하고, 소리나 글 꼴도 흡사해 사람을 헷갈리게 하는 말들이 많습니다. '홀몸'과 '홑몸'도 그중 하나입니다.

　'홀몸'은 "배우자나 형제가 없는 사람"을 뜻하는 말이고, 홑몸은 "딸린 사람이 없는 몸" 또는 "아이를 배지 아니한 몸"을 뜻합니다.

　따라서 임신한 사람을 가리켜 "홀몸도 아닌데…"라고 하면 아주 이상한 표현이 됩니다. "배우자가 있는데, 어떻게 임신을 하셨어요"라는 괴상한 표현이 되는 거죠. 임신한 상태를 뜻하고 싶으면 '홀몸이 아니다'라고 해야 하는 겁니다.

아! 그리고 임신부를 얘기하면서 임산부라고 말하거나 적는 사람도 참 많습니다. 그러나 '임신부'와 '임산부'는 엄청 다른 말입니다. 임신부는 말 그대로 아이를 배 속에 가진 사람이지만, 임산부는 아이를 배 속에 갖고 있는 사람과 이미 출산을 한 사람을 한데 아우르는 말이거든요.

따라서 "임산부들에게 무료로 태교법을 알려 준다" 따위의 표현에서 임산부는 임신부를 잘못 쓴 겁니다. 아기를 이미 낳은 산모가 태교를 배울 까닭이 없잖습니까. 안 그래요? 그리고 '임신부'를 다른 말로 '임부'라고 말하기도 합니다.

사람은
'-짜리'가 아니다

"김 씨는 두 살짜리 아들을 두고 있다"라거나 "아홉 살짜리가 그런 일을 하다니 대견하다"라고 말하는 사람이 많습니다. 어른에게는 쓰지 않지만 아이들의 나이 뒤에는 '-짜리'를 붙여 쓰는 일이 아주 흔하죠.

하지만 '-짜리'는 그렇게 써서는 안 된다고 봅니다. '-짜리'는 도포짜리, 삿갓짜리, 양복짜리 등처럼 "의관을 나타내는 말 뒤에 붙어, 그러한 차림을 한 사람을 낮춰 일컫는 말"이거든요. 또 두 권짜리, 석 되짜리, 100원짜리 따위처럼 "값이나 수량을 나타내는 말 뒤에 붙어, 얼마의 값 또는 수량을 가진 '물건'을 뜻하는 말"이기도 합니다. 아무튼 사람의 나이를 세기에는 적합하지 않은 말이죠.

그런데 최근 일부 국어사전에서 '-짜리'의 뜻에 "나이 뒤에 붙어, '그 나이의 사람임'을 낮춰 이르는 말"이라는 뜻을 덧대 놓았습니다. 이 때문인지 〈표준국어대사전〉도 "'그만한 수나 양을 가진 것' 또는 '그만한 가치를 가진 것'"이라고, 물건에나 쓰는 말인 것처럼 뜻풀이를 해 놓고는 사용례로 '열 살짜리'를 올려놓았습니다.

어떤 말의 뜻이 확대되거나 축소되는 것은 말의 생성-성장-소멸의 과정에서 자연스러운 일입니다. 그렇다 하더라도 '-짜리'를 나이를 세는 말로까지 성장시켜 놓은 사전들의 처사는 옳지 않습니다.

생각해 보세요. '짜리'가 나이를 세는 말로 적당하다면 '일흔 살짜리 노인'이나 '스무 살짜리 청년' 등으로도 쓰여야 합니다. 하지만 현실적으로 그렇게 쓰는 사람은 눈을 씻고 찾아봐도 없습니다. 그러므로 유독 어린아이의 나이 뒤에만 '-짜리'를 붙이는 언어 습관은 어린이를 업신여겨서 그러는 것이라고밖에 볼 수 없습니다. 이치가 그렇지 않습니까?

2부 열에 아홉은 틀리는 말

그런 점에서 〈표준국어대사전〉에 사용례로 올라 있는 '열살짜리'는 빨리 없애야 합니다. 〈고려대한국어대사전〉 등에도 보이지 않는 사용례를 〈표준국어대사전〉이 보여 주고 있는 것은 부끄러운 일입니다.

아무튼 〈표준국어대사전〉이 '-짜리'의 뜻을 사람의 나이를 세는 말로까지 넓혀 놓지 않은 만큼, 사람을 물건 취급하는 듯한 말인 '-짜리'를 여러분이 쓰지 않는다면, 지금 일부 국어사전에 올라 있는 "나이 뒤에 붙어, '그 나이의 사람임'을 낮춰 이르는 말"이라는 '-짜리'의 뜻을 고쳐 잡을 수 있는 길은 남아 있다고 봅니다.

그러면 어린아이의 나이를 세는 말로는 뭐가 적당할까요? 바로 '-배기'입니다. '-배기'는 한때 일부 국어사전에서 '-바기'를 바른말로 삼기도 해 사람들을 헷갈리게 했는데, 지금은 모든 사전이 "나이를 나타내는 말에 붙어, 거기에 걸맞은 나이를 먹었음을 뜻하는 말"로 '-배기'만을 다루고 있습니다.

두 살 터울인
선후배는 없다

나이에 대한 이야기가 나온 김에 나이와

관련한 말들을 한번 살펴볼게요. 나이와 관련한 말 중에서 사람들이 많이 틀리는 말에는 우선 '묘령妙齡'이 있습니다. '묘령'은 "스무 살 안팎의 여자 나이"를 일컫는 말입니다. '묘년妙年'이라고도 합니다. '妙'에 **'계집 녀°'** 변이 있으니, '묘령'은 여자에게만 쓰는 말인 게 분명합니다.

그런데 "그를 지켜보던 묘령의 남자 이춘성은 '퀴즈만 잘 풀면 부와 명예가 주어지는 회사가 있다'며 그를 유혹하기 시작한다" "과연 신애의 그 묘령의 남자는 누구?" 등처럼 '묘령의 남자'라는 표현을 쓰는 사람들이 많습니다. 그러면 안 됩니다. 남자의 나이 앞에는 절대로 '묘령'을 쓸 수 없습니다.

'터울'도 무척 많이 틀리는 말입니다. '터울'은 "한 어머니

📑 계집 녀 ⊗ 여자 여 ◉

세월 속에서 말의 의미나 글 꼴만 바뀌는 것이 아니라 그 말을 쓰는 환경도 변하게 됩니다. 말의 특징 중 하나가 사회성이므로, 사회 환경에 따라 쓰임도 달라지는 것은 지극히 당연합니다. '者(자)' 자가 이를 잘 보여주는데요. 예전에는 '者'를 '놈 자'라고 했지만, 지금은 '사람 자'라고 하는 것이 일반적인 훈독입니다. 이는 특별히 규정된 것이 아니라 요즘의 사회 관습일 뿐입니다. '놈'은 "'남자'를 낮잡아 이르는 말" "적대 관계에 있는 사람이나 그 무리를 이르는 말" 등 나쁜 의미로 쓰이는 일이 많은데, '기자' '사회자' '운전자' 같은 말에 들어가 있는 者의 의미를 '놈'으로 하는 게 너무 이상해 '사람'으로 바꿔 부르는 것이 요즘 생겨난 관습이죠. '사람 자'에 맞춰 '계집 녀' 역시 '여자 여'로 바꿔 부르고 있고요.

의 먼저 낳은 아이와 다음에 낳은 아이와의 나이 차이"를 뜻하는 말인데, 형제나 자매가 아닌 아무에게나 '두 살 터울이다' 따위로 쓰는 일이 흔합니다. 그래서는 안 됩니다. '터울'은 형제자매끼리만 쓰는 말입니다.

이 밖에 어떤 나이를 뜻하는 한자말을 잘못 쓰는 일도 많습니다. 그래서 여기에 나이와 관련한 한자말을 묶어 보았습니다. 시간이 날 때마다 틈틈이 익히면 정말 도움이 될 겁니다.

충년沖年　　열 살 안팎의 어린 나이.

지학志學　　열다섯 살을 달리 이르는 말. 〈논어〉 '위정편爲政篇'에서, 공자가 열다섯 살에 학문에 뜻을 두었다고 한 데서 나온 말.

방년芳年　　스무 살 전후의 한창 젊은 꽃다운 나이. 한때는 "여자의 스무 살 안팎의 꽃다운 나이"를 뜻하는 말이라고 했으나, 지금은 남녀 구분 없이 쓸 수 있는 말로 보고 있음.

약관弱冠　　남자의 스무 살. 또는 젊은 나이. 〈논어〉 '위정편'에서, 공자가 스무 살에 관례를 한다고 한 데서 나온 말.

이립而立　　서른 살을 달리 이르는 말. 〈논어〉 '위정편'에서, 공자가 서른 살에 자립했다고 한 데서 나온 말.

불혹不惑   마흔 살을 달리 이르는 말. 〈논어〉 '위정편'에서, 공자가 마흔 살부터 세상일에 미혹되지 않았다고 한 데서 나온 말.

망오望五   쉰을 바라본다는 뜻으로, 나이 마흔하나를 이르는 말.

상수桑壽   마흔여덟을 가리키는 말. 상桑 자를 십十이 네 개와 팔八이 하나인 글자로 파자破字해 48세로 봄. 사전에 올라 있지는 않음.

지천명知天命   쉰 살을 달리 이르는 말. 〈논어〉 '위정편'에서, 공자가 쉰 살에 하늘의 뜻을 알았다고 한 데서 나온 말.

망륙望六   사람의 나이가 예순을 바라본다는 뜻으로, 쉰한 살을 이르는 말.

이순耳順   예순 살을 달리 이르는 말. 〈논어〉 '위정편'에서, 공자가 예순 살부터 생각하는 것이 원만하여 어떤 일을 들으면 곧 이해가 된다고 한 데서 나온 말.

환갑還甲   육십갑자의 '갑甲'으로 되돌아온다는 뜻으로, 예순한 살을 이르는 말. =주갑周甲, 화갑華甲, 환력還曆, 회갑回甲.

진갑進甲   환갑의 이듬해란 뜻으로, 예순두 살을 이르는 말.

         2부   열에 아홉은 틀리는 말

망칠 望七   일흔을 바라본다는 뜻으로, 나이 예순한 살을
이르는 말.

칠순 七旬   일흔 살.

종심 從心   일흔 살을 달리 이르는 말. 〈논어〉 '위정편'에서,
공자가 '칠십이종심소욕불유구七十而從心所欲不踰矩'
라고 한 것에서 유래.

고희 古稀   일흔 살. 두보의 시 '곡강' 인생칠십고래희人生
七十古來稀에서 온 말.

희수 稀壽   나이 일흔 살을 달리 이르는 말.

망팔 望八   여든을 바라본다는 뜻으로, 나이 일흔한 살을
이르는 말.

희수 喜壽   일흔일곱 살. '喜' 자의 초서체가 '七十七'을 합
쳐 놓은 것과 비슷한 데서 유래.

팔순 八旬   여든 살.

팔질 八耋   여든 살을 이르는 말.

장조 杖朝   나이 여든 살을 이르는 말. 중국 주나라 때에,
여든 살이 되면 조정에서 지팡이를 짚는 것을
허락한 일에서 유래.

산수 傘壽   여든 살. 산傘 자를 팔八과 십十의 파자로 해석한
말. 사전에는 올라 있지 않음.

반수 半壽   여든한 살. 반半 자를 파자하면 '八十一'이 되는

데서 유래. 사전에는 올라 있지 않음.

망구九   사람의 나이가 아흔을 바라본다는 뜻으로, 여든
한 살을 이르는 말.

미수米壽   여든여덟 살을 달리 이르는 말. 미米 자를 풀면
'八十八'이 되는 데서 유래.

구순九旬   아흔 살.

졸수卒壽   아흔 살. 졸卒 자의 약자를 구九와 십十으로 파자
해 아흔 살로 봄. 사전에는 올라 있지 않음.

망백望百   백百을 바라본다는 뜻으로, 나이 아흔한 살을 이
르는 말.

백수白壽   아흔아홉 살을 이르는 말. '百'에서 '一'을 빼면
'白'이 된다는 데서 유래.

상수上壽   백 세의 나이, 또는 그 나이가 된 노인. 장수한
것을 상, 중, 하로 나눴을 때 가장 많은 나이를
이름.

우리 모두 사회생활을 하는 만큼 사람과 얽히며 살게 마련
입니다. 그러다 보니 사람과 관련해 쓰는 말이 많고, 그만큼 잘
못 쓰는 말도 많습니다. 이에 대해서도 블로그에 많은 얘기를
올려놓을 테니 자주 찾아와 주기를 바랍니다.

       2부   열에 아홉은 틀리는 말

꼼장어와
쭈꾸미의 전설

　　　　　동물과 식물은 우리 인간과 **뗄래야 뗄**[*] 수
없는 관계입니다. 특히 인간은 동물과 식물이 없으면 살아갈
수가 없습니다.

　자연을 보호해야 하는 것도 이 때문입니다. 우리가 동물과
식물을 보호하고 환경을 안전하게 지키는 것은 동물과 식물을
위해서뿐만 아니라 무엇보다 우리가 편히 살기 위해서죠.

　우리는 언제나 동물과 식물에 둘러싸여 살고 있습니다. 그
러다 보니 동물이나 식물과 관련한 말이 많고, 그런 말이 많다
보니 잘못 쓰는 말도 적지 않습니다. 에이~ 안 믿어진다고요?
아닙니다. 정말입니다.

　우선 제가 옛날이야기 하나 들려줄게요.

뗄래야 뗄 ⊗ 떼려야 뗄 ◎

우리말에는 '-ㄹ래야'라는 어미가 없습니다. 이 말은 '-려야'로 써야 하는
데, 이때의 '-려야'는 '-려(고) 하여야'의 준말이죠. 이 밖에 '-ㄹ래도'는 '-려
도'(캘려도 → 캐려도), '-ㄹ려고'는 '-려고'(갈려고 → 가려고), '-ㄹ려다'는 '-려
다'(할려다 → 하려다), '-ㄹ려면'은 '-려면'(먹을려면 → 먹으려면) 등처럼 'ㄹ'을
빼고 적어야 합니다.

옛날옛날 바다왕궁에 꼼장어 총각과 쭈꾸미 처녀가 살았다고 합니다. 둘은 서로를 무척 사랑했지만, 집안의 반대가 엄청 심했습니다. 쭈꾸미 처녀 집에서는 맨질맨질한 꼼장어 생김새가 마치 제비 같다며 싫어했고, 꼼장어 집안에서는 뼈대 없는 집의 처자라고 난리가 났지요. 그러나 둘의 사랑을 막을 수는 없었습니다. 둘은 몰래 야밤도주해 함께 살기로 했습니다. 이후로 꼼장어와 쭈꾸미는 남들에게 들킬까 봐 지금까지 바위틈이나 소라 껍질 속에 들어가 사는 거래요.

무슨 개미 하품 하는 소리냐고요? 웃자고 하는 소리입니다. 사실 우리말 공부가 조금 딱딱하고 재미없잖습니까. 그래서 한번 웃으라고 해본 얘기입니다.

그러나 그것뿐이라면 너무 싱겁지요. 실은 앞의 얘기에 엄청난 함정이 있습니다. 여러분이 자주 틀리는 말이 몇 개 숨어 있거든요. 그게 뭔지 단박에 알아챘다면 이미 우리말 고수로 불릴 만합니다.

우선 여러분도 좋아할 '꼼장어', 이것부터가 잘못 쓴 표기입니다. '꼼장어'는 '곰장어'가 바른말입니다. 그런데 국립국어원은 이 '곰장어'보다 '먹장어'로 쓰기를 권하고 있습니다.

그리고 먹장어와 많이 닮은 '아나고'라는 물고기도 알죠?

　　　　　　　　　　　　2부　열에 아홉은 틀리는 말

일식집이나 횟집에 가면 곁들이 음식으로 많이 나오는 거 말입니다. 하지만 '아나고'도 일본말이므로 쓰지 말아야 합니다. 우리말로는 '붕장어'나 '바닷장어'라고 하면 됩니다.

'쭈꾸미'도 바른말이 아닙니다. '곰장어'를 '꼼장어'로 소리 내듯이 '주꾸미'를 괜히 된소리로 발음한 말이 '쭈꾸미'입니다.

우리가 잘못 쓰는 말 중에는 이런 것들이 많습니다. 굳이 된소리로 낼 까닭이 없는데, 습관적으로 된소리로 적는 거 말입니다. '족두리'를 '쪽두리'로, '족집게'를 '쪽집게'로 쓰는 것도 그런 예 가운데 하나지요.

또 저 위의 글에서 '맨질맨질하다'는 '만질만질하다', '야밤도주'는 '야반도주', '소라 껍질'은 '소라 껍데기'로 써야 합니다. 그 이유는 이 책과 〈문법 편〉을 읽으면 저절로 아시게 됩니다.

오대양 너른 바다에
망둥어는 살지 않는다

우리 속담에 '숭어가 뛰니까 망둥이도 뛴다'라는 말이 있습니다. "남이 하니까 분별없이 덩달아 나서는 것을 비유적으로 이르는 말"이죠.

그런데 이 망둥이를 '망둥어'라고 부르는 사람들이 많습니다. 인터넷에서 검색해 봐도 '망둥어'에 대한 내용이 엄청 많습니다.

하지만 '망둥어'는 바른말이 아닙니다. 몸길이 20센티미터 정도에 배지느러미가 빨판처럼 생긴 이 물고기는 본래 **망둑어과**˚ 입니다. 그래서 원래 이름도 '망둑어'입니다.

그런데 이 '망둑어'를 많은 사람이 '망둥이'라고 부르는 바람에 국립국어원이 '망둥이'도 표준어로 인정했습니다. 그러나 '망둑어'가 '망둥어'로 바뀌지는 않았습니다. 즉 '망둥이'와 '망둑어'는 복수 표준어지만, '망둥어'는 바른말이 아니라는 얘기입니다.

또 잘못 쓰기 쉬운 물고기 이름으로는 '밴뎅이(벤뎅이)'와 '놀래미'도 있습니다. 이건 '밴댕이'와 '노래미'로 써야 합니다. '뱅에돔'은 '벵에돔'이 바른 표기이고요. 이것들도 사람들이 자주 틀리는 말이니까 꼭 기억해 두기 바랍니다.

▌ 망둑어과 ⓧ 망둑엇과 ◉

'망둑어'의 '어'를 물고기 어(魚)로 생각하기 쉽지만, 이는 한자말 망동어(望瞳魚)가 변한 말입니다. 붕어도 부어(鮒魚)가 변한 것이고, 숭어도 수어(秀魚)가 변한 것이죠. 이렇게 변한 말은 한자말로 보지 않습니다. 이 때문에 앞에서 얘기한 '다람쥣과'처럼 사이시옷을 넣어야 합니다.

베짱이는
게으르지 않다

곤충 중에도 사람들이 이름을 잘못 아는 녀석이 많습니다. 겨울 하면 떠오르는 '고 녀석'이 대표적인 사례입니다. 여름과 가을 내내 신나게 놀다가 찬바람이 불고 눈이 내리는 겨울이면 개미에게 구걸한다는 불쌍한 녀석 말입니다.

이 녀석은 〈이솝 우화〉를 비롯해 여러 동화에서 게으름의 대명사로 그려지곤 합니다. 그 때문인지 이 녀석 이름을 '배짱이'라고 부르는 사람이 많습니다. 배불뚝이 게으름뱅이로 생각하는 거죠.

하지만 그것은 어디까지나 서양 사람들 생각일 뿐입니다. 우리 조상님들은 그렇게 생각하지 않았습니다. 오히려 아주 부지런한 곤충으로 여겼지요. 그래서 이름도 '베짱이'라고 지었습니다.

무슨 소리냐고요? 동화책이나 그림책에서 그 곤충을 보기는 했지만, 고 녀석이 어떻게 우는지는 못 들어 보셨죠? 그 곤충은 "스윽 짹, 스윽 짹" 하고 웁니다. 우리 조상님들이 베를 짤 때 나는 소리와 같은 소리입니다. 그래서 붙여 준 이름이 '베짱이'인 겁니다.

우리 조상님은 '베를 짜는 신통방통한 녀석'으로 생각했는데, 서양에서는 게으름을 피우다 개미에게 신세나 지는 녀석으로 여겼으니, 사람의 생각은 참 천차만별인가 봅니다.

아무튼 '개미와 ○○○'의 ○○○에 들어갈 곤충 이름은 '배짱이'가 아니라 '베짱이'입니다.

'베짱이'를 '배짱이'로 잘못 쓰듯이, 모음 'ㅔ'로 써야 할 말을 'ㅐ'로 잘못 쓰는 말에는 '굼뱅이'도 있습니다. '배뱅이'나 '장돌뱅이'처럼 우리말에 '-뱅이'가 들어가는 말이 많다 보니 '매미의 애벌레'도 "굼뱅이"라고 부르는 듯한데, 별다른 재주는 없지만 그래도 구르는 재주가 있다는 그 녀석의 바른 이름은 '굼벵이'입니다.

또 "돌덩이보다 작고 자갈보다 큰 돌"을 일컬어 '돌맹이'라고 쓰는 사람도 참 많습니다. 하지만 이것 역시 '돌멩이'라고 써야 합니다. 별거 아닌 것 같지만 많이들 틀리는 말이니 꼭 기억해 두기 바랍니다.

두더지는 🖉
쥐가 아니다

혹시 두더쥐 잡기 게임을 해 본 적 있나요? 있다고요? 에이~ 거짓말!

2부 열에 아홉은 틀리는 말

여러분뿐 아니라 사람들이 잘못 쓰는 일이 많은 동물로는 '두더지'도 빼놓을 수 없습니다. 몸은 원통 모양이고, 주둥이가 길고 뾰족하며, 땅에 굴을 파고 생활하는 녀석 말입니다.

많은 사람이 이 녀석을 '두더쥐'로 잘못 쓰고 있습니다. 유명한 신문과 공중파 방송의 자막에서도 "과거 두더쥐 게임을 연상케 하는…" 따위처럼 '두더쥐'로 잘못 쓸 정도죠.

하지만 이 녀석과 '쥐'는 가문(?)이 다릅니다. 쥐는 쥣과 동물이고, 이 녀석은 두더짓과 동물이거든요. 둘의 생김새가 비슷하고, 땅 위 세상보다는 땅속 생활에 익숙하다는 공통점 때문에 같은 과 동물로 여기기 쉽지만, 실제는 다른 과 동물인 겁니다.

생물 분류법이 세분되지 않던 예전에는 이 녀석과 쥐를 같은 가문으로 본 것 같습니다. 우리나라 옛 책인 〈훈몽자회〉에는 '두더쥐'로 나오거든요. '두디다'가 지금 말로 '뒤지다'라는 의미도 갖고 있으니, 우리 조상님들은 이 녀석을 '뒤지고 다니는 쥐' 쯤으로 생각한 듯싶습니다. 이 녀석의 한자 이름인 전서田鼠에도 쥐 서鼠 자가 들어 있고요.

그러나 생물학적 분류가 세밀해진 요즘에는 이 녀석과 '쥐'를 전혀 다른 가문으로 분류합니다. 이 때문에 표준어도 '쥐' 꼴을 취하지 않고 '두더지'로 했습니다. 그냥 소리 나는 대로 적도록 한 거죠.

설명을 들으니 왜 '두더쥐'가 아닌지 확실히 아시겠죠? 그러니까 이제부터는 '두더쥐 게임'은 하지 말고, 스트레스를 확풀 수 있는 '두더지 게임'을 하세요. 아셨죠?

세상에 팬더곰은 🖊
살지 않는다

　　　　　　　동물이 우리나라에만 사는 것은 아니니까, 외래어인 동물 이름을 잘못 쓰는 것도 무척 많습니다. 여러분이 재미있게 봤을 애니메이션 영화 〈쿵푸 팬더〉의 '팬더'도 그중 하나입니다.

여러분은 이 영화를 재미있게 봤을지 모르지만, 아마 세종 임금이 이 사실을 아신다면 하늘나라에서도 엄청 화를 내실 겁니다. 외래어이기는 하지만 우리 한글로 적은 제목이 잘못됐기 때문이죠. "고작 두 단어뿐인 제목에서 어쩌면 한 단어도 바르게 쓰지 못하느냐"라며 노발대발하셨을 겁니다.

나중에 〈문법 편〉에서 좀 더 자세히 다루겠지만, 외래어 표기도 아주 중요합니다. 지구촌이 세계화하면서 우리 국어에도 외래어가 넘쳐나고 있기 때문이죠.

외래어는 어느 나라에서 만들어진 말이냐에 따라 적는 법

이 다 다릅니다. 그런데 이를 잘 알지 못하면 바른 정보를 얻기
가 어려워집니다. 사전이나 국가의 공식 자료는 외래어표기법
에 맞춰서 적거든요.

우선 '쿵푸'는 바른 외래어 표기가 아닙니다. "무기 없이 유
연한 동작으로 손과 발을 이용해 공격하는 중국식 권법"을 이

르는 '功夫(공부)'는 원래 '궁푸gongfu'가 바른 표기입니다. 그러나 1990년대 초 중국 무술영화가 큰 인기를 끌 무렵 영화사들이 제목에 '쿵후'라는 말을 쓰기 시작했고, 이 말이 사람들 사이에서 힘을 얻어 갔습니다. 그래서 정부·언론외래어심의공동위원회가 '쿵후'를 바른말로 삼았지요.

'팬더'도 잘못 표기된 외래어입니다. 이 동물이 어디에서 살죠? 중국 북서부와 티베트 등지의 고산 지대입니다. 중국을 상징하는 동물인 'panda'를 우리말로는 '팬더'가 아니라 '판다'로 적어야 합니다.

'panda'의 영어식 발음은 '팬더'가 맞습니다. 그러나 이 동물은 미주 대륙에 사는 동물도 아니고, 미국인이 처음으로 이름을 붙인 동물도 아닙니다. 그러니 중국 사람들이 지어준 '판다'로 불러야 합니다. 미국 사람들이 '팬더'로 부른다고 우리까지 '팬더'로 써서는 안 되는 거죠.

'콘돌'도, '오랑우탕'도, '치이타'도 없다

여러분이 잘못 알고 있는 동물 이름 중에는 '콘돌'도 있을 듯합니다. 왜 영화에도 자주 등장하는, "머리와 목에는 털이 없고, 목둘레에 깃 모양의 흰 털이 둘려 있으며, 짐승의 시체 따위를 먹는 새" 말입니다.

이 녀석이 등장하면 사람들은 다들 '콘돌'이라고 부릅니다. 아마 여러분도 그러실걸요. 하지만 이 새의 이름을 '콘돌'로 쓰면 안 됩니다. '콘도르'라고 해야 합니다. 'condor'는 원래 에스파냐(스페인)어이거든요. 그것을 영어식으로 발음한 게 '콘돌'입니다. 그런데 외래어는 그 말이 생긴 나라 말의 표기법을 따르는 게 원칙입니다. 그래서 〈표준국어대사전〉에도 이 녀석의 이름은 '콘도르'로 올라 있습니다.

'오랑우탕'도 참 많이 틀리는 이름입니다. "키는 1.4미터 정도고, 팔이 매우 길며, 얼굴은 누런빛을 띤 흑색에다 털은 누런갈색인 동물"을 뭐라고 부르시나요? 신문 기사나 방송 자막을 보면 이 녀석을 '오랑우탕'으로 쓰는 일이 아주 흔합니다. 여러분도 그렇게 부르시죠?

하지만 보르네오와 수마트라 등지의 밀림 지대에서 사는 이 녀석의 바른 표기는 '오랑우탄'입니다. 철자가 'orangutan'이니, 끝 자는 '탕'이 아니라 '탄'이어야 합니다.

또 "포유류 가운데 가장 걸음이 빠른 동물"을 '치이타'로 쓰는 사람도 있는데, 이 녀석의 진짜 이름은 '치타cheetah'입니다. 외래어 표기에서는 '미이라(→ 미라)' '스노우(→ 스노)' 따위처럼 길게 소리 내 적는 것을 피하는 원칙이 있거든요. 이와 관련해서는 〈문법 편〉에서 좀 더 자세히 알려 드릴게요.

잘못 쓰는 ✎

반려견 품종 이름들

　　　　　　동물 이름 자체가 아니라 품종을 잘못
쓰는 일도 흔합니다. 여러분도 '달마시안'이라는 개 아시죠?
〈101마리 달마시안〉이란 영화로 유명한 개 말입니다.

　그러나 흰 바탕에 검은 얼룩점이 흩어져 있고, 체형이 아름
답고 날렵해서 **애완견**˚으로 많이 기르는 이 개의 바른 표기는
'달마티안'입니다. 이 개의 원산지가 크로아티아의 아드리아해

> ◤ **'애완견'과 '반려견'**
>
> 현재 〈표준국어대사전〉에 "좋아하여 가까이 두고 귀여워하며 기르는 개"
> 를 뜻하는 말로는 '애완견'만 등재돼 있습니다. '반려견'은 없습니다. 하지
> 만 집에서 가족처럼 개와 함께 사는 분들은 '애완견'을 거의 쓰지 않습니다.
> '반려견'이라고 하죠. '애완'에는 즐긴다는 의미가 강하고, '반려'에는 함께
> 한다는 뜻이 강하기 때문일 겁니다. 우리말은 이런 겁니다. 〈표준국어대사
> 전〉에 없어도 사람들이 너나없이 쓰는 말이 많습니다. 따라서 국어사전에
> 없다고 해서 무조건 틀렸다고 하면 안 됩니다. 사람들이 그 말을 어떻게 쓰
> 고 있느냐가 더 중요합니다.

연안인 달마티아Dalmatia이고, 거기에서 이름이 나왔거든요.

철자를 보세요. '-tia'가 '-시아'로 소리 날 까닭이 있어요? 없죠? 그래서 국어사전에도 '달마시안'으로 올라 있지 않습니다. 그런데도 '달마시안'으로 알려진 것은, 미국 사람들이 어정쩡하게 발음한 것을 듣고 마치 그게 맞는 것처럼 착각한 때문입니다. 우리의 김치를 일본 사람들이 '기무치'라고 하는 것을 듣고는 '기무치'가 바른 소리인 줄로 착각하는 외국 사람들과 똑같은 경우라고 생각하면 됩니다.

또 "몸의 높이는 25센티미터 정도고, 온몸이 순백색의 길고 보드라운 털로 덮여 있는 개" 있죠? 사람들이 '말티즈'라고 부르는 녀석 말입니다. 정말 귀여운 친구들이죠. 하지만 이 친구들도 '말티즈'라고 부르면 안 됩니다. 이 개의 원산지는 지중해의 '몰타Malta'입니다. 그래서 붙여진 이름이 '몰티즈Maltese'이거든요. 우리나라의 진돗개처럼 말입니다.

또 '불독'도 자주 틀리는 말입니다. "원산지가 영국이고, 투견용과 호신용으로 많이 기르는 개"는 '불도그'입니다. 예전에는 '황소를 잡는 개'로 이름을 떨쳤습니다. 무척 크고 사나웠던 거죠. 그래서 붙인 이름이 '불도그bulldog'입니다. 'bull'이 "황소"이거든요. 'dog'는 말 그대로 "개"죠, 뭐.

여러분은 핫도그hot dog를 '핫독'으로 쓸 수 있겠어요? 없죠? 그러니까 '불도그'도 '불독'으로 쓸 수 없는 겁니다.

이 밖에 '시츄'는 '시추', '셔틀랜드 쉽독'은 '셰틀랜드시프도그', '미니어쥐쉬나이저'는 '미니어처슈나우저', '포메라이언'은 '포메라이안', '쉐퍼드'는 '셰퍼드'가 바른 표기입니다.

여기에 하나만 더하면, 영국 왕실의 개로 알려진 '웰시코기'를 〈표준국어대사전〉은 '웨일스-귀염둥이'로 다루고 있다는 사실도 알아두기 바랍니다. 다만 알아두기만 하고 쓰지 않아도 된다고 봅니다. 그렇게 부르거나 쓰는 사람은 거의 없으니까요.

소에게
무슨 죄가 있다고…

우스갯소리지만, 만약 소가 사람처럼 말을 할 수 있다면 인간을 상대로 소송을 제기할지도 모릅니다. 자신과 관련한 얘기를 정말 많이 틀린다며 명예훼손 소송을 걸지 모른다는 소리입니다. 소와는 아무런 관련이 없는데, 괜히 창피한 얘기에 소를 끌어들이는 말들이 많거든요.

예를 들어 "○○○○로 써 놓아 무슨 글씨인지 모르겠다" "글씨가 아주 ○○○○이구나" 따위 문장에서 ○○○○에 들어갈 바른말은 뭘까요? 대부분은 '개발소발' '개발쇠발'이라고 생각할 겁니다. 아니면 '게발새발' '게발소발'로 생각하든가요.

그러나 아무리 국어사전을 뒤져도 '개발소발' '개발쇠발' '게발새발' '게발소발' 따위 낱말은 찾을 수가 없습니다. 왜 그럴까요? 왜긴 왜겠습니까. 모두가 표준어가 아니기 때문이죠.

그렇다면 글씨를 알아볼 수 없을 정도로 함부로 갈겨 써 놓은 것을 일컫는 바른말은 무엇일까요? 그것은 바로 '괴발개발'입니다.

낱말이 좀 낯설죠? '개'야 진돗개·삽살개·풍산개 따위의 그 개인 것을 쉽게 알 수 있겠는데, '괴'가 무엇을 뜻하는지 퍼뜩 떠오르지 않을 겁니다. 여기서 '괴'는 고양이입니다. '괴'는 고양이의 옛말인데, 강원도나 경상도 지방에서는 아직도 넓게 쓰이고 있습니다. 〈훈몽자회〉에는 우리가 '고양이 묘'라고 하는 것을 '괴 묘'라고 풀이해 놓았고요. 따라서 '괴발개발'은 "고양이 발자국과 개의 발자국이 아무렇게나 찍혀 있는 것처럼 어지럽게 써 놓은 글씨"를 일컫는 말입니다.

사실 '게'나 '새'는 땅바닥에 발자국을 남길 일이 드물고, 소는 띄엄띄엄 발자국을 남기는 동물입니다. 하지만 뭘를 모르는 사람들 때문에 엉뚱한 데에서 명예를 훼손당하고 있는 셈입니다. 특히 새는 더 억울할 듯합니다. 자신은 땅에 발자국을 남길 일이 별로 없는데도 사람들이 하도 '개발새발'을 써대는 바람에 2011년 8월에 '개발새발'도 표준어가 됐거든요, 글씨를 참 못 쓰는 주인공이 된 거죠.

우리말은 이런 겁니다. 언제나 변할 수 있습니다. 그 때문에 우리말 공부는 반복 학습이 무엇보다 중요합니다. 아셨죠?

괴발개발과 같은 뜻으로 '끌쩍거리다'를 쓰는 일도 흔합니다. 그러나 이 말 역시 "글이나 그림을 함부로 갈겨 써 놓거나 그리다"라는 뜻의 쓰임으로는 적합하지 않습니다. '끌쩍거리다'는 "자꾸 긁어서 뜯거나 진집을 내다"를 뜻하기 때문이죠. '끌적거리다'는 아예 국어사전에 없는 말이고요.

그렇다면 "글이나 그림을 함부로 갈겨 써 놓거나 그리다"를 말하려는 '끌적거리다'는 어떻게 써야 할까요? 정답은 의외로 많습니다. '긁적거리다' '끼적거리다' '깨작거리다' 중 아무것이나 쓰면 됩니다. 또 2011년 8월부터 '끄적거리다'도 쓸 수 있게 됐습니다.

새털보다
쇠털이 많다

앞에서 '새'와 '소'가 나왔으니, 그들 둘과 관련한 말 하나만 더 얘기할게요.

헤아릴 수 없이 많은 시간이나 나날을 비유적으로 얘기하면서 '새털같이 하고많은…'이라고 표현하는 사람들이 정말 많습니다. 아니, 열이면 열 모두 그렇게들 말합니다. "새털같이 많은 게 시간인데, 뭘 그리 서두르나. 쉬엄쉬엄 하게"라고 하면서 말이죠.

하지만 이때의 '새털같이 많은…'은 바른 표현이 아닙니다. 한번 생각해 보세요. 새는 몸집이 작은 데다 몸뚱이를 덮고 있는 것도 대부분은 굵은 '깃'입니다. 따라서 털의 **갯수°**가 많지 않습니다. 앞에서 말한 콘도르나 독수리처럼 머리와 목 근처에는 아예 털이 없는 새들도 있고요.

독수리는 보통 수릿과의 참수리와 검독수리 따위를 일상적으로 이르는 말로 쓰입니다. 하지만 독수리는 본래 머리와 목 덜미가 **벗겨져°** 살이 드러나 보이는 새를 가리킵니다. 독수리

갯수 ⊗ 개수 ◎

왜냐고요? 〈문법 편〉 사이시옷 규정을 보시면 알게 됩니다. 싯가, 댓가, 숫자, 촛점, 헛점, 홧병 등은 모두 틀린 표기입니다.

'벗어지다'와 '벗겨지다'

아주 최근까지도 "머리털이 빠져 맨살이 드러나게 되다"를 뜻하는 말은 '벗어지다'만 맞고, '벗겨지다'는 틀린 말이었습니다. 지금 시중에서 팔리고 있는 책이나 포털 사이트의 우리말 이야기에는 이런 내용이 많습니다. 하지만 현재 〈표준국어대사전〉은 '벗어지다'와 '벗겨지다'를 거의 같은 뜻의 말로 다루고 있습니다. 이렇게 우리말은 늘 변합니다.

의 독禿이 '대머리 독' 자죠. 즉 "덩치가 크고 힘이 세며, 끝이 굽은 부리와 굵고 날카로운 발톱을 가진 새"를 통틀어 '수리' 라 하고, 그중에서 머리와 목덜미에 털이 없는 새가 독수리입 니다. 달리 말해 '대머리수리'라고도 합니다. 이를 '대머리독수 리'로도 부르는데, '대머리'와 '독'이 동의어이므로 의미 중복 이 돼 바른말로 보기 어렵습니다.

독수리 외에 꿩과의 새로 공작을 닮은 '청란'의 수컷도 머 리와 목에 털이 없고, 얼굴에 붉은 **벼슬이**● 있는 칠면조 역시 머리와 목에는 털이 없습니다. 키가 큰 황새도 긴 다리에는 털 이 없죠. 새는 털이 많은 동물로 보기 어렵다는 얘기입니다.

'하고많음'을 나타내려면 새보다는 좀 더 털이 많은 짐승을 갖다 대야 합니다. 그것이 뭘까요? 바로 소입니다. 소는 새보다 몸집이 크고, 온몸에 아주 작은 털이 촘촘히 나 있잖아요. 그래 서 '새털 같은 나날'이 아니라 '쇠털 같은 나날'이라는 표현이 생겨났습니다. 이때의 '쇠'는 '소의'의 준말입니다. 즉 '쇠털'은 '소의 털'인 거죠.

▌ 벼슬이 → 볏이

"닭이나 새 따위의 이마 위에 세로로 붙은 살 조각"을 뜻하는 말은 '벼슬'이 아니라 '볏'입니다.

이거 모르는 사람 정말 많습니다. 따라서 독수리가 왜 독수리인지, 왜 '새털 같은'이 아니라 '쇠털 같은'인지를 알아 두시면 언젠가 폼 한번 잡을 일이 생길 겁니다.

우리 산과 들에는
연산홍이 피지 않는다

봄이면 우리 산과 들은 마치 불이라도 난 듯 붉게 물듭니다. 그때 쉽게 볼 수 있는 꽃이 철쭉이죠. 우리가 보통 철쭉이라고 부르는 꽃에는 몇 종류가 있습니다. 흔히들 '연산홍'이라고 부르는 꽃도 그중 하나입니다.

그러나 '연산홍'은 바른말이 아닙니다. 한때 네이버의 백과사전도 '영산홍(연산홍)'으로 적어서 마치 '영산홍'과 '연산홍'이 모두 바른말인 것처럼 다뤄 놓았습니다. 그래서 제가 신문이나 사보의 우리말 칼럼에 몇 자 적었지요. 그 때문인지 지금은 '영산홍'만 다루고 있답니다.

맞습니다. '영산홍'만 표준어입니다. 말 그대로 "산을 붉게 비치게 한다"라는 한자말 '영산홍映山紅'이 이 꽃의 진짜 이름인 거죠. 이 꽃을 '왜철쭉'으로 부르기도 합니다.

아울러 사람이 먹을 수 있는 진달래꽃은 '참꽃'으로 부르지만, 독성이 있어 사람이 먹으면 큰 탈이 나는 철쭉은 '개꽃'으로 부른다는 사실도 알아 두면 금쪽같은 우리말 상식이 될 듯합니다.

수박과 참외는 ✎
과일이 아니다

'민족 시인'으로 불리는 이육사는 자기 고향에선 7월이면 청포도가 익어 간다며, 자기를 찾아오는 손님에게 그것을 대접하고 싶다고 했습니다. 하지만 7월에는 제철 과일로 청포도를 맛볼 수 없습니다. 청포도의 수확철은 8~9월이기 때문이죠.

그렇다면 '이육사 시인은 왜 이런 거짓말을 했을까요?' 하는 의문이 들지도 모릅니다. 하지만 이육사 시인은 절대 거짓말을 한 것이 아닙니다.

시 '청포도'가 발표된 때는 1939년으로, 당시 우리 민간에서는 대부분 음력을 사용했습니다. 우리나라가 본격적으로 양력을 쓴 것은 1960년대 이후입니다. 이 때문에 지금 50대와 그 이전 분들의 생일은 거의 다 음력으로 돼 있을 겁니다. 그렇죠?

2부   열에 아홉은 틀리는 말

음력 7월은 양력으로 8월 초중순께 시작됩니다. 이육사 시인의 간절한 바람이 하늘에 닿았는지 실제로 우리는 8월 15일에 광복을 맞았고, 이 무렵이면 청포도를 손님상에 올릴 수 있습니다.

요즘의 7월이면 청포도 말고 수박과 참외가 흔합니다. 수박과 참외는 모양이나 맛이 아주 다르지만, 사람으로 치면 둘은 같은 '가문'입니다. 수박은 '박과의 한해살이 덩굴풀'이고, 참외 역시 '박과의 덩굴성 한해살이 재배 식물'이니까요.

참외는 한자로 '달콤한 오이'라는 의미의 첨과甛瓜, '뛰어난 오이'라는 뜻의 진과眞瓜로 불립니다. 참외의 원산지는 아프리카이지만 현재 세계에서 우리처럼 참외를 흔히 먹는 나라는 거의 없죠. 따라서 외국인에게 한국의 먹거리로 대접하기에 참외만 한 것도 없습니다. 영어 이름도 '코리안 멜론Korean melon'이랍니다. 수박은 영어명 '워터 멜론water melon'에서 알 수 있듯이 '물이 많은 오이'입니다. 그래서 한자어 역시 '서쪽에서 전해진 오이'라는 뜻의 서과西瓜로 적습니다.

수박과 참외의 또 다른 공통점은 둘 다 '과일'이 아니라는 사실입니다. 둘 모두 '오이 혈통'이니 당연하죠. 오이도 '박과의 한해살이 덩굴풀'이거든요.

과일이란 "'나무' 따위를 가꾸어 얻는, 사람이 먹을 수 있는 열매"를 뜻합니다. 반면 수박과 참외는 풀에서 나옵니다. 따라서 바나나와 파인애플도 과일이 아닙니다. 바나나는 파초과의 풀이고, 파인애플은 파인애플과의 풀이기 때문이죠.

하지만 우리는 바나나와 수박·참외를 과일로 먹습니다. 이렇게 과일처럼 먹는 채소를 이르는 말은 '과채류'입니다. 〈표준국어대사전〉도 과채류의 예로 수박·참외·토마토 등을 들고 있지요.

이 대목에서 제가 재미난 사실 하나 알려 드릴게요. 제 자랑이기도 합니다. 저는 하루에도 몇 번씩 〈표준국어대사전〉을 뒤집니다. 우리말은 늘 변한다는 것을 잘 알기 때문이죠. 그렇게 〈표준국어대사전〉을 뒤지다 보면 이상한 점이 간혹 눈에 띄곤 합니다. 아마 그것만 모아도 책 한 권은 쓸 수 있을걸요.

아무튼 2021년에도 〈표준국어대사전〉은 과일의 조건으로 '나무에서 얻는 것'을 내세웠습니다. 또 바나나는 풀이라고 분명히 밝히고 있었습니다. 그럼에도 표제어 '과일'을 설명하면서, 그 예로 사과·배·포도·귤·밤 등과 함께 바나나를 들어 놓았더라고요. 그래서 제가 경향신문의 우리말 칼럼에 한 줄 썼습니다. "바나나를 과일의 예로 든 것은 앞뒤가 맞지 않는 명백한 오류"라고 말입니다.

그랬더니 지금은 어떻게 돼 있는지 아십니까? 이 책을 쓰면서 다시 '과일'을 검색하니 과일의 예에서 바나나가 빠져 있었습니다. 오류를 바로잡은 것이죠. 우리말은 이런 겁니다. 늘 변합니다. 따라서 여러분도 우연히 우리말 지식을 하나 알았다고 언제나 그것을 믿어서는 안 됩니다. 지금 이 책의 내용도 마찬가지랍니다. 책이 출간되고 시간이 지나면 바뀌는 내용이 분명 있을 겁니다. 그런 내용은 제 블로그에 꾸준히 올려놓을게요.

그건 그렇고요. 바나나 외에 나무로 오해받는 풀로는 '대'도 있습니다. 대가 뭐냐고요? 대나무요. '대'는 "볏과의 대나무속屬 식물을 통틀어 이르는 말"이고, '대나무'는 "대의 줄기가 단단하고 긴 것을 나무로 보아 이르는 말"이랍니다.

사루비아꽃은
일본에서만 핀다

사람들이 '연산홍'보다 더 많이 잘못 쓰는 꽃 이름으로는 '사루비아'가 있습니다. 여러분도 '사루비아'가 어떤 꽃인지는 아시죠? 이 꽃 끄트머리에서 단물을 빨아 먹기도 하잖아요. 저도 그랬습니다. 하지만 과자 이름에도 있는 이 꽃의 바른 이름은 '사루비아'가 아니라 '샐비어'입니다. '샐비어'를 '사루비아'로 부르는 것은 일본어의 영향이라고 보면 됩니다.

일본 사람들은 'ㄹ' 받침을 제대로 발음하지 못합니다. 그 때문에 'salvia'를 '샐비어'로 소리 내지 못하고, '사루비아'라고 발음하는 겁니다. sa(사)-l(루)-vi(비)-a(아)로요. 그것을 우리의 할아버지와 할머니가 그대로 따라 했고, 그 소리가 우리에게 이어져 널리 퍼진 말이 사루비아꽃입니다.

하지만 우리가 'ㄹ' 받침을 소리 내지 못한다면 어쩔 수 없지만, 충분히 '샐비어'라고 할 수 있는데도 일본 발음을 그대로 쓰는 건 부끄러운 일이라고 생각합니다. 그렇죠?

호도나무에선
호도가 열리지 않는다

　　　　　　충청남도 천안 하면 떠오르는 먹거리가 하나 있습니다. 천안의 명물로 **불리우는**° '호도과자'입니다. 고소

불리우는 ⊗ 불리는 ◉

〈문법 편〉에 자세히 다뤄 놓았는데요. 우리말에서 본말에 '-우-'가 들어간 말은 그 앞에 목적격 조사 '을/를'을 동반합니다. '자리가 비다'가 '자리를 비우다'가 되듯이요. 그런데 '불리다'에 '-우-'가 들어간 꼴인 '불리우다'를 쓸 때에는 그 앞에 '을/를'이 절대 오지 않습니다. 이유는 간단합니다. 틀린 말이니까요. '불리우다'는 무조건 틀린 말입니다.

　　　　　　　　　　2부　열에 아홉은 틀리는 말

하면서 달콤한 것이 아주 맛있죠. 요즘에는 '○○ 호도'라는 체인점이 생길 정도로 인기가 좋습니다.

하지만 '호도과자'의 '호도'는 '호두'로 써야 합니다. '호두'는 원래 '호도胡桃'였습니다. 말 그대로 "중국[胡]에서 건너온 복숭아[桃]처럼 생긴 과실"이라는 거죠. 누구는 "서양에서 들어온 복숭아처럼 생긴 과일을 중국에서 이르는 말"이라고도 합니다.

아무튼 많은 사람이 이 열매를 '호두'라고 부르는 통에 원래의 '호도'를 버리고 '호두'를 바른말로 삼았습니다. 자도紫桃가 '자두'로, 앵도櫻桃가 '앵두'로 바뀌었듯이 말입니다. 따라서 천안의 명물도 '호도과자'가 아니라 '호두과자'로 써야 합니다.

또 '메타세콰이아'도 자주 틀리는 나무 이름입니다. 〈표준국어대사전〉에는 이 나무의 이름이 '메타세쿼이아metasequoia'로 올라 있습니다. 그게 바른 이름인 거죠. 그런데 네이버 백과사전에는 '메타세콰이아'도 있고 '메타세쿼이아'도 있어서 사람들을 헷갈리게 만듭니다. 무책임한 일이지요. 하루속히 '메타세콰이아'의 설명에 '메타세쿼이아의 잘못'이라는 풀이가 달려야 한다고 봅니다. 여러분 생각도 그렇죠?

이 밖에 '스라소니'를 '시라소니'로 부른다거나 '메밀'을 '모밀'이라고 하고, '비름나물'을 '비듬나물'로 쓰는 등 동식물과 관련해 잘못 쓰는 말이 정말 많습니다. 이들 말 역시 블로그에 잘 올려놓을 테니 틈틈이 들어와서 읽어 보시길 바랍니다.

소매에는
깃이 없다

　　　　　　　"철수가 소맷깃을 잡고 늘어졌다"거나 "와이셔츠 소맷깃이 새카맣다" 같은 문장은 흔히 보는 표현입니다. 하지만 어느 옷에도 '소맷깃'은 없습니다. '소맷깃'은 "웃옷의 좌우에 있어 두 팔을 꿰는 부분"을 가리키는 '소매'에 '깃'이 더해지면서 사이시옷이 첨가된 꼴이니, 아주 멀쩡한 말처럼 보입니다.

　그러나 사실은 그렇지가 않습니다. 바로 '깃' 때문입니다. 깃은 "저고리나 두루마기의 목에 둘러대어 앞에서 여밀 수 있도록 된 부분"이나 "양복 윗옷에서 목둘레에 길게 덧붙여 있는 부분"을 가리키는 말인 '옷깃'의 준말이거든요. 다시 말해서 '깃'은 '옷깃'의 준말이고, '옷깃'은 웃옷의 맨 앞쪽과 위쪽에 달려 있을 뿐 소매 쪽에는 없다는 얘기입니다.

　그렇다면 '소맷깃'의 바른말은 뭘까요? 그것은 바로 '소맷귀'입니다. '소맷귀'는 '소매'에 '귀'가 더해진 말로, 여기서 '귀'는 얼굴에 붙은 귀가 아니라 "옷 따위에서 손을 집어넣게 만든

구멍" 또는 "두루마기·저고리의 섶 끝이나 주머니의 양쪽 끝"
을 뜻합니다.

결론적으로 웃옷에서 손이 밖으로 나오는 끝부분은 '소맷
귀'이지 '소맷깃'이 아닙니다.

추울 때 ✎
옷깃 여미는 사람 못 봤다

기왕 옷깃 얘기가 나왔으니 옷깃에 대해
하나만 더 잘난 척할게요. 여러분은 추울 때 옷깃을 어떻게 하
시나요? 신문이나 방송에서는 추울 때면 어김없이 '사람들이
단단히 옷깃을 여미고 어쩌고저쩌고⋯' 합니다.

하지만 이런 말은 참 이상한 표현입니다. 추운 것과 옷깃을
여미는 일은 눈곱만큼의 연관도 없거든요. 아니, 추울 때 옷깃
을 여미면 몸은 더 추워집니다. '여미다'는 "옷깃 따위를 바로
잡아 합쳐서 단정하게 하다"를 뜻합니다. 즉 '여미다'는 흐트
러진 차림을 반듯하게 매무시할 때 쓰는 말이지, 추위를 막을
때 쓰는 말이 아니라는 소리입니다.

"학생들이 옷깃을 여미고 순국선열에게 묵념하고 있다"라
거나 "그는 자신의 면접 차례를 앞두고 옷깃을 여몄다"라고 해

야 '여미다'를 제 쓰임에 맞게 사용한 겁니다.

추운 것을 나타내려면 '옷깃을 여미다'가 아니라 '옷깃을 세우다'로 써야 논리적으로 맞는 표현이 됩니다. 어떤 모습인지 머릿속에 팍 떠오르시죠?

매무시를 잘해야

매무새가 곱다

옷과 관련한 낱말 중 '매무새'와 '매무시'를 잘못 쓰는 일도 아주 흔합니다. 좀 더 정확히 말하면, 사람들 대부분이 '매무새'라는 말은 알아도 '매무시'라는 말은 알지 못하는 것 같습니다. '매무시'를 써야 할 곳에 '매무새'를 쓰는 일이 너무 많거든요. 여러분도 그럴 겁니다.

'매무새'는 "옷을 입은 맵시"를, '매무시'는 "옷을 입고 나서 매만지는 뒷단속"을 뜻하는 말입니다. 다시 말해 '매무새'는 옷을 입은 모양새를 가리키고, '매무시'는 옷 입은 것이 잘못된 데가 없는지 살펴보는 일이라고 할 수 있죠.

따라서 "옷 꼴이 그게 뭐니. 매무새를 다시 해라"라고 하거나 "매무새를 잘해야 보기에도 좋다"라고 하는 말 속의 '매무새'는 '매무시'로 써야 합니다. '매무새'는 "매무새가 참 곱다"

라고 할 때 쓰는 말입니다.

이음새는 ✐
고장 나지 않는다

　　　　　　매무새와 비슷한 말 꼴을 하고 있는 '이음
새'도 열에 아홉은 잘못 쓰는 말입니다. 인터넷 등을 보면 "이
음새 부분에서 누수가 되는 것은 삭아서입니다" 같은 글이 많
이 눈에 띕니다. 하지만 이음새는 절대로 삭지도 않고 고장도
나지 않습니다. 음~ 모양이 흉해질 수는 있습니다. 그러나 고
장, 결함, 망실 같은 단어와 함께 쓰는 것은 어색합니다.

　앞의 글 매무새에서 살펴보았듯이 '-새'는 어떤 모양을 뜻
하는 말입니다. 따라서 '이음새'라고 하면 "물체를 이은 모양
새"를 뜻하게 됩니다.

　망가지거나 고장이 나는 곳, 즉 물체를 이은 자리나 부분을
얘기하려면 이음새가 아니라 '이음매'라고 해야 합니다. 이때
의 '-매'는 입매·눈매·몸매 등에서 보듯이 모양을 가리키는 동
시에 부분을 나타냅니다.

단추는

꿰맬 수 없다

요즘은 세상이 좋아져 그런 모습을 보기 어렵지만, 예전에는 철마다 이불을 손보는 일이 흔했습니다. 제가 어렸을 때만 해도 어머니가 안방에다 이불을 펼쳐 놓고 **한 뜸 한 뜸*** 바느질을 하곤 하셨지요. 그날 밤 새 이불을 덮고 아주 달콤한 잠에 빠졌던 기억이 지금도 새롭습니다.

지금은 점점 사라져 가고 있지만, 바느질은 우리 생활과 떼려야 뗄 수 없는 일 가운데 하나입니다. 그런데 이런 바느질과 관련해 잘못 쓰는 말이 참 많습니다. 그중 하나가 '이불을 꿰매다'입니다.

'꿰매다'는 "옷 따위의 **헤지거나*** 뚫어진 데를 바늘로 깁거

한 뜸 한 뜸 ⊗ 한 땀 한 땀 ◉

"바느질을 하다"라는 뜻의 말은 '뜨다'이지만, "바느질할 때 실을 꿴 바늘로 한 번 뜸. 또는 그런 자국"을 뜻하는 말은 '뜸'이 아니라 '땀'입니다.

헤지거나 → 해지거나/해어지거나

"닳아서 떨어지다"를 뜻하는 말은 '해어지다'이고, 이를 줄여 '해지다'로도 씁니다. '해진 옷' '해진 신발' 등처럼 쓰이죠. '헤지다'는 "모여 있던 사람들이 따로따로 흩어지다"를 뜻하는 '헤어지다'의 준말입니다.

나 얽어매다"를 뜻하는 말입니다. 따라서 예전에 여러분과 제 어머니가 철마다 이불을 손보던 일에는 '꿰매다'라는 말을 쓸 수가 없습니다. 그런 일에는 '시치다'를 써야 합니다. '시치다' 가 "바느질을 할 때, 여러 겹을 맞대어 듬성듬성 호다"를 뜻하 거든요. 즉 낡은 이불을 손질할 때는 '꿰매다'를 쓸 수 있지만, 이불을 빨아 새 이불을 만들 때는 '시치다'를 써야 합니다.

'단추를 꿰매다'도 많이 쓰이지만, 바른 표현이 아닙니다. 단추가 뚫어지거나 찢어지는 것은 아니니까요. 떨어진 단추를 다시 제 위치에 놓는 일은 '꿰매는 것'이 아니라 '다는 것'입니 다. '단추를 꿰매다'가 아니라 '단추를 달다'로 써야 하는 거죠.

또 '짜집기'도 널리 쓰이지만, 바른말이 아닙니다. "직물의 찢 어진 곳을 그 감의 올을 살려 본디대로 흠집 없이 짜서 깁는 일" 을 뜻하는 말로는 '짜집기'가 아니라 '짜깁기'를 써야 합니다. 말 그대로 '기우는 일'이잖아요. '깁다'를 활용하면 '기우니' '기워서' 등이 되는 것은 아시죠? 모른다고요? 그러면 그것은 〈문법 편〉 에서 ㅂ 받침에 대해 설명하면서 자세히 알려 드릴게요.

참, '꿰매다'를 '꼬매다'로 쓰는 사람도 많습니다. 특히 나이가 많으신 분들이 그렇게 말하는 일이 잦습니다. 하지만 이 말 역시 표준어가 아닙니다. '꿰매다'로 소리 내고, 그렇게 써야 합니다.

'우리말 고수'가
되려면
알아야 할
우리말

우리말 고수, 즉 '우리말 달인'이 되는 지름길은 바로 일상 속 생활언어에 관심을 가지는 것입니다. 늘 쓰는 말 중에서 무엇이 잘못된 말인지 모르면 반복해서 틀릴 수밖에 없거든요.

물론 우리말법 자체에도 문제가 있기는 합니다. 일반인들이 널리 쓰는 말이 표준어가 돼야 하는데, 이를 인정하지 않고 괜히 고집을 부리는 말들이 적지 않거든요. 이 때문에 제가 한 15년 전에 책을 처음 펴내면서 한마디 했죠. "사람들이 널리 쓰는 말을 표준어로 삼았으면 좋겠다"라고 말입니다.

그때 제 말을 들은 것인지, 이후 '내음' '짜장면' '먹거리' 등 정말 많은 말이 복수 표준어로 인정받았습니다. 그러면서 나름 제 팬들도 생겼지요. 제 말이 마치 예언처럼 들어맞았거든요.

그런데 말입니다. 아직도 바뀌어야 할 말들이 많습니다. 백이면 백 모든 사람이 쓰는 말인데도 여전히 이런저런 이유를 대며 표준어로 인정하지 않는 말들이 많거든요.

더러는 이런 말들이 슬그머니 표준어가 되기도 합니다. 국어사전의 뜻풀이가 바뀌기도 하고요. 그래서 여러분은 어떤 말을 알고 있다고 방심(?)하면 안 됩니다. 아는 말이라도 자주 국어사전을 뒤져 봐야 합니다. 특히 사람들이 많이 쓰는데, 아직 표준어로 인정받지 못하는 말은 수시로 확인해 봐야 합니다. 언제 표준어로 등재돼 있을지 모르거든요.

또 남들이 별생각 없이 잘못 쓰는 말을 여러분이 정확하게 쓰는 것은 아주 중요한 일입니다. 생각해 보세요. 아무도 관심을 두지 않는 말을 여러분 혼자 안다고 해서 뭐가 빛나겠냐고요. 하지만 일상생활에서 너나없이 잘못 쓰는 말이라면, 그것은 얘기가 좀 달라질 수 있습니다.

지금부터는 그런 말들에 대해 살펴볼게요.

뱀은 또아리를
틀지 않는다

국어사전들이 일반 언중의 말 씀씀이를 제대로 살피지 않는 면도 있지만, 현행 표준어규정이 표준어로 정한 말 자체가 실생활 속의 언어와 동떨어진 것도 더러 있습니다. "짐을 머리에 일 때 머리에 받치는 고리 모양의 물건"이나 "둥글게 빙빙 틀어 놓은 것. 또는 그런 모양"을 뜻하는 '또아리'가 대표적 사례입니다.

"뱀이 또아리를 틀고 있다"거나 "옛날 어머님들은 머리에 또아리를 얹고 물동이를 이었다" 따위 표현에서 보듯이 '또아리'는 그 생명성이 불꽃처럼 살아 있는 말입니다. 하지만 '또아리'는 바른말로 대접받지 못하고 있습니다.

표준어규정 제14항에서 "준말이 널리 쓰이고 본말이 잘 쓰이지 않는 경우에는 준말만을 표준어로 삼는다"라고 규정하고, 그러한 것 가운데 한 가지로 '또아리'를 버리고 '똬리'만을 표준어로 삼았거든요.

그러나 "가린다고 가렸으나 가장 요긴한 데를 가리지 못했다"는 의미의 속담 "또아리 샅 가린다"가 있고, 연체동물인 "또아리달팽이"라는 녀석이 이 땅에서 살아 숨 쉬는 점을 살필 때 '또아리'를 버리도록 한 것은 잘못된 처사라고 생각합니다.

3부 '우리말 고수'가 되려면 알아야 할 우리말

그러면서 이런 의심이 들기도 합니다. 혹 '또아리'가 북한의 표준어(문화어)라서 우리가 버리기로 한 것은 아닌가 하는 의심 말입니다. 설마라고요? 설마가 아닐지도 모릅니다. 실제로 우리나라 국어사전들은 지금까지 그런 모습을 보여 왔거든요. 오랫동안 비표준어로 다뤄지던 '나래' '내음' '결판지다' '연신' 등의 공통점이 바로 북한의 문화어라는 겁니다.

똬리 얘기가 나온 김에 아주 재미난 우리말 상식 하나 알려 드릴게요. 뭐냐면요. "말이 많거나 빠른 사람을 비유적으로 이르는 말"로 흔히 '따발총'을 씁니다. 하지만 따발총의 유래를 아는 사람은 거의 없더라고요. 여러분도 모르시죠?

많은 사람은 이 총이 "따따따" 하고 연속 발사할 수 있어 '따발총'으로 불리는 줄 압니다. 그러나 실제는 그렇지가 않습니다. 6·25전쟁 때 북한군의 주무기였던 이 총을 보면 아랫부분에 마치 '똬리' 같은 것이 달려 있습니다. 총알이 든 탄창이죠. 그런데 북한 함경도에서는 '똬리'를 '따발'이라고 부릅니다. 바로 여기에서 '따발총'이라는 말이 생겨났답니다. 〈표준국어대사전〉도 따발총을 "탄창이 똬리 모양으로 둥글납작한 소련제 기관단총을 속되게 이르는 말"로 풀이해 놓았습니다.

흐리멍텅한
사람은 없다

'흐리멍텅하다'도 여러분이나 여러분 주변 사람들 그리고 우리말을 꽤 잘 안다는 신문·방송 기자들까지 흔히 쓰는 말입니다. 그럼에도 우리 국어사전들은 하나같이 '흐리멍텅하다'를 바른말로 삼고 있지 않습니다. 북한에서나 쓰는 말로 다루고, 우리는 '흐리멍덩하다'로만 써야 한다고 고집합니다.

북한에서는 '흐리멍텅하다'를 "정신이 맑지 못하고 흐리다" "옳고 그름의 구별이나 하는 일 따위가 아주 흐릿해 분명하지 아니하다" "기억이 또렷하지 아니하고 흐릿하다" "귀에 들리는 것이 희미하다" 등의 뜻 외에 "날씨 따위가 정신이 나지 아니하고 멍청한 정도로 흐리다"라는 의미로도 씁니다. 하지만 우리 국어사전들은 '흐리멍텅하다'를 아예 쓰지 못하도록 하고 있습니다.

한 뿌리에서 나온 말인데도 남과 북이 이렇게 표준어(문화어)를 달리 보는 까닭을 모르겠습니다. 특히 우리 국민이 너나없이 쓰는 말인데도 우리 국어사전들이 비표준어라고 고집하는 말 중에는 북한이 문화어로 삼은 말이 왜 그렇게 많은지, 정말 그 까닭을 모르겠습니다. 거듭 얘기하지만, 늘 '통일'을 이

3부 '우리말 고수'가 되려면 알아야 할 우리말

야기하면서 남북한이 말 하나 통일해 쓰지 못한다는 것이 참으로 안타까울 따름입니다. 아무튼 현재로서는 '흐리멍텅하다'는 '흐리멍덩하다'를 잘못 쓴 말입니다. 아셨죠?

북한만 문화어로 삼고 있는 말임에도 우리 국민이 널리 쓰는 말에는 '미끌거리다'도 있습니다. "스팀청소기로 두 번이나 닦았는데도 여전히 미끌거리는데 어떻게 하면 좋을까요?" 등의 예문에서 보듯이 '미끌거리다'는 "미끄럽고 번드러워서 자꾸 밀리어 나가다"라는 뜻의 말로 널리 쓰입니다.

그러나 우리나라 국어사전들은 '미끌거리다'는 북한말이며, 우리는 '미끈거리다'로만 써야 한다고 고집을 부립니다. 하지만 일반 대중은 '미끈하다'를 "미끈한 다리" 따위처럼 "흠이나 거친 데가 없이 부드럽고 번드럽다" "생김새가 멀쑥하고 훤칠하다" 등의 뜻으로 쓰고, 몹시 미끄러운 모양을 뜻할 때는 '미끌거리다'를 더 많이 쓰고 있다고 생각합니다. 그렇지 않으신가요?

또 "그 녀석은 '애저녁'에 글러 먹었어" 따위로 흔히 쓰는 '애저녁'도 북한의 문화어입니다. 우리는 사투리로 취급하는 말이죠. 우리의 표준어는 '애초' 또는 '초저녁'입니다. 하지만 단언컨대 저는 지금까지 "그 녀석은 '애저녁'에 글러 먹었어"를 "그 녀석은 '초저녁'에 글러 먹었어"로 쓰는 사람을 보지 못했습니다. "맨 처음"을 뜻하는 '애초'도 어색하기는 마찬가지입니다. "그 녀석은 '애저녁'에 글러 먹었어"는 '처음'부터 가능성이 없었다기보다 '좀 이른 시기'에 포기했다는 의미를 담고 있기 때문입니다.

이 밖에 우리 국민의 입과 귀에 익숙하지만 북한의 문화어여서 표준어로 대접받지 못하는 듯한 말에는 '지짐(→ 전)' '까발기다(→ 까발리다)' '넓적바위(→ 너럭바위)' '푸르딩딩하다(→ 푸르뎅뎅하다)' '등멱(→ 목물)' '과일주(→ 과실주)' '석박지(→ 깍두기)' 등 참 많습니다.

앞에서도 얘기했듯이, 남북으로 갈라진 국토를 하나로 통일하기 위해서는 사상부터 하나가 돼야 합니다. 그 사상을 통일하기 위해서는 말부터 통일해야 하고요. 따라서 남북 언어학자들이 심각하게 이질화된 남북의 언어를 통일하는 작업을 벌였으면 좋겠습니다. 이를 위해서는 정부의 지원이 필요합니다. 이를 계기로 북한이 더 이상의 도발을 멈추고 민족 화합의 장으로 나오면 그야말로 금상첨화고요. 그런 날이 빨리 왔으면 좋겠습니다.

남에게 얼레리꼴레리 하지 마라

여러분도 어렸을 때 '얼레리꼴레리'라는

말 자주 썼죠? 하지만 앞으로는 쓰지 마세요.

친구를 놀리는 말이라서 그러는 거냐고요? 아닙니다. 여러분이 아무런 의심 없이 쓰는 '얼레리꼴레리'를 국어사전들이 바른말로 인정하지 않기 때문입니다.

믿어지지 않겠지만, 국어사전들은 '얼레리꼴레리' 대신 '알나리깔나리'를 바른말로 삼고 있습니다. 이런 말 들어 보신 적 있나요? 알나리깔나리!

아마 무척 생소할 겁니다. 하지만 이 말은 나름대로 뚜렷한 유래를 가지고 있기는 합니다. 여기서 '알나리'는 "어리고 키가 작은 사람이 벼슬한 경우를 놀림조로 이르는 말"입니다.

거, 왜 있잖습니까. 옛날에는 벼슬을 돈으로 사기도 하고 빽*으로 얻기도 했잖아요. 그러다 보니 어린아이가 사또가 돼 지방으로 가기도 했습니다. 그런 아이를 놀림조로 '아이 나리'라고 불렀는데, 그 말이 '알나리'로 변한 겁니다. 그러나 뒤의 '깔나

빽 ⊗ 백 ◉

'Back'의 바른 외래어 표기는 '백'입니다. 따라서 "차량 따위를 뒤로 물러가게 함" "축구·아이스하키 따위에서 '후위'를 이르는 말" "뒤에서 받쳐 주는 세력이나 사람을 속되게 이르는 말" 등은 '백'으로 써야 합니다. 윷놀이에서 "윷 하나의 뒤에만 특별한 표시를 해서 그 윷이 뒤집어져 도가 나오면 한 칸 앞이 아닌 한 칸 뒤로 가는 규칙. 또는 그렇게 나온 도"를 가리키는 말 역시 '빽도'가 아니라 '백도'로 적어야 하고요.

리'는 아무 의미가 없습니다. 그냥 알나리와 운율을 맞추기 위해 덧붙인 것일 뿐입니다.

우리말에는 이런 형태의 말이 꽤 있습니다. '미주알고주알'도 그런 말입니다. 여러분이 친구에게 뭔가를 꼬치꼬치 캐물으면 친구가 "너는 뭐 그런 거까지 알려고 미주알고주알 묻니"라며 핀잔을 줄지 모릅니다. 그럴 때면 여러분이 친구한테 물어보세요. "야, 미주알고주알이 무슨 뜻인지나 아니"라고 말입니다.

그러면 친구도 무척 당황해할 겁니다. 자주 쓰면서도 '미주알고주알'이 무슨 뜻이고, 어떻게 생겨난 말인지 모를 테니 당연히 **놀랄 수밖에요**•….

그러면 여러분이 얘기해 주세요. '미주알'은 "항문을 이루는 창자의 끝부분"을 뜻하는 말로 "아주 사소한 일까지 속속들이"의 의미를 담고 있다고 말입니다.

▌ **놀랄 수밖에요** ⊗ **놀랄밖에요** ◉

'밖에'는 "그것 말고는" "그것 이외에는" "기꺼이 받아들이는" "피할 수 없는"의 뜻을 나타내는 보조사로서 주로 뒤에 부정을 나타내는 말이 따릅니다. "공부밖에 모르는 학생" "하나밖에 남지 않았다" 등처럼 쓰이죠. 따라서 '놀랄 수밖에요'는 '놀랄 수밖에 없지요' 따위로 써야 합니다. 또 "해할 자리에 쓰여 '-ㄹ 수밖에 다른 수가 없다'의 뜻을 나타내는 종결어미"인 '-ㄹ밖에'를 사용해 '놀랄밖에요'로 써도 됩니다.

3부 '우리말 고수'가 되려면 알아야 할 우리말

그러면 친구가 "그럼, '고주알'은 무슨 뜻이야"라고 다시 물을 게 분명합니다. 그때는 이렇게 얘기해 주면 됩니다. '미주알'과 어울리게 하기 위해서 그냥 붙인, 아무런 뜻도 없는 말이라고 말입니다.

그런 얘기를 들으면 친구의 눈빛이 달라질 겁니다. '우리말 고수'를 보고 있는 것 같을 테니까요.

엄한 사람은
대체 누구입니까?

주변에서 "엄한 사람 잡지 마라"라고 하는 얘기를 참 자주 듣습니다. 여러분도 이런 말 자주 쓰시죠?

그럴 때면 '뜬금없이 웬 엄한 사람 타령이야' 하는 생각이 들곤 합니다. 은근히 화도 나고요. 엄가인 제 별명 중 하나가 그 '엄한 사람'이거든요. 아니, 왜 멀쩡한 '엄한 사람' 타령이냐고요, 글쎄. 그리고 엄한 사람을 잡지 말라고 하면, 엄하지 않은 사람은 잡아도 된다는 소리입니까?

아닙니다. '엄한 사람을 잡지 마라'는 바른 표현이 아닙니다. 이때는 '애먼 사람'이라고 해야 합니다. '애먼'은 "일의 결과가 다른 데로 돌아가 억울하게 느껴지다"라는 뜻을 지닌 관형사로 "애먼 사람에게 누명을 씌우다" "애먼 징역을 살다" "애먼 짓 하지 마라" "할 일은 제쳐 놓고 애먼 일을 붙들고 있다" 따위처럼 쓰이는 말입니다.

꼭 기억하세요. '엄한 사람'이 아니라 '애먼 사람'입니다.

옳바른 사람은 없다

우리말법의 기둥인 한글맞춤법과 표준어 규정은 '낱말의 어원을 밝혀 적는 것'을 기본 원칙으로 삼고 있습니다. 하지만 모든 말이 그렇지는 않습니다. 어원이 분명하더라도 사람들이 그 어원을 밝혀 적지 않는 일이 많다면, 사람들의 말 씀씀이를 따라가기도 합니다.

'올바르다'도 그런 말입니다. 뜻이 "말이나 생각, 행동 따위가 이치나 규범에서 벗어남이 없이 옳고 바르다"인 것에서 알 수 있듯이 '올바르다'는 '옳다'와 '바르다'가 결합된 말입니다. 따라서 '옳바르다'가 바른말처럼 보입니다.

하지만 '옳바르다'는 '올바르다'로 써야 합니다. 사람들이 '옳바르다'보다 '올바르다'를 더 널리 쓰므로, 이를 표준어로 삼은 거죠.

그런데 이 '올바르다'를 활용하면서 "방법이 올발아야 한다" 따위처럼 '올발아'로 쓰는 사람이 적지 않습니다. 하지만 '(짐을) 나르다'를 활용하면 '(짐을) 날라'가 되듯이 '바르다' 역시 '발라'로 활용합니다. '올발아'가 아니라 '올발라'가 바른 표기인 거죠.

이와 같은 꼴의 말로 "산이나 길이 몹시 비탈지다"를 뜻하는 '가파르다'도 '가팔아'로 활용해서는 안 됩니다. "자동차 속도가 아까보다 가팔아지고 있다" "길이 점점 더 가팔아졌다" 등의 예문에서 보이는 '가팔아지고'와 '가팔아졌다'는 '가팔라지고'와 '가팔라졌다'로 써야 하는 겁니다. 아셨죠?

조그만한 집에선 ✎
못 산다

"조금 작거나 적다" 또는 "그리 대단하지 아니하다"라는 의미의 말을 할 때 여러분은 '조그만하다'와 '조그마하다' 중 어느 것을 쓰나요? '조그만하다'를 쓰시죠?

그럴 겁니다. "그 조그만 발을 조그만 양말에 넣고, 다시 조그만 신발을 신고서 아장아장 폴짝폴짝 세상 탐험에 나서요" 따위로 쓰이는 '조그만' 때문에 '조그만하다'가 바른말처럼 보이거든요.

하지만 '조그만하다'는 바른 표기가 아닙니다. '조그마하다'로 써야 합니다. 그리고 '조그만'은 '조그마하다'를 활용한 '조그마한'이 줄어든 말입니다. 즉 '조그만'이 '조그마한'인 거죠.

따라서 '조그만한'이라고 하면 그것은 '조그마한한'이 되고 맙니다. 이런 말은 정말 어색하죠? 그러니까 '조그만한'은 '조그마한'으로 써야 합니다.

또 "남들에겐 보잘것없는 자그만한 일이다" 따위 예문에서 보이는 '자그만한' 역시 '자그마한'으로 써야 합니다. '자그만하다'가 아니라 '자그마하다'가 바른말이거든요.

도리도리, 곤지곤지, ○○?

퀴즈! 지금 제목에서 보이는 ○○에 들어갈 말은 뭘까요? '잼잼' 아니냐고요? 땡!

아기들한테 '도리도리, 곤지곤지, ○○, 까꿍' 하는 것은 우리나라 성인이라면 누구나 아는 놀이입니다. 하지만 ○○에 들어갈 말을 글자로 바르게 적는 사람도 거의 없을 듯합니다.

3부   '우리말 고수'가 되려면 알아야 할 우리말

그만큼 우리말에 관심이 없다는 소리죠.

○○에 들어갈 말은 '잼잼'이 아니라 '쥠쥠'입니다. '쥠쥠'은 "젖먹이에게 죄암질을 하라는 뜻으로 내는 소리"나 "젖먹이가 두 손을 쥐었다 폈다 하는 동작"을 일컫는 말인 '죄암죄암'이 줄어든 말입니다.

'쥠쥠'이라는 말이 조금 낯설어 보일지도 모릅니다. 그러나 "주먹을 쥐다"라는 말의 '쥐다'에서 나온 '쥐엄쥐엄'이 있고, '쥐엄쥐엄'의 작은말이 '죄암죄암'이며, 이것이 줄어 '쥠쥠'이 됐다고 생각하면 됩니다.

이 놀이가 어떻게 생겨났는지에 대해서는 설이 참 많습니다. 혹자는 '도리도리'의 경우 "인간의 가장 중요한 도리가 자기 주위를 살피는 것"이라는 뜻에서 나온 말이라 하고, '곤지곤지'는 "땅의 기운을 나타내려는 말"이라고 합니다. 또 '쥠쥠'은 "세상을 잡으라"는 의미에서 생겼다고 말하는 사람도 있습니다.

모 방송은 단군시대부터 내려온 이 단어들이 과거 왕족들의 교육 방식이었다고 전하기도 했습니다. 그 말이 사실이라면 여러분은 모두 왕족의 교육을 받고 자란 셈입니다. 기분 좋으시죠?

주엄주엄 챙기지 말고,
주서듣지도 마라

　　　세계의 언어 석학들은 "세계의 여러 문자 가운데 가장 배우기 쉬운 것이 한글이다"라고 극찬합니다. 정말 자랑스러운 일이죠.

　　한글은 배우기가 정말 쉽습니다. 자음과 모음 체계만 알면 어떤 글자도 쓸 수 있으니까 말이죠. 예를 들어 한글에서는 '자살'과 '살자'를 익히는 데 자음 3개와 모음 1개만 알면 됩니다. 하지만 영어에서는 **길다란°** 알파벳과 함께 문법이라는 것까지 끼어들지요.

　　게다가 '자살'과 '살자'의 '자'는 자국, 자두, 자리, 자만, 자본 등등 어디서나 똑같은 모양이죠. 그러니 문자를 익히기가 참 쉽습니다. 그렇지만 문자를 배우기 쉽다고 해서 정확히 사용하는 것도 쉽다고 생각하면 곤란합니다. 우리말은 꽤 어려운

길다란 ⊗ 기다란 ◎

쓸데없이 'ㄹ'을 넣어 잘못 쓰는 말이 많은데요. '길다란'도 그중 하나입니다. 〈문법 편〉에 좀 더 자세히 설명해 놓았지만, "매우 길거나 생각보다 길다"를 뜻하는 표준어는 '기다랗다'입니다. 따라서 이 말을 활용하면 '기다란' '기다래' '기다라니' '기다라서' '기다랗구나' 등으로 적어야 합니다.

구석이 있거든요. 물론 '내 마음대로 대충 뜻만 전하면 그만이다'라고 생각하면 한없이 쉽지만, 바른말을 정확히 쓰는 일에는 어려운 점도 분명히 있습니다.

우리말이 이렇게 어려워진 데에는 학자들의 잘못도 있다고 봅니다. 학자들이 정한 바른말 기준에 통일성이 부족한 부분이 많거든요. 어떨 때는 이렇고 어떨 때는 저렇고 하니, 사람들이 그것을 다 알기가 어려운 거죠.

제가 조금 전에 '잼잼'은 '쥠쥠'을 잘못 쓴 것이라고 말했죠? '쥠쥠'은 '쥐다'에서 나온 말 '쥐엄쥐엄'의 작은말인 '죄암죄암'이 줄어든 꼴이라고요.

그렇다면 "여기저기 널려 있는 물건을 하나하나 주워 거두는 모양"을 뜻하는 말로는 '주엄주엄'도 쓸 수 있어야 한다고 생각합니다. '쥐다'에서 '쥐엄쥐엄'이 나왔다면, '줍다'에서 '주엄주엄'이 나오지 못할 까닭이 없잖습니까. 그런데 이상하게도 사전들은 하나같이 '주엄주엄'은 바른말이 아니라고 고집합니다. 사람들은 "나는 방 안에 가득한 물건을 주엄주엄 줍습니다" "옷을 주엄주엄 입고는 방을 나왔다" 따위처럼 쓰고 있는데도 말이죠.

사전들이 '주엄주엄' 대신 쓰라고 고집하는 말은 '주섬주섬'입니다. 물론 '주섬주섬'이 '주엄주엄'보다 더 널리 쓰이는 것은 사실입니다. 따라서 '주섬주섬'을 표준어로 정한 것은 잘한 일이죠. 비록 '주섬주섬'이 '줍다'의 사투리인 '줏다'에서 나온 말이기는 하지만, 사람들이 많이 쓰는 만큼 당연히 표준어로 삼아야 합니다.

하지만 이렇게 사투리에서 나온 말도 표준어로 인정해 주면서 바른말에서 나온 말은 살아남지 못하게 숨통을 조이는 것은 잘못이라고 생각합니다. 뭔 말이냐 하면, '주섬주섬'과 '주엄주엄'을 복수 표준어로 삼아 사람들이 편히 쓰도록 해야 한다는 겁니다. 군이 '주엄주엄'을 쓰지 못하게 할 필요가 없다는 거죠.

하지만 이것은 어디까지나 제 '고집'일 뿐입니다. 여러분은 어느 시험에서 '주엄주엄'이 표준어라고 답을 썼다가는 미역국을 먹을 수밖에 없습니다. 누가 뭐라 해도 현재 '주엄주엄'은 바른말이 아니거든요.

참, 제가 방금 '주섬주섬'은 '줏다'에서 나온 말이라고 했는데요. 실제로 '줏다'는 꽤 널리 쓰이는 말입니다. "500원짜리 동전을 주섰다"나 "어디서 주워들은 것은 있어 가지고…" 따위처럼 '주서' '주워' 꼴로 많이 쓰입니다.

그러나 앞에서도 얘기했듯이 '줏다'는 '줍다'의 사투리입니다. 그러니까 '주섰다'나 '주워들다' 따위로는 쓸 수가 없습니다. 이때는 '줍다'를 활용해 '주웠다'나 '주워듣다'로 써야 합니다.

이래서 우리말이 어렵습니다. 이랬다저랬다 하니까요.

'뭘'로 하지 말고 🖉
'뭐'로 하자

"매일 해 먹는 반찬, 오늘은 뭘로 할까" "나를 대체 뭘로 보고 그러는 겁니까" "이름을 뭘로 지을까" 등은 여러분이 일상생활에서 흔히 쓰는 표현일 겁니다. 그렇죠?

하지만 이들 표현 속에 들어 있는 '뭘로'는 바른 표기가 아닙니다. 입에서는 참 자연스럽지만, 어법에는 크게 어긋나는 말이죠. 왜냐고요?

우선 '뭘'은 "말하는 이가 한 행동에 대해 상대편이 칭찬하거나 감사할 때에 그것이 대단치 않음을 겸손하게 나타내는 말"로 쓰입니다. "제가 뭘…" 하는 식으로요. 이때의 '뭘'은 감탄사입니다. 따라서 위의 예문과는 아무 상관이 없습니다.

'뭘'은 또 '무엇을'의 준말로도 쓰입니다. "뭘 잘했다고 말대꾸야" "뭘 보고 있니?" 따위처럼 쓰이는 거죠.

자, 그러면 위 예문 속의 '뭘'을 '무엇을'로 바꿔 보겠습니다. "매일 해 먹는 반찬, 오늘은 무엇을로 할까" "나를 대체 무엇을로 보고 그러는 겁니까" "이름을 무엇을로 지을까"

이게 말이 되나요? 안 되죠?

그러면 '뭘로'는 뭐로 써야 할까요? 제가 방금 얘기했잖아요. '뭐로'라고요. '뭐'가 '무엇'이나 '무어'의 준말이거든요.

"매일 해 먹는 반찬, 오늘은 무어로(무엇으로) 할까" "나를 대체 무어로(무엇으로) 보고 그러는 겁니까" "이름을 무어로(무엇으로) 지을까" 등은 아주 자연스럽죠?

섭한 마음을 ✎
갖지 마세요

언제부터인가 '섭하다'가 널리 쓰이고 있습니다. 여러분도 "떡볶이에 계란 빠지면 섭하지"라거나 "야, **니들**° 섭하게 나만 빼고 어디 갔다 온 거야"라고 말하곤 하죠?

📑 니들 ⓧ 너희들 ◉

'너희들'을 줄여 '니들'로 말하는 일이 흔합니다. 하지만 국립국어원은 '온라인 가나다'에서 "입말에서 그렇게 사용하는 경향이 있더라도, 이를 글자로 적을 때는 '너희들이'로 쓰는 게 적절하다"라고 밝히고 있습니다. 당연합니다. 입말을 지나치게 허용하면 한글맞춤법과 표준어규정을 익히는 데 오히려 장애가 될 수 있거든요.

하지만 '섭하다'는 온전한 말이 아닙니다. '섭섭하다'에서 하나를 빼먹은 글자인 거죠. 우리말에는 '섭섭하다'와 비슷한 구조의 말이 많습니다. 갑갑하다, 답답하다, 탑탑하다(텁텁하다) 등이 다 그런 말이죠. 이들 말을 '갑하다' '답하다' '탑하다'로 쓸 수 있겠어요? 없죠? 그래서 '섭섭하다' 역시 '섭하다'로 쓸 수 없는 겁니다. 〈표준국어대사전〉도 '섭하다'를 "'섭섭하다'의 잘못"으로 풀이해 놓고 있습니다.

참, '섭섭하다'처럼 같은 꼴의 글자를 연속 붙여 써야 하는데, 하나를 빼놓아 틀리기 쉬운 말에는 '찌뿌드하다'도 있습니다. "몸살이나 감기 따위로 몸이 무겁고 거북하다"를 뜻하는 말은 '찌뿌드하다'가 아니라 '찌뿌드드하다'로 '드'를 두 번 써야 합니다. "찌뿌드한 월요일"이 아니라 "찌뿌드드한 월요일"인 거죠.

팥죽에는 ✎
새알이 없다

팥죽 드셔 본 적 있죠? 당연히 드셔 봤겠죠. 그런데 팥죽에는 하얗고 동글동글한 게 들어가 있습니다. 여러분이 흔히 '새알'이라고 하는 거요.

여러분뿐 아니라 팥죽에 집어넣는 동글동글한 덩이를 두고 '새알'이라고 부르는 사람이 많습니다. 하지만 팥죽에는 절대로 새알이 들어가지 않습니다. '새알'은 말 그대로 새의 알이니까요. 새의 알을 팥죽에 왜 넣습니까.

보통 찹쌀가루나 수수가루로 동글동글하게 만들어 팥죽 속에 넣어 먹는 새알만 한 덩이를 뜻하는 말은 '새알'이 아니라 '새알심'입니다. 여기서 '심'은 "죽에 곡식 가루를 잘게 뭉치어 넣은 덩이"를 뜻하는 말이죠. 또 이 새알심을 '옹심이'라고 부르는 사람도 있는데, '옹심이'는 '새알심'의 사투리입니다.

참, 새알심의 '심'과 '죽'은 순우리말처럼 보이지만, 사실은 모두 한자말입니다. 새알심의 심은 '心'이고, 죽은 '粥'이랍니다.

팥죽에 새알심을 넣는 것은 우리의 건국신화에 나타나는 난생설화와 관련이 있다고 합니다. 우리의 문화에서 알은 생명의 탄생을 의미하죠. 그래서 옛날에는 동짓날이면 자기 나이 숫자대로 새알심을 먹어야 비로소 한 살을 더 먹게 된다고 여겼다고 합니다. 이런 얘기도 재미있죠?

3부 '우리말 고수'가 되려면 알아야 할 우리말

옷과 봉투는
틀어지지 않는다

　　"새로 산 남방을 두 번밖에 안 입었는데, 옆구리 쪽이 벌써 틀어진 거 있죠." "일반 목장갑은 실밥이 틀어진 경우도 있고 해서 작품 제작에 적합하지 않다."

　자, 위의 예문에서 잘못 쓴 말을 찾아보세요.

　'틀어진'이라고요? 오잉~ 어떻게 아셨죠? 아하~ 제목에 답이 나와 있다고요? 하긴 그러네요.

　위의 예문 말고도 '틀어지다'는 "봉투가 틀어져 안에 든 물건이 쏟아졌다" 따위처럼 봉투와 관련해서도 무척 많이 쓰입니다. 그러나 '틀어지다'는 바른말이 아닙니다.

　'틀어지다'가 바른말이 되기 위해서는 우선 '틀다'라는 말이 있어야 합니다. 그래야 그 뒤에 보조용언 '-어(-아)지다'를 붙일 수 있거든요. 보조용언 '-어(-아)지다'는 동사에 붙어서는 "남의 힘에 의해 앞말이 뜻하는 행동을 입음을 나타내는 말"(옷이 찢어지다, 새로운 말이 만들어지다)이나 "앞말이 뜻하는 대로 하게 됨을 나타내는 말"(나는 왠지 그 휘파람 소리가 무척 야비하게 느껴졌다)로 쓰이고, 형용사 뒤에서는 "앞말이 뜻하는 상태로 됨을 나타내는 말"(마음이 슬퍼지다, 방이 깨끗해지다, 술을 한잔 마셨더니 얼굴이 붉어졌다)로 사용되는 것은 다들 아시죠? 모른다고요?

흐흐, 그냥 해본 소리입니다. 하지만 이제 알게 되셨죠? 그러면 됐습니다.

그런데요. 어느 국어사전에도 '틀다'라는 말이 올라 있지 않습니다. '틀다'가 없으니까 '틀어지다'도 만들어질 수 없습니다.

그러면 '틀어지다'는 어떻게 써야 하는 말일까요? 그것은 바로 '뜯어지다'와 '터지다'입니다. 이중 '뜯어지다'는 "붙거나 닫힌 것을 떼거나 찢거나 하다"라는 뜻의 말 '뜯다'에 '-어지다'가 더해진 것이고, '터지다'는 "**둘러쌓여**° 막혔던 것이 뚫어지거나 찢어지다" "혼솔(홈질로 꿰맨 옷의 솔기)이나 꿰맨 자리가 뜯어져 갈라지다" 등의 뜻으로 두루 쓰이는 말입니다.

▌◣ **둘러쌓여 → 둘러싸여**

"둘러서 감싸다" "둥글게 에워싸다" "어떤 것을 행동이나 관심의 중심으로 삼다" 등을 뜻하는 말은 '둘러싸다'이고, 이 말의 피동태는 '둘러싸이다'입니다. 이와 달리 '둘러쌓다'는 "둘레를 빙 둘러서 쌓다"를 뜻하죠. 즉 '둘러쌓다'는 건축의 의미입니다. 이 말의 피동태는 없고요. 빙 둘러싸고 공격해 오는 적을 막기 위해서는 성을 빙 둘러쌓아야 합니다.

3부 '우리말 고수'가 되려면 알아야 할 우리말

아이를 무등
태우지 마라

      여러분은 아이들을 무등 태워 주거나 그런 모습을 본 적이 있으신가요? 당연히 있다고 생각하겠지요. 그러나 여러분은 절대로 무등을 태운 적도, 그것을 본 일도 없습니다. '무등(을) 태우다'가 바른 표현이 아니거든요.

    "아이를 등 위쪽에 올려놓는다"라는 생각에서 '무등'을 바른말로 생각하기 쉬운데, 이 말은 '무동'으로 써야 합니다. 옛날에 걸립패(동네의 경비를 마련하기 위해 집집마다 다니면서 풍악을 울려 주고 돈이나 곡식을 얻기 위해 조직한 무리)나 사당패(돌아다니며 노래와 춤, 잡기 따위를 팔았던 유랑 극단의 하나)가 하던 놀이 중에 여장을 한 남자아이가 어른의 어깨에 올라서서 춤을 추는 것이 있었습니다.

    이때 어른의 어깨 위에 올라선 아이를 '무동舞童'이라고 하고, 무동을 어깨에 올라서게 하는 것을 일러 '무동을 태운다'고 했지요. 즉 '무등(을) 태우다'의 바른말은 '무동(을) 태우다'인 겁니다.

    '무동'은 '목말'로도 쓸 수 있습니다. "남의 어깨 위에 두 다리를 **벌이고**● 올라타는 일"이 '목말'이죠. 이게 뭔지는 다 아시죠?

    이 '목말'은 어른을 어깨에 올리는 일에도 쓸 수 있습니다.

하지만 어른을 어깨에 올리는 일에는 '무동(을) 태우다'를 쓸 수 없습니다. '무동'은 말 그대로 "상쇠의 목말을 타고 춤추고 재주 부리던 아이"이니까요.

참, '목말(을) 태우다'를 '목마(를) 태우다'로 쓰는 일도 흔합니다. 하지만 '목마木馬'는 "나무로 말의 모양을 깎아 만든 물건"을 뜻하는 말로, "아이를 어깨에 올려놓다"라는 뜻으로는 쓸 수가 없습니다.

벌이고 → 벌리고

'벌이다'는 "일을 계획하여 시작하거나 펼쳐 놓다"(잔치를 벌이다) "놀이판이나 노름판 따위를 차려 놓다"(장기판을 벌이다) "여러 가지 물건을 늘어놓다"(책상 위에 책을 어지럽게 벌여 두고 공부를 한다) "가게를 차리다"(읍내에 음식점을 벌이다) "전쟁이나 말다툼 따위를 하다"(친구와 논쟁을 벌이다) 등 다양한 뜻으로 사용됩니다. 하지만 "어떤 사이를 넓히거나 멀게 하다"라는 의미는 없습니다. 그런 뜻을 지닌 말은 '벌리다'입니다. '벌이다'와 '벌리다'의 차이만큼 헷갈리면서 많이 틀리는 말에는 '늘이다'와 '늘리다', '조이다'와 '조리다', '달이다'와 '다리다' 등 아주 많습니다. 하지만 그 구분법은 의외로 간단합니다. 그것은 바로~ 제 블로그에 와서 보면 금방 알 수 있습니다.

3부 '우리말 고수'가 되려면 알아야 할 우리말

화가 나도

울그락불그락해지지 마세요

　　　　여러분은 화가 나면 얼굴빛이 어떻게 변하시나요? 울그락불그락해지지 않나요? 아마 그럴 겁니다. 여러분뿐만 아니라 여러분이 아는 분들도 그렇게 된다고 생각할 겁니다.

　하지만 '울그락불그락(또는 욹으락붉으락)'은 어느 국어사전에도 올라 있지 않은 말입니다. 게다가 구조상 바른말이 될 수도 없습니다.

　우선 우리말에는 '-그락'이라는 어미가 없습니다. '울그락불그락'이 만들어질 수 없는 거죠. 그러나 "뜻이 상대되는 두 동작이나 상태가 번갈아 되풀이됨을 나타내는 연결어미"로 '-으락(-락)'은 있습니다. '욹으락붉으락'은 될 수도 있는 거죠. 그런데 또 문제는 우리말에 '욹다'라는 말이 없다는 겁니다.

　결국 '붉다'는 있으니 '붉으락'은 가능하지만, '욹다'라는 말이 없어서 '욹으락붉으락'은 만들어지지 않습니다. 그러면 사람들이 얘기하는 '울그락불그락'의 바른말은 뭘까요? 그것은 바로 '붉으락푸르락'입니다. 얼굴이 붉어졌다가 파래졌다가 한다는 거죠.

　더러는 '푸르락붉으락'으로 쓰기도 하는데, 이 말 역시 바른말이 아닙니다. "몹시 화가 나거나 흥분해서 얼굴빛 따위가 붉게 또는 푸르게 변하는 모양"을 뜻하는 바른말은 오직 '붉으락푸르락'뿐입니다.

누르른 들녘엔 ✎
곡식이 여물지 않는다

제가 저 앞에서 "숯이나 먹의 빛깔처럼 어둡고 짙은 색"을 얘기할 때 많이 쓰는 '검정색'은 '검은색'이나 '검정'으로 써야 한다고 얘기한 것 기억나시죠? '검정'에 '검은색'의 의미가 있으므로 '검정색'으로 쓰면 '검은색색'이 된다고 했잖아요. 그래서 〈표준국어대사전〉에도 '검정색'이나 '빨강색' 같은 말은 등재돼 있지 않습니다.

그런데요. 검은색을 나타내면서 '검정색'으로 쓰는 것만큼 잘못 쓰는 말이 또 있습니다. "그을음이나 연기가 엉겨 생기는 검은 물질"을 뜻할 때 쓰는 '검뎅이'와 '검댕이'입니다. 이들 말이 국어사전에 없거든요. '검뎅이'와 '검댕이'는 '검댕'으로 써야 합니다. '숯검댕이'도 당연히 '숯검댕'이고요.

이렇듯 색깔과 관련해 잘못 쓰는 말도 정말 많습니다. 하지만 이 책이 미술책도 아니고 해서 그런 내용들은 제 블로그에 많이 올려놓을게요. 자주 들러서 하나씩 알아 가시면 좋겠습니다. 다만 여기서는 하나만 더 알려 드릴게요. 여러분이 정말 많이 틀리는 말이거든요.

제가 지난 2008년에 〈건방진 우리말 달인〉을 낼 때만 해도 '푸르른 하늘' 따위로 널리 쓰이는 '푸르르다'는 표준어가 아니었습니다. 무조건 '푸르다'로 써야 했습니다. 그래서 제가 이래서는 안 된다고 주장했죠. 특히 사람들이 '푸른 청춘'보다 '푸르른 청춘'을 더 많이 쓰고, 이때의 '푸르르다'는 색깔을 나타내는 것이 아니라 "희망이나 포부 따위가 크고 아름답다"를 비유적으로 이르는 말이므로, '푸르르다'는 표준어가 돼야 마땅하다고 말입니다. 그 때문인지는 몰라도 〈건방진 우리말 달인〉이 나오고 얼마 지나지 않아 '푸르르다'가 마침내 표준어로 인정됐습니다. 지금은 〈표준국어대사전〉에 "'푸르다'를 강조해 이르는 말"로 올라 있습니다. '푸르다'의 사용례에 '푸른 희망' '푸른 꿈'도 있으니, '푸르른 청춘'도 쓸 수 **있겠끔**˚ 된 거죠.

있겠끔 ⓧ 있게끔 ◉

뒤에서 자세히 설명해 드릴 건데요. "앞의 내용이 뒤에서 가리키는 사태의 목적이나 결과, 방식, 정도 따위가 됨을 나타내는 연결어미"는 '-게끔'입니다. '-게끔'은 '-게'보다 강조된 의미를 나타냅니다. '먹게 됐다'를 강조하면 '먹게끔 됐다'가 되는 거죠.

하지만 '푸르르다'를 빼박은* '누르르다'는 여전히 표준어 대접을 받지 못하고 있습니다. '푸르르다'와 '누르르다'를 모두 비표준어로 보다가 '푸르르다'만 표준어로 인정해 주는 것은 너무 이상하지 않나요? 이래서는 안 된다고 봅니다. '누르르다'도 표준어가 돼야 합니다.

그건 그렇고요. 노란색과 관련해 잘못 알려진 우리말 상식 하나가 있습니다. "벼가 다 익어 들판이 온통 누렇네" 따위로 표현하는 '누렇네'를 써서는 안 된다는 주장이 그것입니다. 처음 한글맞춤법이 제정될 때는 '누렇네'가 아니라 '누러네'

▌ '빼박다'와 '빼쏘다'와 '빼닮다'

"호랑이나 표범 무늬를 그대로 빼박은 이들 고양이를 '하이브리드캣'이라고 한다"라는 표현에서 보듯이 '빼박다'는 널리 쓰이는 말입니다. 하지만 국립국어원은 "성격이나 모습이 꼭 닮다"라는 의미로는 '빼박다' 말고 '빼쏘다'를 써야 한다고 〈표준국어대사전〉에서 밝히고 있습니다. 그러나 여러분도 그렇고, 일반인들은 '빼쏘다'를 거의 쓰지 않습니다. '우리말 전문가'라는 분들만 간혹 쓸 뿐이죠. 그런데 〈표준국어대사전〉에는 '빼쏘다'와 사용례가 비슷한 '빼닮다(생김새나 성품 따위를 그대로 닮다)'가 등재돼 있습니다. 따라서 '빼박다'는 '빼쏘다'가 아닌 '빼닮다'의 잘못으로 보는 것이 좀 더 설득력이 있습니다. 그럼에도 〈표준국어대사전〉은 '빼박다'를 '빼쏘다'로 쓰라고만 하고 있습니다. 더욱이 '빼쏘다'와 '빼닮다' 모두를 '사람'의 생김새나 성격 등에만 쓰는 말처럼 다루고 있는데, 이것도 지금의 국어생활과는 동떨어진 느낌입니다. 따라서 현실에 맞게 '빼닮다'의 사전적 의미를 확대하고, '빼박다'도 표준어로 삼아야 한다고 봅니다.

3부 '우리말 고수'가 되려면 알아야 할 우리말

로 써야 한다고 했습니다. 하지만 사람들이 '누렇네'를 많이 써 2015년에 '누렇네'도 인정하기로 했습니다.

우리말은 이런 겁니다. 표준어와 비표준어의 구분뿐 아니라 한글맞춤법 자체가 바뀌기도 합니다. 그래서 우리말 공부는 반복 학습이 중요합니다.

절대로 ✏

개거품 물지 마라

'개거품'은 꽤 널리 쓰이는 말입니다. '개고생' '개떡' '개망신' 등 좋지 않은 말이나 상스러운 말 중에 '개'가 들어가는 단어가 많다 보니, '개거품'이 바른말인 것처럼 보이기도 합니다.

하지만 "사람이나 동물이 몹시 괴롭거나 흥분했을 때 입에서 나오는 거품 같은 침"을 일컫는 말은 '게거품'이 바른말입니다. 게는 위험에 처하거나 주변 환경이 바뀌면 입에서 뽀글뽀글 거품을 뿜습니다. 사람도 흥분하면 입가에 침이 잔뜩 고이지요. 그래서 생겨난 말이 '게거품(을) 물다'입니다.

여기서 '개가 입가에 잔뜩 침을 물고 으르렁거릴 때는 개거품을 쓸 수 있지 않을까' 하는 생각이 들 수 있습니다. 그러나 이때도 '개거품'은 쓸 수 없습니다.

〈표준국어대사전〉이 "사람이나 동물이 몹시 괴롭거나 흥분했을 때 입에서 나오는 거품 같은 침"을 '게거품'으로 밝히고 있기도 하지만, 만약 '개거품'을 인정하면 '사자거품' '말거품' '소거품'이라는 말도 가능해야 하는 문제가 생깁니다. 사람이 입에 문 것은 '사람거품'이 되겠죠. 그렇게 쓸 수는 없지 않을까요?

다만 "개가 입에 거품을 물고 으르렁거렸다"라고 쓰는 것은 상관없습니다. 그러나 이를 "개가 입에 개거품을 물고 으르렁거렸다"로 써서는 안 됩니다. 이때도 개가 문 것은 '게거품'입니다.

참, '게'와 관련해 잘못 쓰기 쉬운 말이 하나 더 있습니다. 뭐냐고요? 바로 '게껍질(게껍데기)'입니다. 게장을 좋아하는 어른들은 "게껍질(게껍데기)에 비벼 먹는 밥은 정말 꿀맛이다"라는 표현을 자주 씁니다. 그러나 게의 등짝은 '껍질'이나 '껍데기'로 쓰기보다 '게딱지'로 쓰는 것이 좋습니다. '딱지'가 "게나 거북 따위의 몸을 싸고 있는 단단한 껍데기"를 뜻하거든요.

이 '게딱지'는 "집이 작고 허술함을 비유적으로 이르는 말"로도 쓰입니다. 따라서 "내가 이 개딱지만 한 땅덩이에서 너 하나 못 찾아낼 것 같았냐"의 '개딱지만 한'은 '게딱지만 한'을 잘못 쓴 사례입니다.

영계백숙의 영계가

'YOUNG鷄'?

　　　　한 독자에게서 재미난 질문을 받은 적 있습니다. "영계백숙이라는 말에서 영계의 '영'이 어리다는 뜻의 영어냐"는 게 질문의 요지였지요.

　여러분은 어떻게 생각하세요? '영계'가 'YOUNG+鷄' 같습니까? 언뜻 그럴듯해 보입니다. 인터넷에는 그렇게 주장한 글도 더러 있습니다. 하지만 그런 글은 엉터리입니다. '영계'의 '영'은 'YOUNG'과 눈곱만큼도 관계가 없습니다. 영계는 우리나라에 영어가 알려지기 전부터 쓰던 말입니다. 저와 여러분의 할아버지의 할아버지, 또 그 위의 할아버지도 '영계백숙'으로 몸을 보하셨죠.

　'영계'는 한자말 '연계'가 변한 말입니다. '연계軟鷄'는 한자 그대로 "무른 닭"을 뜻합니다. 아직 덜 성숙해 뼈가 단단히 굳지 않았다는 뜻이죠. 크기로는 병아리보다 조금 큰 닭입니다.

　우리말에서 'ㄴ'은 'ㄱ' 앞에서 'ㅇ'으로 소리 나곤 합니다. '전국적으로'가 [정국쩌그로]로, '건국대'가 [경국때]로, '반가워'가 [방가워]로 소리 나는 것처럼 말입니다. 이런 현상에 따라 '연계'가 [영계]로 소리 나던 것이 오랜 세월 동안 내려오면서 아예 '영계'로 굳어졌습니다. 이에 대해서는 〈표준국어대사전〉도 '연계軟鷄'를 "'영계'의 원말"로 밝히고 있답니다.

이를 감안하면, 젊은 층에서 쓰이기 시작한 '방가방가'가 우리말을 훼손한다는 염려는 지나친 기우가 아닌가 싶습니다. 받침 'ㄴ'이 'ㄱ' 앞에서 'ㅇ'으로 소리 나는 것은 아주 자연스러운 일이고, '연계'가 '영계'로 바뀌었듯이 '반갑습니다'가 '방갑습니다'로 바뀔 수도 있으니까요. 그때가 되면 '방가방가'도 쓸 수 있지 않을까요?

그건 그렇고, '영계'가 한자말 '연계'에서 온 것처럼, 우리말에는 순우리말(고유어)처럼 보이지만 실제는 한자말에 뿌리를 둔 것이 참 많습니다. 한국인이면 누구나 좋아할 '숭늉'도 순우리말이 아닙니다. "익힌 찬물"이란 뜻의 한자말 '숙랭熟冷'이 변한 거라고 합니다. 배추는 "하얀 채소"를 의미하는 백채白菜가 변한 거고요. 따라서 우리말 공부를 할 때 한자를 익히는 것도 아주 중요합니다.

참, 삼계탕 얘기가 나와서 하는 말인데요. 도시 외곽으로 나가면 '산닭'을 잡아 삼계탕이나 백숙을 만들어 판다는 집이 더러 눈에 띕니다. 하지만 저는 그런 집에서 '산닭'을 한 번도 보지 못했습니다. 무슨 말이냐고요?

'산닭'은 "대만 특산종으로 1000m 이상 높은 산의 숲속에 사는 꿩과의 새"입니다. 북한의 일부 지역에서는 '꿩'을 '산닭'으로 부르기도 합니다. 이 녀석으로는 닭백숙이나 삼계탕을 만

들 수 없습니다. 우리가 아는 그 닭이 아니거든요. 그렇다면 삼
계탕 등으로 먹기 전의 닭을 가리키는 말은 뭘까요? 그것은 바
로 '생닭'입니다.

'생닭'의 의미는 두 가지입니다. "살아 있는 닭"도 '생닭'이
고, "잡기는 했지만 아직 익히지 않은 닭"도 '생닭'입니다. 따
라서 '생닭' 뒤에는 '잡는다'가 와도 되고, '익힌다'는 말이 와
도 아무 이상이 없습니다.

꼬라지가 / 어때서 그래!

'목'에 접미사 '아지'가 붙어 된 말이 '모가
지'입니다. '박'에 '아지'가 붙어 '바가지'가 되기도 했습니다.
그렇다면 '꼴'에 '아지'가 붙으면 어떻게 될까요? 당연히 '꼬라
지'가 되겠죠. 그게 자연스럽잖습니까.

그러나 '꼬라지'는 현재 국어사전들이 표준어로 인정하지
않는 말입니다. '꼬락서니'의 사투리로 다루고 있죠. 정말 그럴
까요? 정말 그래야만 하는 걸까요?

저는 잔뿌리가 많은 나무가 건강하듯이 나라말도 그 가짓
수가 많아야 건강하다고 생각합니다. 그러니까 툭하면 이 말

은 사투리니 써서는 안 된다, 저 말은 북한에서나 쓰는 말이다 하며 쓰지 못하게 할 것이 아니라, 사람들이 많이 쓰고 우리 말법에 벗어나지도 않는 말이라면 표준어로 대접해야 한다고 봅니다.

하지만 지금은 아닙니다. 여러분이 무슨 시험 같은 데서 '꼬라지'를 바른말이라고 해서는 안 됩니다. 논술시험 같은 데서 '꼬라지'를 썼다가는 표준어도 모른다고 점수를 깎이기 십상이죠. 그런 시험에서는 무조건 '꼬라지' 대신 '꼬락서니'로 써야 합니다. 아직까지는요.

'꼬라지'와 같은 꼴의 말로, 정말 많은 사람이 잘못 쓰는 말로는 '싸가지'도 있습니다. '싸가지' 역시 '싹+아지' 형태로, 우리말법에 크게 어긋나지 않는 말입니다. 하지만 〈표준국어대사전〉을 비롯한 국어사전들은 하나같이 '싸가지'를 비표준어로 보고 '싹수'나 '싹'으로 쓰라고 고집하고 있습니다. 그러면서 '싹수'의 뜻으로는 "어떤 일이나 사람이 앞으로 잘될 것 같은 낌새나 징조"라고 풀어 놓았습니다. 이 뜻풀이만 놓고 보면 맞는 소리입니다. 여러분도 그럴 것이고, 저 역시 '싹수가 노랗다'를 '어떤 (긍정적인) 가능성이 없다'는 의미로 씁니다.

하지만 사람들은 '싹수가 노랗다'를 '싸가지가 노랗다'로 쓰기도 합니다. 게다가 "이런 싸가지 없는 놈"이라고 할 때는 **완전°** 달라집니다. 이때의 '싸가지 없다'는 '버릇이 없다'거나

3부 '우리말 고수'가 되려면 알아야 할 우리말

'돼먹지 못했다'는 뜻이 강합니다. '싸가지'는 뒤에 '없다'를 붙이지 않고 "이런 싸가지들 하고는…"처럼 쓰이기도 합니다. 즉 '싸가지'는 일상생활에서 '싹수'나 '싹'과 조금 같으면서 많이 다른 의미로 쓰이는 말입니다. 따라서 이제는 '싸가지'도 표준어가 돼야 한다고 생각합니다. 물론 이것 역시 저만의 생각입니다.

완전 → 완전히

언제부턴가 '완전 사랑해요' '완전 좋아' '완전 예뻐' 같은 말이 널리 쓰이고 있습니다. 하지만 이들 말은 어법에 어긋나는 표현입니다. '완전' 뒤에 동사나 형용사가 오면 다 틀린 표현으로 보면 됩니다. '완전'은 "필요한 것이 모두 갖추어져 모자람이나 흠이 없음"을 뜻하는 명사이고, 명사는 동사와 형용사를 수식할 수 없기 때문이죠. 〈표준국어대사전〉도 '완전'에 대해 '일부 명사 앞'에서 쓰인다고 분명히 밝히고 있습니다. 즉 '완전'은 '금융 시장의 완전 개방' '노사 분규 완전 타결' 따위처럼만 쓰입니다. 동사나 형용사를 수식하는 것은 부사입니다. 따라서 '완전 달라지다'는 '완전히 달라지다'로, 명사 '완전'을 부사 '완전히'로 바꿔 줘야 합니다. 하지만 '완전 사랑해요' '완전 좋아' '완전 예뻐' 등의 '완전'을 '완전히'로 고치면 아주 어색해집니다. 이때에는 '완전' 대신 '정말' '아주' '너무' '진짜' '되게' '엄청' '많이' '무척' '굉장히' 등 수많은 부사 중에서 말맛에 맞는 것을 골라 쓰면 됩니다. 이처럼 많은 말들을 놓아두고 어법에 어긋나는 '완전'을 남발하는 까닭을 정말 모르겠습니다.

2차선으로 달리면
사고 난다

우리말을 바르게 쓰려면 무엇보다도 먼저 표준어규정과 한글맞춤법을 익혀야 합니다. 하지만 그에 못지않게 중요한 것이 있습니다. 말을 논리에 맞게 사용하는 것이죠.

그런 점에서 "2차선으로 달리던 차가 갑자기 3차선으로 차선을 변경해 사고가 났다"거나 "1차선으로 붙어 가자"라고 하는 말은 한 번쯤 생각해 볼 필요가 있습니다. 차는 원래 '차선' 위를 달려서는 안 되니까요.

'차선'이 뭡니까? "자동차 도로에 주행 방향을 따라 일정한 간격으로 그어 놓은 선"이잖아요. 그 위를 달렸다가는 어떻게 되겠어요? 다른 차와 부딪치겠죠. 차선 위를 달리는 차, 생각만 해도 아찔합니다.

차가 달려야 하는 곳은 '차로車路'입니다. "차가 다니는 길"이 '차로'이니까요. 따라서 앞의 예문들은 "2차로로 달리던 차가 갑자기 3차로로 차로를 변경해 사고가 났다"거나 "1차로로 붙어 가자"라고 써야 바른 표현이 됩니다.

물론 여기에는 이론도 있습니다. 사람들이 많이 쓰니까 쓸 수 있지 않으냐는 겁니다. 국립국어원도 오락가락합니다.

국립국어원 누리집을 보면 "'차선'은 자동차 도로에 주행 방향을 따라 일정한 간격으로 그어 놓은 선이고, '차로'는 사람이 다니는 길 따위와 구분하여 자동차만 다니게 한 길이다. 따라서 '차선으로 끼어들다'가 아닌 '차로로 끼어들다'와 같이 쓰는 것이 맞다"라는 답변과 "'차선'이라는 표현이 틀린 것은 아니다. 그리고 '차로를 지키다, 차로를 침범하다, 차로를 바꾸다'보다는 '차선을 지키다, 차선을 침범하다, 차선을 바꾸다'와 같은 표현을 더 자연스럽게 사용한다. 이에 따라 '끼어들기'의 뜻풀이에 있는 '차선'을 '차로'로 꼭 고쳐야 한다고 보지는 않는다"라는 답변도 있습니다.

이런 것이 우리말이기도 합니다. 우리 말글살이 최고기관의 최고 전문가끼리도 의견이 엇갈리는 게 우리말입니다. 두 답변을 보면 한 사람은 규범에 충실했고, 한 사람은 언중의 말씀씀이를 중요하게 생각한 듯합니다. 저는 두 주장이 다 맞다고 봅니다. 하지만 하나를 선택해야 한다면, 저는 일단 앞의 주장을 받아들일 겁니다. 차선과 차로를 정확히 구분해 써야 할 필요가 있다고 보기 때문입니다.

그러나 모든 사람이 차선과 차로를 섞어 써 구분이 불필요해지고, 국어사전에 '차선=차로'로 뜻풀이가 오른다면 뒤의 주장을 받아들일 겁니다. 말의 주인은 그 말을 쓰는 사람들이지, 몇몇 전문가들이 아니니까요. 여러분의 생각도 저랑 같으시죠?

이처럼 여러분이 우리말을 바르게 쓰기 위해서는 전문가들의 얘기에 귀를 기울이는 것도 중요하지만, 자신만의 명확한 기준을 가질 필요도 있습니다. 저처럼요.

운전 중에 ✏️
끼여들기 하지 마세요

자동차와 관련해 자주 틀리는 말에는 '끼여들기'도 있습니다. "차가 옆 차로로 무리하게 비집고 들어서는 일"을 뜻하는 말은 '끼여들기'가 아니라 '끼어들기'입니다.

사람들이 '끼어들기'를 자꾸 '끼여들기'로 쓰는 것은 발음 탓인 듯싶습니다. 하지만 '끼이다'가 '끼다'의 피동형인 것을 생각하면 '끼여들기'가 왜 잘못된 말인지 금방 알 수 있습니다.

자동차를 운전하다가 옆 차로로 들어가는 것은 누구의 의지로 하는 거죠? 운전자 자신이 하는 거 아닌가요? 그러니까 '끼어들기'가 되는 겁니다.

'끼여'는 '끼이다'가 기본형인데, '끼이다'는 남에 의해서 자신이 끼움을 당한 것이거든요. 게다가 〈표준국어대사전〉은 "자기 순서나 자리가 아닌 틈 사이를 비집고 들어서다"라는 의미의 말로 '끼어들다'를 표제어로 올려놓았답니다.

그닥

마음에 들지 않겠지만…

요즘 여러분이 자주 쓰는 말 중에 '그닥'이라는 거 있죠?

"그러니까 학교생활이란 것을 설명하라면, 뭐 그닥 할 말이 없다" 따위로 쓰는 '그닥' 말입니다. 여러분뿐 아니라 인터넷 포털 사이트의 댓글은 물론이고, 방송에서도 "그닥 흥미가 가지 않을 듯…" "장기적으로 본다면 지금의 상황이 그닥 나쁘지만은 않다" 따위로 말하는 사람들이 적지 않습니다.

어느 포털 사이트의 '오픈 국어사전'에는 '그닥'이 "그다지" 또는 "별로"를 뜻하는 말로 버젓이 올라 있기도 합니다. 그러나 '그닥'은 바른말이 아닙니다. 또 사람들이 널리 써도 지금으로서는 표준어로 대접받기 힘든 말이기도 하고요.

'그닥'은 '그다지'에서 왔다고 볼 수 있는데, '그다지'가 줄면 '그닺'이 되지, '그닥'은 될 수 없기 때문입니다. 물론 '그닺' 도 바른말이 아닙니다.

하지만 '그닥'이 표준어가 될 가능성이 아주 조금은 있습니다. 북한에서는 '그닥지'라는 말이 "그다지"라는 의미로 쓰이거든요. 따라서 '그닥지'가 남과 북에서 함께 쓰는 말로 인정받으면 '그닥지'의 준말로 '그닥'을 쓸 수도 있을 듯합니다. 하지만 그것은 아주 오랜 시간이 지난 뒤의 얘기이지 지금은 아닙니다.

손은
시렵지 않다

"손이 시려워 꽁, 발이 시려워 꽁" 하는 노래가 있습니다. 아마 여러분도 이 노래를 많이 불렀을 겁니다. 저도 참 많이 불렀죠.

그런데 아무도 의심하지 않았겠지만, 이 노래 속의 '시려워'는 바른말이 아닙니다. 아무리 **오돌오돌**˚ 떨어도 손이 시려울 수는 없거든요. 무슨 뚱딴지같은 소리냐고요? 하도 많이 쓰는 말이라 믿어지지 않겠지만, '시려워'는 분명 우리말법에 어긋나는 말입니다.

오돌오돌 → 오들오들

'오돌오돌'은 "작고 여린 뼈나 말린 날밤처럼 깨물기에 조금 단단한 상태" "작은 것이 잘 삶아지지 아니한 모양" "오동통하고 보드라운 모양" 등을 뜻하고, "춥거나 무서워서 몸을 잇따라 심하게 떠는 모양"을 의미할 때는 '오들오들'로 써야 합니다.

3부 '우리말 고수'가 되려면 알아야 할 우리말

'시려워'가 바른 표기가 되기 위해서는 우선 '시렵다'라는 말이 있어야 합니다. '가렵다'가 '가려워'로, '마렵다'가 '마려워'로, '어렵다'가 '어려워'로 활용하는 것처럼 '시렵다'라는 말이 있어야 '시려워'라는 글 꼴이 만들어질 수 있습니다.

그러나 우리말에 '시렵다'는 없습니다. "몸의 한 부분이 찬 기운으로 인해 추위를 느낄 정도로 차다" 또는 "찬 것 따위가 닿아 통증이 있다"라는 뜻의 말은 '시리다'뿐입니다. 그리고 '기리다'가 '기려(기리+어)'로, '비리다'가 '비려(비리+어)'로 활용하듯이 '시리다'는 '시려(시리+어)'로 활용합니다. '기리다'를 '기려워'로 활용할 수 없듯이 '시리다'도 '시려워'로 활용할 수 없는 거죠.

'시렵다'라는 말이 없기 때문에 '손이 시렵고' '손이 시려우면' '너, 손 시렵지?' 등도 쓸 수가 없습니다. '시리다'를 활용해 '손이 시리고' '손이 시리면' '너, 손 시리지?' 따위로 활용해야 합니다. 이에 대해서는 〈문법 편〉에서 여러분이 조금 더 깊이 배울 수 있도록 할게요.

참, 손과 발이 시린 겨울 하면 가장 먼저 떠오른 것이 눈인데요. 많은 사람이 눈 이름을 모르고 사는 듯합니다. 아마 여러분도 '함박눈' 외에는 거의 모르고 계실 듯합니다. 해서 재미난 눈 이름 몇 가지 알려 드릴까 합니다.

눈송이가 큰 '함박눈'과 달리 눈송이가 작은 눈은 '가루눈'

✦ 우리말에 '시렵다'는 없습니다. "몸의 한 부분이 찬 기운으로 인해 추위를 느낄 정도로 차다" 또는 "찬 것 따위가 닿아 통증이 있다"라는 뜻의 말은 **'시리다'**이므로 '시렵지?' 가 아니라 **'시리지?'**라고 표현하는 게 맞습니다.

이고, 초겨울 들어 조금 내린 눈은 '풋눈'이며, 가늘고 성기게 내리는 눈은 '포슬눈'이고, 갑자기 세차게 쏟아지다가 곧 그치는 눈은 '소나기눈(소낙눈)'이라고 합니다. 또 밤사이에 사람들이 모르게 내린 눈은 '도둑눈'이고, 그렇게 내려서 아무도 밟지 않아 쌓인 상태 그대로의 깨끗한 눈을 가리키는 말은 '숫눈'입니다. 그리고 '진눈깨비'는 "눈이 녹아서 비와 섞여 내리는 눈"이라는 뜻풀이를 감안할 때 비가 아니라 눈으로 봐야 합니다. '싸라기' 역시 눈의 일종이며, '싸래기'는 틀린 표기입니다.

따라서 여러분은 이제 "잠든 사이에 함박눈이 **소복히**˙ 쌓였다"라거나 "흰 눈 위에 그의 이름을 썼다"라는 등의 표현은 쓰지 마세요. 눈이 쌓인 것만 보고 밤새 내린 눈이 함박눈인 것을 알 수 없잖아요. 도둑눈이 쌓였다고 해야죠. 또 눈은 원래 하얗습니다. 누구나 눈을 하얗다고 생각하는데, '흰 눈' 같은 말을 자꾸 쓰면, 글재주가 없는 것처럼 보일 수 있습니다.

소복히 ⊗ 소복이 ◉

"쌓이거나 담긴 물건이 볼록하게 많이"를 뜻하는 부사는 '소복이'입니다. '소복이'의 큰말은 '수북이'이고요. 〈문법 편〉에서 '-이'와 '-히'의 구분법을 자세히 설명해 놓았는데요. 여기서는 일단 '깊숙이' '말쑥이' '빽빽이' 따위처럼 어근에 'ㄱ' 받침이 있는 말은 '-히'보다 '-이'가 붙어 부사가 되는 사례가 많다는 것 정도만 알고 넘어가자고요.

민들레는
홀씨로 번식하지 않는다

대구가 고향인 시인 이상화는 '빼앗긴 들에도 봄은 오는가'에서 "나비, 제비야, 깝치지 마라. 맨드라미, 들마꽃에도 인사를 해야지"라고 했습니다. 여기서 '깝치다'는 "신이 나서 몸이나 몸의 일부를 방정맞게 움직이다"를 뜻하는 경상도 사투리랍니다. 경남 하동군 평사리를 무대로 한 박경리의 소설 〈토지〉에도 '깝치다'가 나오죠.

그런데 이 **싯구***의 '맨드라미'는 아주 이상합니다. 닭의 볏처럼 생긴 꽃을 피워 계관화^{鷄冠花}로도 불리는 맨드라미는 봄하고 전혀 어울리지 않기 때문입니다. 이 꽃은 한여름에 핍니다. 게다가 관상용으로 키우는 꽃으로, 우리네 들판에서 쉬 볼 수도 없습니다.

이 때문에 학자들은 '빼앗긴 들에도 봄은 오는가' 속의 맨

▌ 싯구 ⊗ 시구 ◎

"시의 구절"을 뜻하는 말로 '싯구'를 많이 쓰는데요. 〈문법 편〉의 사이시옷 규정 설명에서 배우겠지만, 한자말 중에서는 단 여섯 단어만 빼고 사이시옷이 절대 못 들어갑니다. 아울러 시구(詩句)를 '싯귀'로 쓰는 일도 흔한데, 이 말 역시 표준어가 아닙니다.

3부 '우리말 고수'가 되려면 알아야 할 우리말

드라미를 '민들레의 경상도 사투리'로 봅니다. 시에는 '고맙게 잘 자란 보리밭'과 '마른논을 안고 도는 착한 도랑'이라는 구절도 나오는데, 봄볕 아래로 보리밭 가는 길과 도랑 근처에서 흔히 볼 수 있는 것이 민들레이니까요. 전라도에서도 민들레를 '맨드라미'와 비슷한 '미느라미'로 부릅니다.

민들레는 참 흔한 꽃입니다. 옛날에는 이 집 저 집 '대문 둘레'에도 뿌리를 내렸습니다. 그래서 민들레의 또 다른 이름이 '문둘레'입니다. '문둘레'는 국립국어원 '우리말샘'에 "민들레의 평안·함남·황해 방언"으로 올라 있기도 합니다. 민들레를 '문둘레가 변한 말'로 보기도 하죠.

우리와 참 친숙한 민들레 하면 문득 '홀씨'가 함께 떠오릅니다. 가수 박미경 씨가 부른 '민들레 홀씨 되어'라는 노래 때문일 겁니다. 그런데 이 노래가 워낙 많이 불리다 보니, 민들레 꽃이 진 뒤에 생기는 '하얀 뭉치'를 홀씨로 생각하는 사람들이 많습니다. 민들레가 홀씨로 번식한다고 아는 사람들도 많고요. 여러분도 그렇게 생각하셨죠?

하지만 노란 꽃이 진 뒤에 생기는 흰색의 털 뭉치 같은 것은 홀씨가 아닙니다. 민들레는 절대로 홀씨로 번식하지 않거든요.

홀씨를 한자말로는 '포자胞子'라고 합니다. 여러분도 잘 아는, 이끼류나 곰팡이류가 이 포자로 번식합니다. 그러나 민들레는 분명 꽃이 피는 식물입니다. 꽃이 피니 당연히 씨앗이 있습니다. 하얀 털 뭉치가 바로 씨앗들이 엉켜 있는 거지요.

우리 조상님들은 그것을 보고 마치 민들레가 상투를 틀거나 갓을 쓴 것 같다고 해서 '상투털'과 '갓털'이라는 이름을 지어 주셨습니다. 기막힌 작명이죠. 이를 북한에서는 '우산털'이라고 합니다. 민들레가 우산을 쓰고 있다는 건데요. 이 이름도 참 그럴듯합니다.

민들레가 필 무렵이면 진달래꽃도 피어 있습니다. 그리고 진달래 하면 시인 김소월이 함께 떠오릅니다. 그런데 김소월의 시 '진달래꽃'에는 "놓인 그 꽃을 사뿐히 즈려밟고 가시옵소서"라는 대목이 있습니다. 이 때문에 많은 사람이 '즈려밟다'가 "위에서 내리눌러 밟다"라는 의미의 바른말인 줄 아는 듯합니다.

하지만 '즈려밟다'는 바른말이 아닙니다. '즈려밟다'와 함께 많이 쓰이는 '지려밟다'도 바른말이 아니고요. 〈표준국어대사전〉은 '즈려밟다'의 바른말은 '지르밟다'라고 밝히고 있습니다. 이때의 '지르-'는 '내리누르다'라는 의미를 지니고 있지요. "신이나 버선 따위를 뒤축이 발꿈치에 눌리어 밟히게 신다"를 뜻하는 말이 '지르신다'이고, "아랫니와 윗니를 꼭 눌러 물다"를 의미하는 말이 '지르물다'이거든요.

이렇듯 우리가 흔히 부르는 노래나 잘 아는 시에는 상식 밖의 표현도 많고, 비표준어도 많습니다. 바른 표현으로 노랫말을 만들거나 표준어만 고집하다가는 운율이 살지 않는 경우도 있기 때문이죠.

모닥불 피워 놓고는
오래 못 논다

"모닥불 피워 놓고 마주 앉아서 우리들의 이야기는 끝이 없어라~"라는 노랫말이 귀에 익은, 가수 박인희 씨의 '모닥불'은 한 40년쯤 전에 엄청 인기를 끈 곡입니다. 그런데 이 노랫말에도 잘못 쓰인 말이 있습니다. 바로 '모닥불'입니다. 모닥불은 "잎나무나 검불 따위를 모아 놓고 피우는 불"이거든요. 이런 불은 오래 가지 않습니다. 불꽃도 그리 크지 않고, 오랫동안 사랑의 얘기를 나누기에는 너무 '빈약한' 불입니다.

그러면 우리가 캠프파이어를 하며 피우는 불은 뭘까요? 그것은 바로 '화톳불'입니다. "한곳에 장작 따위를 모으고 질러 놓은 불"이 화톳불이거든요. "장작으로 피운 불"이라는 의미에서는 '장작불'도 쓸 수 있습니다.

말은 그렇지만, 이 노래를 "화톳불 피워 놓고 마주 앉아서…"나 "장작불 피워 놓고 마주 앉아서…"라고 부르려니, 어째 노래 맛은 뚝 떨어집니다.

그건 그렇고요. 여기서 하나 더 짚고 넘어갈 것이 있습니다. 〈표준국어대사전〉에 분명 '모닥불'은 "잎나무나 검불 따위를 모아 놓고 피우는 불"로만 설명돼 있습니다. 불꽃은 별로 없고 연기만 잔뜩 나는 이런 불을 가운데에 놓고 빙 둘러앉아 신나게 놀기는 좀 그렇습니다. 모기나 쫓으면 다행이죠.

그런데 〈표준국어대사전〉에 올라 있는 '캠프파이어campfire'의 뜻풀이를 보면 "야영지에서 피우는 모닥불. 또는 그것을 둘러싸고 하는 간담회나 놀이"라고 돼 있습니다. 이는 〈표준국어대사전〉 제작에 참여한 우리말 전문가들도 '모닥불'의 의미를 모르고 있었다는 사실을 **반증**˙합니다.

따라서 '모닥불'의 뜻풀이는 확대돼야 합니다. '화톳불'과 같은 의미로도 쓰일 수 있도록요. 여러분도 제 생각과 같으시죠?

반증 → 방증

'반증'은 "어떤 사실이나 주장이 옳지 아니함을 그에 반대되는 근거를 들어 증명함"을 뜻합니다. '뒤집을 반(反)'에 '증거 증(證)' 자를 쓰죠. 반면 '방증'은 "사실을 직접 증명할 수 있는 증거가 되지는 않지만, 주변의 상황을 밝힘으로써 간접적으로 증명에 도움을 줌"을 뜻합니다. '곁 방(傍)'에 '증거 증(證)' 자를 쓰고요. 제가 그동안 교열 일을 하면서 경험한 것으로는 글쓴이가 '반증'을 쓴 경우 백 번 가운데 아흔아홉 번은 '방증'을 잘못 쓴 사례더라고요.

3부 '우리말 고수'가 되려면 알아야 할 우리말

여러분은 쓰지 마세요

　　　　"남이사 엉덩이로 밥을 푸든 허벅다리로 밥을 푸든 무슨 상관이래?" "남이사 옷을 어떻게 입고 다니든, 당신이 웬 상관이에요" 따위 문장에서 보이는 '남이사'는 많은 이들의 입에 오르내리는 말입니다.

　'남이사'의 유래에 대해서는 여러 가지 설이 있습니다. "남의 사事가 변한 말"이라는 주장도 그중 하나입니다. '사事'가 "일"이니까 "남의 일에 왜 끼어드느냐"를 줄여서 '남의 사'라고 부르던 것이 발음하기 편한 '남이사'로 바뀌었다는 추론이죠.

　얼핏 그럴듯하게 들립니다. 실제로 '남+의+(명사)'로 구성된 '남의집살이'(남의 집안일을 해 주며 그 집에 붙어사는 일, 또는 그런 사람) 등이 표준어로 올라 있기도 합니다.

　하지만 제 생각엔 '남이사'는 '남의 사'가 변한 말이 아니라 '남이야'의 사투리로 보는 것이 더 타당할 듯싶습니다. "남이야 뭘를 하든, 네가 무슨 상관이야"라며 쓰는 '남이야' 말입니다.

　사실 경상도와 전라도에서는 '야'를 '사'로 소리 내는 경우가 많습니다. "이제야 왔다"를 "이제사 왔다"로 쓰기도 하잖습니까. 게다가 〈표준국어대사전〉에도 '사'가 '야'의 방언으로 올라 있습니다.

아무튼 '남이사'도 '이제사'도 표준어가 아닙니다. '남이야'와 '이제야'로 써야 합니다. 아, '그제사'도 있네요. 이것 역시 '그제야'가 바른 표기입니다.

'넨들'이 없으니 ✎
'낸들'도 없다

"낸들 하고 싶어 했겠냐?" "본인이 가기 싫다는데 낸들 어쩌라고?"

위의 예문에서 보이는 '낸들'은 참 많이 쓰이는 말입니다. 소설 같은 데서도 많이 보이고, 우리 입에도 무척 익은 말이죠. '낸들'은 얼핏 보면 '나인들'의 준말 같습니다. 바른말처럼 생각되는 거죠.

실제로 우리말에 '-인들'이 있습니다. "'-라고 할지라도'의 뜻을 가진 보조사"로, 어떤 조건을 양보해 인정한다고 해도 그 결과로 기대되는 내용이 부정됨을 나타내는 말입니다. 의문문에 쓰이기도 합니다.

"절망의 끝에서 무슨 생각인들 못하겠느냐마는 그래도 그런 마음을 먹으면 안 된다"라거나 "민용이의 마음인들 오죽 아프겠니?" 따위가 '-인들'의 용례입니다.

하지만 앞의 예문에서 보듯이 '인들'은 끝소리에 받침이 있는 명사에만 붙습니다. '생각'이나 '마음'에는 'ㄱ'과 'ㅁ' 받침이 있잖습니까.

그러나 '나'에는 받침이 없습니다. 이렇게 받침이 없을 때는 '인들'이 아니라 'ㄴ들'을 써야 합니다. "말로야 무슨 소린들 못 하겠어요?"처럼 말입니다. 파인 김동환의 시 '산 너머 남촌에는'에도 "밀 익는 오월이면 보리 내음새 어느 것 한 가진들 실어 안 오리"라는 구절이 나오지요.

결국 '낸들'은 '난들'로 써야 하는 겁니다. "난들 하고 싶어 했겠냐?"라거나 "본인이 가기 싫다는데 난들 어쩌라고?"로 써야 하는 거죠.

이는 '나(내)'와 대립하는 '너(네)'로 바꿔 보면 더욱 확실해집니다. "넌들 그러고 싶어서 그랬겠냐"를 "넨들 그러고 싶어서 그랬겠냐"로 쓰지는 않습니다. 즉 '넨들'로 쓰지 않으니 '낸들'로도 못 씁니다.

정말 왜 그러는지 모르겠습니다. 🖉

짜증나게시리…

저는 우리말을 전문적으로 연구하는 언어

학자나 국어학자가 아닙니다. 열심히 기사를 쓰는 신문사 기자죠. 조금 특별한 것이 있다면 다른 기자들의 기사를 '검열'하는 교열자를 겸하고 있다는 것뿐입니다.

이렇게 두 가지 일을 하다 보니 더러는 말글살이에서 고충을 겪기도 합니다. 기자로서는 사람들이 다 쓰는 말이니 저 역시 쓰고 싶은데, 국어학자들이 '비표준어'로 묶어 놓아 교열자로서 쓸 수 없는 말이 많기 때문입니다. 앞에서 얘기한 '싸가지'나 '꼬라지' 같은 것 말이죠.

글맛을 위해서는 쓰고 싶은데, 비표준어니 쓸 수는 없고…. 그럴 때면 **고민**˚하느라 머리에 쥐가 날 정도입니다. 그러다가 결국에는 쓰지 못하는 말들이 많습니다.

▍'고민'과 '고심'

일반인들은 '이런' 뜻으로 쓰는데, 국어사전들은 '저런' 뜻이라고 설명해 놓은 말이 많습니다. '고민(苦悶)'이 대표적 사례입니다. 여러분도 지금까지 국어사전의 뜻풀이와는 전혀 다른 의미로 '고민'을 써 왔을 겁니다. 〈표준국어대사전〉이 풀이해 놓은 '고민'의 뜻은 "마음속으로 괴로워하고 애를 태움"입니다. "피자를 먹을지 치킨을 먹을지 고민이다" "행복한 고민이다" 같은 말로는 쓸 수 없는 뜻풀이죠. 고심(苦心)도 사람들은 "깊이 생각함" 정도로 쓰는데, 〈표준국어대사전〉은 "몹시 답답하게 하거나 안타깝도록 속을 끓이다"라는 의미라고 밝히고 있습니다. '생각하다' '갈등하다' '망설이다' '숙고하다' 등을 문장의 의미에 맞춰 쓰지 않고 '고민'이나 '고심'으로 대충 얘기하는 것은 분명 바람직하지 않습니다. 하지만 일반인들의 언어생활을 살피지 못하고 있는 국어사전들도 문제가 있다고 봅니다.

3부 '우리말 고수'가 되려면 알아야 할 우리말

'짜증나게시리'의 '-게시리'도 그런 말 가운데 하나입니다. '-게시리'는 언론에서도 흔히 쓰고, 사람들도 '촌스럽게시리' '얄밉게시리' '어처구니없게시리' 따위를 자연스럽게 씁니다. 그런데도 국어사전들은 이 말을 "'-게끔'의 잘못"이라며 절대 쓰지 못하게 하고 있습니다.

'-게끔'은 "동사 어간이나 어미 '-으시-' 뒤에 붙어 앞의 내용이 뒤에서 가리키는 사태의 목적이나 결과, 방식, 정도 따위가 됨을 나타내는 연결어미"입니다. "우리는 트럭이 지나가게끔 길가로 비켜섰다" "각자 분수에 맞게끔 생활해야 한다" "**뒷탈**°이 없게끔 마무리를 잘해라" 따위로 쓰이는 말이죠.

그런데 앞의 예문에 있는 '-게끔'의 자리에 '-게시리'를 넣으면 표현이 조금 어색해집니다. 따라서 '-게끔'에 비해 왠지 촌스러운(?) 느낌이 드는 '-게시리'는 진짜 '-게끔'의 사투리처럼 보이기도 합니다.

그러나 조금 깊이 생각하면 여러분도 '-게끔'과 '-게시리'는 아주 다른 말임을 알 수 있을 겁니다. 뭐냐면 말이죠. 우선

 뒷탈 ⊗ 뒤탈 ◉

〈문법 편〉에서 사이시옷을 설명하며 자세히 알려 드릴게요. 일단 '뒤꿈치' '뒤풀이' 등처럼 된소리(ㄲ, ㄸ, ㅃ, ㅆ, ㅉ)와 거센소리(ㅊ, ㅋ, ㅌ, ㅍ)로 시작하는 말 앞에는 사이시옷이 붙지 않는다는 것 정도만 알아 두세요.

"먹게끔 하는 것이 좋겠다"에서 보듯이 '-게끔'의 뒤에는 반드시 동사가 와야 문장이 됩니다. '-게끔'이 '연결어미'라는 증거죠. 그러나 '-게시리'는 꼭 그렇지가 않습니다. "왜 그래? 촌스럽게시리"처럼 독립적으로도 쓰이거든요. 또한 "아프가니스탄 전쟁 등 미국 주도의 전쟁이 끝나고 나면 이상하게시리 한반도에서 긴장이 격화되는 상황이 반복되고 있다" 같은 예문 속의 '이상하게시리'는 '이상하게끔'으로는 쓸 수가 없습니다.

따라서 '-게끔'과 '-게시리'는 '-게'에서 나온 '이란성 쌍둥이'라는 것이 제 생각입니다. 각자가 튼튼한 생명을 가진 다른 말이라는 거죠. 그러니까 예전에는 어땠는지 몰라도 이제는 '-게시리'를 표준어로 인정하고, 그에 걸맞은 뜻풀이를 올려놓아야 한다고 생각합니다.

우리나라에서는
등멱을 못 한다

예전에는 무더운 날이면 밖에 나갔다가 돌아와서 꼭 '등목'을 했습니다. 지금이야 웬만한 집이면 목욕 시설이 있어 쉽게 몸을 씻고 더위를 식힐 수 있지만, 제가 중학교에 다닐 때만 해도 '등목'이 최고의 여름나기 비법이었지요.

땀에 **쩔은**˚ 몸으로 학교에서 집으로 돌아오면 어머니께서
는 저를 우물가에 엎드리게 하고는 펌프로 차디찬 지하수를
퍼 올려 등에 뿌려 주시곤 했습니다. 그 시원한 물 한 바가지면
여름 한낮의 더위도 말끔히 사라졌지요.

그런데 말이죠. 제가 대학에 들어가 우리말에 관심을 갖게
되면서, 그동안 20년 넘도록 '등목'으로 부르던 것이 '등목'이
아니라는 사실을 처음 알게 됐습니다. "팔다리를 뻗고 엎드린
사람의 허리 위에서부터 목까지를 물로 씻어 주는 일"이 '등
목'이 아니라 '목물'이라는 사실에 깜짝 놀랐죠. '내가 정말 촌
놈이었구나. 서울 사람은 쓰는 말도 다르구나' 하는 생각이 들
어 신기하기도 했고요.

하지만 우리 가족은 물론 우리 동네 사람들이 죄다 사용하
는 '등목'이 바른말이 아니라는 점은 왠지 마뜩하지 않았습니
다. 좀 찜찜했죠. 그런 기분으로 10여 년을 보냈습니다. 그러다
〈표준국어대사전〉이 세상에 나오면서 언짢던 마음이 조금은 사
라졌습니다. 드디어 '등목'이 표제어로 올랐거든요. 또 '등목'에

📑 **쩔은 ⊗ 전 ◉**

우리말 중 표준어에 '쩔다'가 없습니다. 따라서 '땀에 쩐' '땀에 쩔은' 같은 표
현은 무조건 틀린 말입니다. 이러한 '쩐'이나 '쩔은'은 '전'으로만 써야 하는
데요, 그 이유는 〈문법 편〉에 자세히 나와 있답니다.

이어 10여 년 후에는 '등물'도 복수 표준어로 인정됐습니다.

이처럼 바른말의 기준은 세월에 따라 변하는 겁니다. 지금의 사투리가 내년에는 표준어 대접을 받을 수도 있는 거죠. 따라서 사투리라고 무조건 못 쓰게 하는 것은 바람직하지 않습니다. 한글맞춤법에 어긋나게 쓰는 것은 바로잡아야 하지만, 사투리는 사투리라는 사실만 알고 있으면 됩니다. 또 사투리를 쓰는 것이 훨씬 어울리는 상황이라면 당연히 사투리를 써야 한다는 게 저의 생각입니다.

그건 그렇고요. '등목' '목물' '등물' 등은 복수 표준어지만, 이에 못지않게 널리 쓰이는 '등멱'은 아직 표준어 대접을 못 받고 있습니다. 우리 어르신들이 널리 쓰는 말이고, 특히 북한에서는 '등멱'이 당당히 문화어 대접을 받는데도 말이죠.

사실 '등목' '목물' '등물' '등멱' 중에서 어원이나 맞춤법을 따진다면 '등멱'이 가장 표준어에 가까워 보입니다. '등멱'은 '등+멱'의 구조로 해석되는 말인데요. 여기서 '멱'은 '미역'의 준말이거든요. '미역'이 뭔지는 아시죠? 바다에서 나는 해조류 아니냐고요? 국 끓여 먹는 거! 에이~ 아닙니다. 국을 끓이는 재료인 미역도 있지만, "냇물이나 강물 또는 바닷물에 들어가 몸을 담그고 씻거나 노는 일"도 '미역'이라고 합니다. 따라서 냇가 등지에 가지 못하고 집에서 간단히 등만 씻는 일을 나타낼 때는 '등멱'이 가장 그럴싸합니다.

하지만 이것은 제 생각일 뿐이고, '등멱'은 표준어가 아닙니다. 북한 문화어입니다.

행사장에서 ✎
지나친 높임은 결례다

제가 앞에서 예절도 지나치면 오히려 예절에 어긋난다고 얘기했는데요. 그런 광경을 흔히 볼 수 있는 곳이 행사장입니다. 행사에 참석해 있다 보면 귀에 거슬리는 말을 자주 듣게 됩니다. 행사가 시작되자마자 사회자가 하는 "먼저(지금부터) 국민의례가 있겠습니다"라는 표현도 그중 하나입니다.

'먼저 국민의례가 있겠습니다'는 그동안 논란이 많았던 표현입니다. 우리말 전문가들은 '있겠습니다'라는 말 속에 들어 있는 어미 '-겠-'이 "내가 가겠다" "그만하겠다" 따위 예에서 보듯이 말하는 사람의 의지를 나타낸다는 사실 등 여러 이유를 들어 잘못된 표현이라고 지적해 왔습니다. 그러면서 '먼저 국민의례가 있겠습니다'는 '먼저 국민의례를 하겠습니다'로 써야 한다고 주장했죠. 얼핏 들어도 설득력이 꽤 강한 이야기입니다.

하지만 국립국어원은 "'있겠습니다'보다는 '하겠습니다'가 더욱 자연스러운 표현으로 보이지만, '있겠습니다' 자체를 잘 못된 표현이라고 할 수는 없다"라고 밝혔습니다. 국립국어원 이 이런 논리를 편 데는 그만한 이유가 있습니다.

우선 일반인들이 그런 표현을 널리 쓰고, 그다지 어색해 하지 않습니다. 그뿐 아니라 정부가 정한 대통령 훈령인 국민 의례규정 예시안이 오랫동안 '먼저 국민의례가 있겠습니다' 라고 표현하도록 문자로 밝혀 두고 있었습니다. 이를 국립국 어원이 말법만을 내세워 무시하기는 힘들었을 것으로 여겨 집니다.

하지만 수년 전에 정부가 국민의례 규정을 일부 개정하면 서 '사회자 멘트 등 국민의례 진행요령'도 개정했는데요. 여기 서 그동안 논란이 됐던 '먼저 국민의례가 있겠습니다'라는 표 현을 '먼저 국민의례를 하겠습니다'로 바꿨습니다. 좀 더 적극 적이면서 우리말다운 표현으로 쓰도록 한 것이죠.

따라서 사회자는 이제 행사장에서 '먼저 국민의례가 있겠 습니다'가 아니라 '먼저 국민의례를 (시작·진행)하겠습니다'라 고 말해야 합니다. 그것이 정부의 규정을 따르는 일입니다.

정부는 또 '사회자 멘트 등 국민의례 진행요령'에서 "순국 선열 및 호국영령에 대한 묵념이 있겠습니다"를 "순국선열과 호국영령에 대한 묵념을 올리겠습니다"로 고쳤습니다. '및'이

주는 딱딱한 어감을 피하고, **예삿말°** '있다'를 높임말 '올리다'
로 바꾼 것이죠. 바꾼 표현이 훨씬 좋아 보입니다.

그런 점에서 "애국가 제창이 있겠습니다"도 고쳐 써야 합
니다. '제창'은 "같은 가락을 두 사람 이상이 동시에 노래하다"
를 뜻하는 말로, 그 뒤에는 '-하다'가 붙는 것이 자연스럽습니
다. "애국가 제창이 있겠습니다"라고 말하는 것보다 "애국가를
제창하겠습니다"라고 하는 것이 더 우리말답다는 얘기죠. "다
함께 애국가를 부르겠습니다"라고 해도 좋고요.

행사장에서 많이 듣는 "○○○ 님을 소개해 올리겠습니
다"라는 말도 예의에 어긋나는 표현으로, 바르게 고쳐 써야
합니다. 행사에 참석한 사람들은 아주 다양한 계층 또는 연
령층으로 이뤄져 있기 마련입니다. 그중에는 소개할 대상보
다 지위가 높거나, 지위가 낮더라도 나이가 많은 분들도 있
겠지요.

따라서 사회자는 소개할 사람과 자신의 관계보다 그 말을
듣는 사람을 먼저 배려해야 합니다. 공식적인 자리에서는 주체

예삿말 ⊗ 예사말 ◉

이것 역시 〈문법 편〉에서 사이시옷을 설명하며 자세히 알려 드릴 겁니다.
여기서는 '예사말' 외에 '머릿말'과 '인삿말'도 '머리말'과 '인사말'로 써야 한
다는 것만 알고 넘어가자고요.

든 객체든 지나치게 높이는 것은 '무조건' 결례입니다. "○○○ 님을 소개합니다" 정도면 충분합니다.

또 행사장의 축사 따위에서 자주 듣는 "교장선생님(원장님) 이하 모든 교직원(임직원)의 노고에 감사드립니다" 따위 표현에서 보이는 '이하'도 문제의 낱말입니다. 교장선생님(원장님) 도 교직원(임직원)입니다. 모두 그 조직의 구성원이죠.

그런데 '이하'를 집어넣으면 교장선생님과 교직원을 위계位階 적으로 구분하는 표현이 됩니다. 게다가 문장의 의미에서도 감사드리는 대상에서 교장선생님은 제외되고 맙니다. 교장선생님을 높인 것이 아니라 '왕따시킨' 셈이죠. 따라서 "교장선생님(원장님) 이하 모든 교직원(임직원)의 노고에 감사드립니다"는 "교장선생님(원장님)과 교직원들의 노고에 감사드립니다"라고 말하는 것이 좋습니다.

끝으로 "다음 순서는 ○○ 가 되겠습니다"라는 말 또한 "다음 순서는 ○○ 입니다"라거나 "다음은 ○○ 입니다"라고 하는 것이 말하는 사람이나 듣는 사람 모두 편한 표현입니다.

틀리기 쉬운
운동경기 용어들

우리말을 재미나고 효과적으로 공부하는 방법 중 하나가 서로 연관된 말들을 같이 공부하는 것입니다. 눈치 빠른 분들은 벌써 알아채셨겠지만 지금 제가 설명해 나가는 방법도 관련이 깊은 말들끼리 묶어 가는 것입니다. 이러면 외우기도 쉽고, 몇 가지가 쌓이면 그 자체로 좋은 글감이 되기도 합니다.

아마 여러분이 '틀리기 쉬운 꽃 이름' '틀리기 쉬운 땅 이름' '색깔과 관련해 틀리기 쉬운 말' '잘못 쓰는 호칭과 지칭' 등의 소제목을 달고 그 아래에 하나하나씩 정리해 가면 우리말 실력이 부쩍 느는 것은 물론이고, 나중에 우리말과 관련한 글을 쓸 때 아주 유용한 재료가 될 겁니다.

제가 지금부터 그 사례를 보여 드릴게요.

올림픽 같은 국제대회에서 우리 국민에게 통쾌한 기쁨을 안겨 준 종목 중 하나가 유도입니다. 하지만 이런 유도경기를 중계하는 방송이나 경기 소식을 전하는 신문 기사에서 잘못 쓰인 말들이 많이 쏟아집니다. '받다리후리기'나 '밧다리후리기'로 적는 기술도 그중 하나입니다.

'체육학대사전'에 '받다리후리기' 같은 말이 올라 있을 정도이니 할 말 다 했죠, 뭐. 하지만 〈표준국어대사전〉에서 '받다리'로 표기되는 낱말은 없습니다. '받다리'나 '밧다리'는 어법상 생겨날 수가 없습니다.

그러면 "유도나 씨름에서 상대편을 어깨로 밀고 좌측으로 틀며 오른쪽 다리로 상대편의 중심이 실려 있는 바깥다리를 후려치는 기술"을 뜻하는 말은 뭘까요? 그것은 바로 '밭다리후리기'입니다. '바깥다리'의 '바깥'이 줄어 '밭'이 된 거죠.

'바깥'이 줄어 '밭'이 되기도 한다는 사실이 중요합니다. 이것을 몰라 잘못 쓰는 말이 꽤 있거든요. 보통 '바깥'이 줄면 '밖'이 되는데, '밭다리'처럼 '밭'이 되기도 합니다.

"딸의 시아버지나 며느리의 친정아버지를 양쪽 사돈집에서 서로 이르거나 부르는 말"인 '바깥사돈'도 줄여서 쓸 때는 '밭사돈'이라고 합니다. "딸의 시어머니나 며느리의 친정어머니를 양편 사돈집에서 서로 이르거나 부르는 말"이 '안사돈'이니까, '안사돈'에 대립하는 말은 '밖사돈'일 것이라고 생각해서 그렇게 쓰는 사람도 적지 않은데요. 이는 틀린 말입니다. 또 '받사돈'과 '밧사돈' 역시 틀린 말이고요. 반드시 '밭사돈'으로 써야 합니다.

잠시 얘기가 샛길로 빠졌는데, 다시 유도로 돌아와서, 유도 용어 중 '매치기'도 자주 틀리는 말입니다. "유도는 손이나 발 기술도 많이 쓰지만 허리를 이용한 매치기 기술이 많이 사용

3부 '우리말 고수'가 되려면 알아야 할 우리말

된다" 따위 예에서 보듯이 '매치기'가 널리 쓰이는데, '매치기'는 무조건 틀린 표기로 보면 됩니다.

우리말에서 '매다'와 '메다'는 소리가 비슷한 **탓**°에 엇갈려 쓰는 일이 흔합니다. 그런데 그중에서 어깨와 관련한 말에는 무조건 '메다'를 써야 합니다. 이 대목에 밑줄을 좌~악 **그세요.**° 이것만 알아도 '매다'와 '메다'를 9할은 구분해 쓸 수 있거든요.

어깨와 관련한 말에는 뭐를 쓴다고요? 맞습니다. '메다'입니다. 그러니 "어깨 너머로 둘러메어 힘껏 내리치는 것"은 '메어치다(준말은 메치다)'이고, "밀고 들어오는 상대편의 힘을 이용해 엎드리면서 상대편을 어깨 위로 걸어 메어 머리 너머로 메치는 기술"은 '어깨메치기'입니다.

▌ 탓 → 때문/까닭

"이번 사고는 순전히 내 탓이다" "안되면 조상 탓만 한다" 따위처럼 '탓'은 주로 부정적인 현상이 생겨난 까닭이나 원인을 나타냅니다. 구실 또는 핑계로 삼아 원망하거나 나무랄 때도 쓰입니다. 그냥 단순히 "어떤 일의 원인이나 조건"을 뜻할 때는 '때문'이나 '까닭'을 써야 합니다.

그세요 ⓧ 그으세요 ◉

'긋다'는 활용할 때 어간의 끝소리 'ㅅ'이 모음으로 시작하는 어미 앞에서 탈락하는 용언입니다. '긋어요'가 아니라 '그어요'가 되듯이요. 따라서 '긋-'에 어미 '-으세요'가 결합하면 'ㅅ'이 탈락해 '그으세요'가 됩니다.

✚ 운동경기 관련 낱말들에는 잘못 쓰는 외래어 표기가 많은데요. 우리말을 재미나고 효과적으로 공부하는 방법은 서로 연관된 말들을 같이 공부하는 것입니다.

여기서 퀴즈 하나. 그럼, "가방을 ○○ 갔다"에서 ○○에 들어갈 말은 '메고'일까요, 아니면 '매고'일까요? 맞습니다! 어깨에 가방을 거는 것이니까 '메다'를 활용한 '메고'를 써야 합니다. "어깨 너머로 둘러메어 힘껏 내리꽂는 것"도 '매다꽂다'가 아니라 '메다꽂다'죠. "짐 따위를 어깨에 걸어 메는 끈"을 뜻하는 말도 '맬빵'이 아니라 '멜빵'이고요.

어때요? 제가 조금 전에 얘기한 대로 하나를 알면 열 가지를 알게 되죠? 우리말은 이렇게 공부해야 외우기도 쉽고 재미도 있답니다.

유도 용어 중 '허리치기'도 열에 아홉은 틀리는 말입니다. "성남시체육회 강인호(흰색)가 용인대 이규원 선수에게 허리치기를 시도하고 있다"에서 보이는 '허리치기'는 '허리채기'로 써야 합니다. 이 기술은 '상대편의 윗몸을 추켜올리며 허리로 업어 넘기는 것'이거든요. 잡아채서 거는 기술인 거죠. 그래서 '허리채기'입니다.

그런데요. 제가 보기에 유도 용어 중에서 조금 문제가 되는 것이 하나 있습니다. "자신이 먼저 바닥에 누우면서 어깨 뒤로 상대방을 메치는 기술"을 뜻하는 '배대뒤치기'가 바로 그것입니다.

이 기술을 뜻하는 말이 지금의 국어사전들에는 없습니다. 하지만 인터넷 포털 사이트의 '백과사전'에는 '배대뒤치기'가 올라 있습니다. 이 때문인지 '배대뒤치기'가 널리 쓰이는 듯합니다.

그런데 '배대뒤치기'는 단어의 조합이 맞지 않습니다. "상대의 배에 내 발을 대어"를 뜻하는 게 '배대'인데, 그다음에 오는 '뒤치기'와 어울릴 수 없는 거죠. "뒤로 넘긴다"라는 의미라고 해도, 그때는 '배대넘기기'가 합리적이지 '배대뒤치기'는 어색합니다.

그럼, '배대뒤치기'는 어떤 말이 합리적일까요? 그것은 바로 '배대되치기'입니다. 이 기술은 상대의 힘을 역이용하는 것이 핵심이죠. 상대가 덤벼들 때 자신이 먼저 밀려 넘어지면서 공격에 들어가거든요. 그러니까 "상대의 배에 발을 대어 되치기(상대편이 기술을 걸어오거나 기술을 걸다가 본디의 자세로 되돌아가려 할 때 그대로 되받아 거는 기술)한다"는 의미에서 '배대되치기'가 백번 옳다고 봅니다.

그건 그렇고, 우리나라 유도가 올림픽 때마다 국민들을 얼마나 신나게 하는데, 이런 말이 사전에 없다니, 왠지 입맛이 씁쓸하네요.

유도 얘기는 여기서 접고, 다음은 우리 전통의 경기인 씨름의 용어를 좀 살펴볼게요. 우선 씨름의 여러 기술 가운데 "두 사람 중 아래에 있는 선수가 뒤로 몸을 젖히면서 상대편을 넘어뜨리는 것"이 있습니다. 이 기술을 흔히 '자반뒤집기'라고 부릅니다. 하지만 '자반뒤집기'는 '자반뒤지기'로 써야 하는 말입니다. '자반뒤지기'는 풍물놀이에서도 쓰이는 말인데요. "소고재비가 몸을 거의 뒤로 눕다시피 해서 빙글빙글 도는 동작" 있죠? 그것도 '자반뒤지기'입니다.

또 씨름에서 "상대편 다리를 자기 다리로 바깥쪽에서 걸어 당기면서 가슴으로 상대편의 몸을 밀어 넘어뜨리는 기술"을 일컫는 말로 자주 쓰이는 '덮걸이'는 '덧걸이'가 표준어이고, "상대편의 안다리걸기가 성립됐을 때 상대편의 다리를 사타구니로 죄어 붙여 발목으로 상대편의 왼다리 오금을 걸어 왼쪽으로 넘기는 기술"을 뜻하는 말은 '빗장걸기'가 아니라 '빗장걸이'가 표준어입니다. 아까 유도에서 '허리치기'가 아니라 '허리채기'가 바른말이듯이 씨름에서 많이 쓰는 '잡치기' 역시 '잡채기'가 바른 표기라는 것도 살짝 귀띔해 드립니다.

이 밖에 육상경기 종목 중 하나인 '넓이뛰기'는 '멀리뛰기'라고 해야 합니다. '넓이'는 "일정한 평면에 걸쳐 있는 공간이나 범위의 크기", 즉 면적을 뜻하는 말이잖아요. 그러니까 가로로 한 번 뛰고, 다시 세로로 한 번 뛴 뒤에 그 거리를 곱해서 우열을 가리는 경기가 벌어진다면 '넓이뛰기'를 쓸 수 있지만, 세상에 그런 경기는 없습니다. 대신 세계 곳곳에서 벌어지는 "누가 멀리 뛰느냐를 겨루는 경기"는 '멀리뛰기'입니다.

또 축구나 야구 등에서는 잘못 쓰는 외래어 표기가 많습니다. 드루패스는 스루패스, 드로잉은 스로인, 숏패스는 쇼트패스, 업사이드는 오프사이드, 사이클링히트는 사이클히트, 랑데뷰 홈런은 랑데부 홈런으로 써야 합니다.

어떤가요? 이렇게 운동경기 관련 낱말들을 죽 모으니 그럴듯한 글 한 편이 되지 않았나요? 글이란 것이 원래 한 가지만 달랑 얘기하면 재미가 없습니다. 관련이 있는 이런저런 이야기를 함께 들려줘야 흥미를 끌 수 있는 겁니다. 아무쪼록 여러분도 관련이 있는 낱말들을 모아 우리말을 재미있게 배우면서 좋은 글감도 찾기를 바랍니다.

콩깍지 속에는
콩이 없다

우리 속담에는 꼼꼼히 따지면 이치에 맞지 않지만 사람들 사이에서 두루 통하는 표현들이 많습니다. '하룻강아지 범 무서운 줄 모른다'의 하룻강아지도 그중 하나입니다. 이 속담은 철없이 함부로 덤비는 경우를 꼬집는 비유적 표현입니다. 하지만 하룻강아지, 즉 태어난 지 얼마 되지 않은 강아지는 눈도 뜨지 못합니다. 호랑이를 볼 수도 없고, 보지 못하니 덤빌 수도 없습니다.

때문에* '하룻강아지'는 '하릅강아지'의 오자가 일상화된 것으로 보기도 합니다. '하릅'이 "나이가 한 살 된 소, 말, 개 따위를 이르는 말"이거든요. 논리만 놓고 생각하면 '하룻강아지 범 무서운 줄 모른다'보다 '하릅강아지 범 무서운 줄 모른다'가 훨씬 이치에 맞습니다. 그러나 속담으로는 하룻강아지만 사람들 입에 오르내리고 있습니다.

'얌전한 ○○○ 부뚜막에 먼저 오른다'는 말도 '○○○'에 들어갈 말로는 고양이보다 강아지가 원뜻에 가깝습니다. 고양이는 높은 부뚜막도 쉽게 오르내리지만, 강아지는 그러지 못하기 때문이죠. 하지만 속담에선 뭘 쓰든 상관없습니다.

'눈에 콩깍지가 씌었다'도 마찬가지입니다. '콩깍지'는 "콩꼬투리에서 콩을 털어 내고 남은 껍질"로, 이것을 눈에 갖다 대면 아무것도 볼 수가 없습니다. 그러나 '눈에 콩깍지가 씌었

때문에 → 이 때문에

'때문'은 의존명사입니다. 의미가 형식적이어서 다른 말 아래에 기대어 쓰이는 말이죠. 따라서 앞의 문장을 끝내고 다음 문장을 시작하면서 '때문'을 쓰려면, 그 앞에 '이'나 '그' 같은 대명사를 써야 합니다. '뿐'도 의존명사로, 앞의 문장을 끝내고 다음 문장을 시작하면서 '뿐'을 쓰려면, 그 앞에 '이'나 '그' 같은 대명사를 써야 하고요. '…했다. 뿐만 아니라…'가 아니라 '…했다. 이(그)뿐만 아니라…'로 써야 하는 거죠. 이때 대명사와 '때문'은 띄어 쓰지만, 대명사와 '뿐'은 반드시 붙여 써야 합니다.

다'는 말은 '아무것도 안 보인다'는 의미보다는 '뭔가 제대로 보지 못한다'는 뜻이 강합니다. 그런 점에서 '눈에 콩깍지가 씌었다'는 말보다 '눈에 콩 꺼풀이 씌었다'는 표현이 좀 더 이치에 맞는 표현입니다. 콩을 불리면 벗겨지는 '콩 꺼풀'은 반투명해서 그것이 눈에 씌면 사물이 제대로 보이지 않고 흐릿하게 보일 테니까요. 그러기에 실제로도 '눈에 콩깍지가 씌었다' 못지않게 '눈에 콩 꺼풀이 씌었다'도 널리 쓰입니다.

결국 '콩깍지'든 '콩 꺼풀'이든 사람들이 같은 의미로 공유하고 있으므로 뭐를 쓰든 상관없습니다. 다만 '씌었다'를 '씌였다'와 '씌웠다'로 써서는 안 됩니다. 한글맞춤법에 어긋나거든요. 그리고 콩알이 들어 있는 것은 '콩꼬투리'이고, 거기에서 콩알을 빼낸 빈 껍질이 '콩깍지'라는 것도 잊지 마세요. 인터넷 등을 보면 '콩깍지째 삶아 먹는다'는 표현이 많이 눈에 띄는데, 콩깍지는 사람이 먹지 않고 소나 말 등에게 먹입니다.

이 밖에도 우리말 고수가 되기 위해서는 배워야 할 것이 정말 많습니다. 이런 말 들으니 앞이 캄캄해지시나요? 하지만 걱정하지 마세요. 제 블로그를 두리번거리다 보면 조금씩 천천히 우리말 고수로 다가서게 될 겁니다. 저만 믿고 따라오세요.

헷갈리는 말
가려 써야
뜻이 통한다

우리말에는 똑같이 발음되거나 비슷하게 소리 나지만 뜻이 전혀 다른 말이 정말 엄청 무지 많습니다. 또 의미가 비슷한 것 같은데 말맛이 아주 달라서 반드시 구분해 써야 할 말도 적지 않답니다. 대부분의 사람이 이러이러한 뜻으로 알고 쓰는데 실제는 저러저러한 뜻을 가진 말도 한두 개가 아니고요.

이런 말은 그 자체로서는 바른말이기 때문에 아래아한글에서 글을 써도 빨간 줄이 그어지지 않습니다. 또 바른 쓰임을 모를 경우에는 뭐가 잘못된 것인지 알 수가 없습니다. 그러다 보니 평생 동안 잘못 쓰는 말까지 생기게 됩니다.

정말입니다. 여러분이 아주 어릴 때부터 지금까지 쓰는 말 가운데 발음이 비슷해서 글자로 제대로 쓰지 못하는 말이 꽤 많습니다. 여러분은 이런 뜻으로 말한 것인데, 실제는 저런 뜻으로 말한 셈이 되는 일도 무척 많습니다. 안 믿어지죠?

그러면 예를 하나 들어 볼게요. 우리말에 '바치다' '받치다' '받히다' '밭치다'는 모두 표준어입니다. 하지만 뜻은 아주 다르죠. 여러분은 그 뜻을 명확히 구분해서 설명할 수 있으세요? 없죠?

자, 이제부터 그런 말들을 얘기할까 합니다. 어떻게 보면 무척 헷갈릴 수 있는데, 꼼꼼히 읽으면 정말 재미있을 겁니다. 특히 여러분 주변 분들 누구도 모르는 내용이 많습니다. 그러니까 잘 배워 뒀다가 나중에 멋 좀 부려 보세요. 여러분이 얼마나 멋진 '우리말 달인'인지 보여 주는 겁니다.

자식 잃고

애끊는 부모는 없다

        오래전 일입니다. 하루는 우연히 신문을 읽다가 기분이 확 상하고 말았습니다. 그날의 일은 지금 생각해도 기분이 찝찝합니다. 한 기사의 제목 때문이었는데요. 그 기사는 익사 사고로 남매를 잃고 통곡하는 어느 아버지의 이야기를 담고 있었습니다.

    넉넉치˚ 않은 형편이지만, 밝고 맑게 자라준 아이들. 학교 성적도 좋고, 피자를 사 주지 못하는 아버지와 칼국수를 맛있

📑 넉넉치 ⊗ 넉넉지/넉넉하지 ◎

한글맞춤법 제40항은 "어간의 끝음절 '하'의 'ㅏ'가 줄고 'ㅎ'이 다음 음절의 첫소리와 어울려 거센소리로 될 적에는 거센소리로 적는다"라고 밝히고 있습니다. '간편하게'는 '간편케', '다정하다'는 '다정타'로 쓸 수 있는 거죠. 그런데 이 조항 '붙임 2'에는 "어간의 끝음절 '하'가 아주 줄 적에는 준 대로 적는다"라는 내용이 덧붙어 있습니다. 거북하지 → 거북지, 생각하건대 → 생각건대, 깨끗하지 → 깨끗지, 섭섭하지 → 섭섭지 등의 예와 함께요. 즉 '─하다'가 붙는 용언 가운데 '─하다' 앞에 'ㄱ, ㅂ, ㅅ'의 받침이 있는 말을 줄여 쓸 적에는 '하'를 아예 줄여야 한다는 얘기입니다. 그래서 '넉넉하지'가 줄면 '넉넉치'가 아니라 '넉넉지'가 됩니다. 그런데 '넉넉지' '깨끗지' '보급지' 등처럼 맞게 써 놓은 것이 다른 사람 눈에는 오히려 잘못 써 놓은 것처럼 보일 수 있습니다. 이런 점이 걱정된다면 줄여 쓰지 않으면 됩니다. '넉넉지'와 '넉넉치' 말고 '넉넉하지'로 쓰는 거죠.

게 먹어 주는 아이들. 눈에 넣어도 아프지 않을 그런 자식을 둘이나 잃어버린 아버지는 신문 속에서도 통곡을 하고 있었습니다. 그 아버지의 심정은 아마 하늘이 무너지는 듯했을 겁니다.

그런데 그 비통한 기사를 다룬 편집자는 아버지의 심정을 고작 '애끓는 사연'이라고 표현했습니다. 이게 어디 말이라고 하는 소리입니까. **생떼같은**• 자식을 둘이나 잃고 애만 끓이는 부모가 세상천지 어디에 있겠냐고요.

일부 생선의 간을 가리키기도 하는 '애'는 '창자'의 옛말입니다. 그런데 애가 끓는다고 하면, 그것은 "몹시 답답하거나 안타까워 속이 끓는 듯하다"는 뜻의 말밖에는 안 됩니다. 속상해하는 정도의 말인 것이죠.

그 편집자는 '애끓는 사연'이 아니라 '애끊는 사연'이라고 표현했어야 합니다. 창자가 끊어질 듯한 고통, 곧 죽을 것 같은

🔖 생떼같은 ⓧ 생때같은 ◎

"아무 탈 없이 멀쩡하다"나 "공을 많이 들여 매우 소중하다"를 뜻하는 형용사는 '생때같다'입니다. '생때'의 어원으로는 '생생한 대나무'를 줄여 쓴 '생대'가 변한 말로 보는 설이 유력합니다. 또 '생때같다'는 주로 물건이나 자식 같은 아랫사람에게 쓰는 말이어서 '생때같은 부모님'은 적절한 쓰임으로 보기 어렵다는 것이 국립국어원의 견해입니다. 아울러 '생때같다'의 '생때'는 홀로 쓰이지 않습니다. 반면 "과자를 사 달라고 생떼를 쓴다"처럼 "억지로 쓰는 떼"를 뜻하는 '생떼'는 오직 명사로만 쓰입니다.

고통을 전했어야 하는 겁니다.

옛말에 부모가 죽으면 청산에 묻지만, 자식이 죽으면 부모의 가슴에 묻는다고 했습니다. 산에 묻은 부모는 더러 잊고 살 수 있지만, 가슴에 묻은 자식은 부모가 목숨줄을 놓을 때까지 그 가슴을 후벼 팔 겁니다.

저는 이렇게 생각합니다. 그 편집자의 실수는 이미 천 갈래 만 갈래 찢어진 아버지의 창자를 또다시 찢어놓았다고요. 그럼에도 요즘 신문·방송들은 여전히 '애끊다'를 써야 할 곳에 '애끓다'를 쓰는 일이 흔합니다. 이런 신문과 방송에 여러분의 따끔한 가르침이 전해졌으면 좋겠습니다.

햇빛은 눈부시고, 햇볕은 뜨겁고

'햇빛'과 '햇볕'은 의미가 완전히 다른 말입니다. 그런데 이를 제대로 구분해 쓰지 못하는 사람이 의외로 많습니다. 여러분도 지금까지 여러분 마음대로 '햇빛'과 '햇볕'을 썼을 겁니다. 그렇죠? '햇빛'을 쓸 곳에 '햇볕'을 쓰고, '햇볕'을 쓸 데에는 '햇빛'을 쓴 적도 많을 겁니다.

햇빛은 말 그대로 "해의 빛", 곧 광선입니다. 햇빛은 또 '살아 생전에 그의 소설은 햇빛을 보지 못했다'처럼 "세상에 알려져 칭송받는 것을 비유적으로 이르는 말"로도 쓰입니다. 이와 달리 '햇볕'은 "해가 내리쬐는 기운"을 가리키는 말입니다.

따라서 "쉴 새 없이 비가 내리다 잠깐 햇볕이 비쳤다" "햇볕을 본 게 언제인지 모르겠다" 따위 표현에서 쓴 '햇볕'은 '햇빛'을 잘못 쓴 겁니다. 또 "뜨거운 햇빛과 거친 야외환경으로 인해 부상의 위험도 증가한다" "강렬히 내리쬐는 햇빛의 열기를 피해 그늘로 숨었다" 등의 표현에서 쓰인 햇빛은 '햇볕'을 잘못 쓴 거고요. 밝기를 뜻할 때는 햇빛, 온기를 나타낼 때는 햇볕인 거죠.

그런데 어떤 때는 '햇빛'을 쓰기가 뭐하고, '햇볕' 또한 아닌 것 같은 경우도 있습니다. 이런 표현에서는 '햇살'이 더 어울릴 수 있습니다. "**해에게서**˚ 나오는 빛의 줄기 또는 그 기운"을 뜻하는 '햇살'에는 '햇빛'과 '햇볕'의 뜻이 모두 들어 있기 때문입니다. "사방으로 뻗친 햇살"을 의미하는 '햇발'로 써도 되고요.

하지만 문학적 표현에 자주 쓰이는 '햇귀'는 함부로 쓰면 안 됩니다. '햇귀'는 "해가 처음 솟을 때의 빛"을 뜻하는 말로, 한낮의 태양과 관련해서는 쓸 수 없기 때문입니다.

한편 해와 관련한 말 가운데 사람들이 가장 많이 잘못 쓰는 말은 '햇님'이 아닐까 싶습니다. 해를 인격화해 다정하게 부르는 말로 '햇님'을 쓰는 일이 정말 많거든요. 혹시 여러분도 그

✚ **밝기**를 뜻할 때는 **햇빛**, **온기**를 나타낼 때는 **햇볕**임을 기억하시기 바랍니다.

렇게 써 오지 않았나요? 만약 그랬다면 앞으로는 절대 그러지 마세요.

'-님'은 "직위나 신분을 나타내는 일부 명사 뒤에 붙어 '높임'의 뜻을 더하는 접미사"입니다. 달님, 별님, 선생님의 그 '님'입니다. 동물의 왕 사자를 높여서 부를 때 '사잣님'이라고 하나요? 아니면 '사자님'이라고 하나요? 당연히 '사자님'이죠.

또 '왕잣님'과 '왕자님', '공줏님'과 '공주님' 중 어느 표기가 맞을까요? 당연히 '왕자님'과 '공주님'이죠. 그러니까 해를 높여서 부를 때도 '햇님'이 아니라 '해님'이라고 해야 합니다.

📑 해에게서 ⓧ 해에서 ◎

우리말의 명사는 크게 '유정명사'와 '무정명사'로 나뉩니다. 유정명사란 말 그대로 '정(情)이 있는, 즉 감정이 있는 것'이고, 무정명사란 '정이 없는 것'입니다. 유정명사와 무정명사를 구분하는 법은 아주 간단합니다. 일반적으로 사람과 동물은 유정명사, 식물과 무생물은 무정명사입니다. 또 유정명사에는 조사 '-에게'가 붙는 것이 자연스럽지만, 무정명사에 '-에게'가 붙으면 어색해집니다. 무정명사에는 '-에'만 붙입니다. '개에게 물을 주다'는 자연스럽지만, '밭에게 물을 주다'는 어색해 '밭에 물을 주다'로 쓰는 것처럼요. 다만 저는 해, 달, 길, 꽃 같은 무정명사라도 이를 의인화한 경우에는 '-에게'를 붙일 수 있다고 봅니다. '달님에게 소원을 빌다' '길에게 길을 묻다' '꽃들에게 물어봐'를 '달님에 소원을 빌다' '길에 길을 묻다' '꽃들에 물어봐'로 쓰면 너무 어색하지 않나요? 그러나 이것은 저만의 생각이고, 〈표준국어대사전〉에는 아직 이런 뜻풀이가 없습니다.

'내리쬐다'와 '내려쬐다'의
차이점은 뭘까요?

　　'내리쬐다'와 '내려쬐다'는 그 말이 그 말 같지만 사실은 엄청 다르답니다. 남한의 햇볕은 쨍쨍 내리쬐지만, 북한의 햇볕은 쨍쨍 내려쬐거든요.

　　그럴 리 없다고 거듭거듭 믿지만, 정말 북한에서 문화어로 삼고 있어서, 우리 언중이 어떻게 쓰든지 상관없이 똥고집을 부리는 것이라면, 그것은 말도 안 되는 일입니다. 손으로 하늘을 가리려는 바보 같은 행동이죠. 저는 그렇게 생각합니다.

　　그러나 로마에 가면 로마의 법을 따르라고 했습니다. 모순과 잘못이 있다고 하더라도, 일단 사회적 약속으로 정해진 것이라면 따라야 합니다. 약속을 지키면서 잘못된 부분을 바로잡으려 애써야 하는 거죠.

태양이 작렬하면
인류는 멸망한다

　　햇볕이 내리쬐는 여름이면 신문과 방송에서 "작렬하는 태양이…" 같은 표현을 무척 많이 씁니다. 하지만 정말 그랬다가는 큰일 나고 맙니다. 왜냐고요? 그랬다가는 인류가 멸망하거든요.

'작렬하다'는 "포탄 따위가 터져서 쫙 퍼지다"를 뜻합니다. 이 때문에 '김하성 선수의 홈런포가 작렬했다'처럼 "운동경기에서의 공격 따위가 포탄이 터지듯 극렬하게 터져 나오다"를 뜻하는 말로도 쓰입니다. 그러니 태양이 작렬하면 인류가 멸망하는 것은 물론이고, 태양계 전체가 사라지게 될 겁니다.

'작렬하는 태양'은 '작열하는 태양'으로 써야 합니다. "불 따위가 이글이글 뜨겁게 타오르다"를 뜻하는 말이 '작열하다'이거든요.

하늘은 ✎
꾸물거리지 않는다

여름 장마철이면 '꾸물꾸물하다'라는 말이 많이 쓰입니다. 굳이 장마철이 아니더라도, 언제든 인터넷 검색창에 '꾸물꾸물'을 입력하면 "오늘 소나기가 온다는 소리가 있었는데, 아침부터 꾸물꾸물하네요" "바보 같은 나는 꾸물꾸물한 오늘 같은 날씨에 이불 빨래를 합니다" 따위의 글이 부지기수로 올라옵니다. 그러나 "날씨가 활짝 개지 아니하고 자꾸 흐려지다'라는 뜻의 말은 '꾸물꾸물'이나 '꾸물거리다'가 아닙니다. '꾸물거리다'라는 말은 날씨와는 아무런 상관이 없습니다.

한번 생각해 보세요. 여러분이 '꾸물꾸물'이나 '꾸물거리다'를 어떨 때 많이 쓰는지요. "매우 느리게 자꾸 움직이는 모양" "게으르고 굼뜨게 행동하는 모양" "신체 일부를 느리게 자꾸 움직이는 모양" 등을 얘기할 때 쓰시지 않나요? 그렇죠? 맞습니다. '꾸물거리다'는 꼼지락거린다는 의미의 말입니다.

그러면 곧 비가 쏟아질 것처럼 우중충한 하늘을 나타낼 때의 바른말은 무엇일까요? 진짜 모르시겠죠? 그러니까 이 책을 정말 잘 읽고 있는 겁니다.

잔뜩 찌푸린 하늘을 나타내는 말은 '끄물끄물'이나 '끄물거리다'입니다. 작은말은 '그물그물' '그물거리다'이고요.

'그물거리다(끄물거리다)'는 날씨뿐만 아니라 "촛불이 끄물거린다"처럼 "불빛이 밝지 않고 자꾸 침침해지다"라는 뜻으로도 쓰입니다. 연기 등이 천천히 움직이는 것을 뜻하기도 하고요.

대장장이 아저씨가 요술쟁이 같다

우리말에는 어떤 때는 '-장이'가 붙고, 또

어떤 때는 '-쟁이'가 붙어 사람들을 헷갈리게 하는 것들이 있습니다. 여러분은 '-장이'와 '-쟁이'를 확실히 구분해 쓰시나요?

이를 구분하는 방법은 의외로 단순합니다. 직업을 나타낼 때는 '-장이'가 붙고, 남을 낮춰 부르거나 직업이 아닌 것을 뜻할 때는 '-쟁이'가 붙는다는 겁니다.

그러니까 집을 지을 때 벽에 흙 따위를 바르는 사람은 '미장이'이고, 옹기를 전문적으로 만드는 사람은 '옹기장이'입니다. 또 간판을 그리거나 만들어 파는 일을 하는 사람은 '간판장이'가 됩니다.

이와 달리 '마술쟁이' '요술쟁이' '개구쟁이'는 모두 직업이 아니니 '-쟁이' 꼴로 써야 합니다. 요즘에는 '마술'이 하나의 직업으로 대접받고 있지만, 일종의 눈속임인 '마술'을 언어적으로는 직업으로 보지 않습니다.

또 '월급쟁이(회사원 등을 낮춰 부르는 말)' '환쟁이(그림 그리는 사람을 낮춰 부르는 말)' '글쟁이(작가 등을 낮춰 부르는 말)'는 남을 속되게 일컫는 말이므로 '-쟁이' 꼴로 써야 합니다.

꽃 '봉오리'와
산 '봉우리'

'봉오리'와 '봉우리'는 말 꼴이 비슷하지만 쓰임은 확연히 다른 말입니다. 꽃에는 '봉오리'를 써야 하고, 산에는 '봉우리'를 써야 하는 거죠. '봉오리'는 '꽃봉오리'의 준 말이고, '봉우리'는 '산봉우리'의 준말이거든요.

그러니까 "철수가 장미 봉우리를 꺾었다"라거나 "영희는 관악산 봉오리를 쳐다보았다" 따위의 표현은 "철수가 장미 봉오리를 꺾었다"라거나 "영희는 관악산 봉우리를 쳐다보았다"로 써야 합니다.

또 꽃잎이 '벙글어지다'와 '벌어지다'도 꼭 구분해 써야 하는 말입니다. 의미가 완전 다르거든요. 우선 '벙글어지다'를 '벙 그러지다'로 쓰는 일이 흔한데, '벙그러지다'는 무조건 잘못된 표기입니다. 이 말의 기본형이 '벙글다'이기 때문이죠.

"아직 피지 아니한 어린 꽃봉오리가 꽃을 피우기 위해 망울이 생기다"를 뜻하는 '벙글다'에 보조동사 '(-어)지다'가 붙은 것이 '벙글어지다'입니다. 즉 '벙글어지다'는 꽃이 활짝 핀 상태가 아니라 꽃망울이 생긴 것을 뜻하게 됩니다. 그 꽃망울이 터져 꽃잎이 펴진 상태를 말하려면 '벌어지다'를 써야 하는 거고요. 아울러 "벙근 입술 사이로 새하얀 치아가 보였다" 같은

4부 헷갈리는 말 가려 써야 뜻이 통한다

표현 속의 '벙근'도 '벌어진'으로 써야 합니다.

인생 말년은 피하고
만년을 즐기세요

　　　　"내가 인생 말년에 이 무슨 고생이야" 따위 표현에서 보이는 '말년'은 누구나 흔히 쓰는 말입니다. 하지만 대개의 경우 이 말은 잘못 사용되고 있습니다. '말년末年'은 "일생의 마지막 무렵이나 어떤 시기의 마지막 몇 해 동안"을 뜻하는 말로, "내가 인생 말년에 이 무슨 고생이냐"라고 하면 자신이 몇 년 안에 죽게 된다는 소리가 되기 때문입니다. 평균수명 100세 시대에는 80세도 청춘인데, 60~70대에 이런 말을 하는 것은 아주 많이 이른 감이 있습니다.

　이 글을 읽는 독자 여러분은 오래오래 '인생 말년' 같은 말을 쓰지 않았으면 좋겠습니다. 아니, '인생 말년'이 없었으면 좋겠습니다. 대신 늘 '인생 만년'이기를 바랍니다. '만년晚年'은 "나이가 들어 늙어 가는 시기"를 뜻합니다. 즉 '만년'은 늙어 가는 과정을 의미하고, 말년은 젊든 늙든 어떤 시기의 마지막 몇 해를 가리킵니다.

　이렇듯 어떤 말의 받침이 조금 달라지면 의미는 완전히 달라지는 말 중에는 '낫다' '낳다' '났다'도 있습니다. 우선 '낫다' 는 "병이나 상처 따위가 고쳐져 본래대로 되다"를 뜻하는 말로 "병이 씻은 듯이 나았다" 따위처럼 쓰입니다. "보다 더 좋거나 앞서 있다"를 의미하는 말로 "서민들 살기에는 겨울보다 여름이 낫다"로 쓰이기도 하고요.

이와 달리 '낳다'는 "배 속의 아이, 새끼, 알을 몸 밖으로 내놓다" "어떤 결과를 이루거나 가져오다" 등의 의미를 가지고 있습니다.

그러나 '났다'라는 낱말은 없습니다. '났다'는 "신체 표면이나 땅 위에 솟아나다" "길, 통로 따위가 생기다" "돈·물건 따위가 생기다" "인물이 배출되다" 등의 뜻으로 쓰이는 '나다'를 활용한 형태입니다. '가다'를 활용해 "나는 집에 갔다"로 쓴 것과 똑같죠.

이런 의미를 제대로 알지 못하면 엉뚱한 표현을 만들기 쉽습니다. "형이 동생보다 났다"고 할 때의 '났다'도 그중 하나죠. "무엇보다 무엇이 좋다"라는 의미를 나타내려면 '나다'를 활용한 '났다'가 아니라 '낫다'로 써야 하니까요. "형이 동생보다 낫다"인 거죠. 또 병이 생긴 것은 '병이 났다'로, 병이 없어진 것은 '병이 나았다'로 써야 합니다.

흔히 "돈 낳고 사람 났냐. 사람 낳고 돈 났지"라고 말하는 표현 속의 '낳다'도 잘못 쓴 말입니다. 이때는 '나다'를 활용해

4부 헷갈리는 말 가려 써야 뜻이 통한다

써야 합니다. 사람은 출산할 수 있겠지만 돈은 출산할 수 없으니, '낳다'를 쓸 수 없는 거죠. 그래서 "사람 나고 돈 났지, 돈 나고 사람 났나"가 바른 표현입니다.

'맞다'와 '맡다'도 헷갈리기 쉬운 말입니다. "부장님께 서류 결재 ○고 올게"라고 할 때 아마 많은 사람이 ○의 자리에 '맞'을 쓸 겁니다. 그러나 어떤 '검사'나 '결재' 뒤에는 '맞다'가 아니라 '맡다'를 써야 합니다. '맡다'가 "면허나 증명, 허가, 승인 따위를 얻다"를 뜻하는 말이거든요.

'결재 맞다'를 '결재 맡다'로 써야 함은 우리가 소리 내는 습관에서도 금방 알 수 있습니다. "부장님께 결재를 ○○○"에서 ○○○에 들어갈 말을 [마탇따]와 [마잗따]로 소리 내 보세요. 또 "결재 ○○ 후 퇴근하라"에서 ○○에 들어갈 말을 [마튼]과 [마즌]으로 소리 내 보세요. [마잗따]와 [마즌]은 많이 어색하고, [마탇따]와 [마튼]이 훨씬 자연스럽게 느껴질 겁니다.

받침이 헷갈릴 때는 이렇듯 자음으로 시작하는 어미 대신 모음 어미를 집어넣어 발음하면 금방 알게 됩니다. 예를 들어 "땅을 갈아서 흙을 뒤집다"를 뜻하는 말이 '갈아업다'인지, 아니면 '갈아엎다'인지 헷갈릴 때는 뒤에 모음 어미 '어'를 붙여 보는 겁니다. 그러면 누구나 [갈아어퍼]는 자연스럽지만, [갈아어버]는 아주 어색하게 느껴지시겠죠. 그러면 '갈아엎다'가 바른말임을 금방 알게 됩니다.

'왠지'만 왠지 모르게
'왠'이다

    '왠걸'이 맞을까요? '웬걸'이 맞을까요? 또 '왠 녀석이냐'로 써야 할까요? 아니면 '웬 녀석이냐'로 써야 할까요? 헷갈리시죠?

    그러나 '왠'과 '웬'을 정확히 구분하는 법을 아는 데는 딱 10초면 충분합니다. 다음 글을 읽으면 됩니다. 정말입니다.

    "'왠지'만 '왠'으로 적고, 나머지는 무조건 '웬'으로 적는다!"

    진짜로 이것만 알면 됩니다. '웬일' '웬 놈' '웬만큼' '웬 사람이 그리도 많아' 등 '왠지'만 빼놓고 모두 '웬'으로 쓰면 됩니다. 묻지도 말고, 따지지도 말고, 그냥 그렇게 쓰면 그만입니다.

김장을 담가서
항아리에 담아라

    '담그다'와 '담다'도 정말 많이 헷갈리는 말입니다.

    예전 같지는 않지만 요즘에도 늦가을이면 많은 집에서 김장을 하느라 분주합니다. 그 무렵이면 "쌀쌀한 날씨에도 불구하고 산내동 주민센터 앞마당에서 사랑의 김장 김치를 담느라 분주했다" "김장을 담기 위해 모인 며느리들이 털어놓는 이야기 속에 엄마들의 역사가 담긴다" "지역주민들과 함께 정성으로 김장을 담아 각 가정에 배달하고 있다" "재학생들이 김치를 담궈 독거노인에게 직접 김치를 나누어 주었는데" 등의 기사가 쏟아지기도 합니다.

이런 기사들은 대부분 정겹고 훈훈한 얘깃거리여서 마음을 따뜻하게 합니다. 하지만 위의 기사에서 '**김장(김치)를**° 담느라' '김장을 담기' '김장을 담아' '김치를 담궈' 따위는 다 틀린 표기입니다. 왜냐고요? 왜긴요. 엉뚱한 말을 썼기 때문이죠.

지금부터 제가 하는 말은 여러분이 이해하기에 조금 어려울 수도 있습니다. 하지만 꼼꼼히 읽어 보면 무슨 뜻인지 알 수 있을 겁니다. 여러분은 '준비된 우리말 달인'이잖습니까.

'담느라' '담기' '담아' '담는' 등은 동사 '담다'를 활용한 겁니다. '담다'가 기본형이라는 얘기죠. 그런데 '담다'에는 "어떤 물건을 그릇 따위에 넣다" "어떤 내용이나 사상을 그림, 글, 말,

---

김장(김치)를 ⓧ 김장(김치)을 ◎

제가 교열 일을 하다 보면 이런 실수를 많이 보는데요. 이 문장처럼 괄호가 있을 때는 괄호 속의 글자에 맞춰 조사를 쓰는 것이 아니라 괄호 앞의 글자에 맞춰 조사를 써야 합니다.

표정 따위 속에 포함하거나 반영하다"라는 뜻밖에 없습니다.

따라서 '김장 담기'나 '김장을 담는' 따위의 표현에는 김장 김치를 항아리 등에 넣는다는 의미만 있을 뿐입니다. 김장 김치를 만든다는 뜻은 없는 거죠.

또 '담궈'는 '담구다'를 활용한 꼴인데, 우리말에는 '담구다'라는 낱말이 없습니다. 무조건 틀린 말인 거죠. '담구다'와 유사한 글 꼴로 자주 틀리는 말에는 '잠구다'와 '치루다'도 있습니다. '잠그다'와 '치르다'가 바른말입니다. 따라서 '잠구고'는 '잠그고, '잠궈'는 '잠가', '치루고'는 '치르고', '치뤄'는 '치러'가 바른 표기입니다.

얘기가 잠시 샛길로 빠졌었는데요. 그렇다면 "김치를 만든다"는 의미를 나타낼 때는 어떤 말을 써야 할까요? 그것은 바로 '담그다'입니다. "김치·술·장·젓갈 따위를 만드는 재료를 버무리거나 물을 부어서, 익거나 삭도록 그릇에 넣어 두다"를 뜻하는 말이 '담그다'이거든요.

그러니까 앞 예문의 말들은 '김장(김치)을 담그느라' '김장을 담그기' '김장을 담가' '김장을 담그는' 따위로 써야 "김치를 만든다"는 의미를 갖게 됩니다.

거짓을 불살라야
정의가 불탄다

'불사르다'와 '불태우다'는 말뜻이 하늘과 땅 차이만큼 다릅니다. 하지만 이들 말을 제대로 가려 쓰는 사람을 거의 보지 못했습니다. 여러분도 마찬가지일 겁니다.

'불사르다'는 "불에 태워 없애는 것"이거나 "어떤 것을 남김 없이 없애 버리는 것"입니다. 낙엽을 불사르고, 묵은 서류를 불사르고, 번뇌와 망상을 불사르는 것이죠.

이와 달리 '불태우다'는 "(비유적으로) 의욕이나 정열 따위가 끓어오르는 것"으로, 우리 모두는 애국심을 불태우고 공부의 열의를 불태워야 합니다.

결국 '불사르면' 없어지고, '불태우면' 더욱 커집니다. 분노를 불사르면 용서의 마음이 생기지만, 분노를 불태우면 보복심이 커지는 거죠.

물론 '불태우다'는 "휴지를 불태웠다"처럼 "불이 붙어서 타는 것"을 뜻하기도 합니다. 그렇게 불이 붙어 홀랑 타 버리면 사라지는 것 아니냐고 따져 물으면 할 말은 없습니다.

그 말이 맞는다는 게 아닙니다. 어이가 없다는 거죠. '휴지를 불태우다'라고 할 때는 '휴지를 불태워 없애다'라고, '없애다'라는 말을 쓰거나 그런 의미를 문장 전체에 담기 마련입니다. 하지만 '의지를 불태우다'는 의지를 더욱 키운다는 것이지, 없앤다는 게 절대 아닙니다. 그러니까 '불사르다'와 '불태우다'는 의미가 전혀 다른 말인 거죠.

예를 하나 들어 볼게요.

"어둠을 불태우고 먼동이 튼다." 이 표현은 어떤가요? 어딘가 어색하지 않나요? 또 "두려움을 불태우고 내게 주어진 길을 간다"라는 문장은요? 앞의 문장처럼 느낌이 어색하죠? 그럴 겁니다. 당연히 어색할 수밖에 없습니다.

하지만 "어둠을 불사르고 먼동이 튼다"나 "두려움을 불사르고 내게 주어진 길을 간다"라는 표현은 거부감이 없습니다. 어둠을 없애야 새벽이 오고, 두려움을 없애야 용기가 생기니 당연한 일이죠.

따라서 신문과 방송에서 흔히 쓰는 "한국 축구대표팀이 브라질을 맞아 투지를 불사르고 있다"의 '불사르고'는 '불태우고'로 해야 바른 표현이 되는 겁니다.

예전에 "이 한 몸 불사르겠다"며 대통령 선거 출마를 밝힌 모 정치인이 정말 자신의 말처럼 결국 사라지셨더군요. 그때 "이 한 몸 불태우겠다"고 말씀하셨으면 어땠을까 궁금합니다. 지금도 활활 타오르고 계시지 않을까요? 말이 씨가 된다고, 역시 사람은 말을 잘해야 합니다. 그렇죠?

두 갑?

세 곱!

       '갑절'과 '곱절'도 섞바꿔 쓰는 사례가 흔한 말입니다. '갑절'은 "어떤 수량을 두 번 합친 것"을 일컫는 말로, 예를 들어 "물건 값이 갑절이다"라고 하면 "두 배 비싸다"는 뜻입니다. 이 '갑절' 앞에는 '두·세·네' 따위의 수관형사가 오지 못합니다. 딱 두 배만을 가리키는 말이거든요. 이와 달리 '곱절'은 "같은 물건의 수량을 몇 번이나 되짚어서 합치는 것"을 뜻하며, 줄여서 그냥 '곱'이라고도 합니다.

    따라서 "이번에 할 일은 지난번보다 두 갑절은 늘었다"라는 말은 "이번에 할 일은 지난번보다 갑절은 늘었다"거나 "이번에 할 일은 지난번보다 두 곱절은 늘었다"라고 해야 바른 표현이 됩니다.

'틀리다'와 '다르다'는

정말 다르다

       '틀리다'와 '다르다'는 정말 다른 말입니다. 그러나 이 말들을 구분해 쓰지 않는 사람이 정말 많습니다. 좀 더 정확히 얘기하면 '다르다'를 써야 할 표현에 '틀리다'를 쓰는 일이 흔합니다. "머리를 손질했더니 틀려 보인다"처럼요.

그러나 '틀리다'는 "셈이나 사실 따위가 그르게 되거나 어긋나다" 또는 "바라거나 하려는 일이 순조롭게 되지 못하다"를 뜻하는 말입니다. "문제까지 알려 줬는데도 답을 틀리다니 이해할 수가 없구나" "오늘 이 일을 마치기는 틀린 것 같다" 등처럼 쓰이죠.

이와 달리 '다르다'는 "비교가 되는 두 대상이 서로 같지 아니하다" 또는 "보통의 것보다 두드러진 데가 있다"를 의미합니다. "나는 너와 다르다" "나이가 드니까 몸이 예전과 다르다" "고장 난 문을 **깜쪽같이**● 고치다니, 기술자는 역시 달라"

⚑ 깜쪽같이 ⊗ 감쪽같이 ◉

'우리말 달인'이 되려면 어원 공부를 많이 해야 합니다. 어원을 많이 알수록 우리말 공부가 쉬워지고 더 재미있어지기 때문이죠. 예를 들어 "꾸미거나 고친 것이 전혀 알아챌 수 없을 정도로 티가 나지 아니하다"를 뜻하는 말로 '깜쪽같다'를 쓰는 사람이 많은데, 실제 바른말은 '감쪽같다'입니다. 이 말은 '곶감의 쪽(잘라낸 조각)은 달고 맛이 있어 누가 와서 빼앗아 먹거나 나누어 달라고 할까 봐 빨리 먹을 뿐만 아니라 말끔히 흔적도 없이 다 먹어 치운다'는 의미에서 생겨난 말이라는 설이 있습니다. 이 밖에 몇 가지 다른 유래가 전해지기도 하는데, 모두 감 또는 곶감과 관계가 있습니다. 이를 알면 '감쪽같다'를 '깜쪽같다'로 잘못 쓰는 일은 없게 됩니다. 그래서 어원 공부가 중요합니다.

등이 '다르다'를 바르게 쓴 표현입니다.

그럼에도 "내 생각은 너와 틀려" "이 도장은 지난번 도장과 틀려" 등의 표현처럼 '다르다'를 써야 할 곳에 '틀리다'를 쓰는 경우가 정말 많습니다. 여러분도 무의식중에 '틀리다'를 습관적으로 엉뚱하게 쓰고 있을 겁니다.

제가 처음 〈건방진 우리말 달인〉을 쓸 때도 이런 문제를 지적하면서 "신문이나 잡지 등에 많이 나오는 '틀린 그림 찾기'도 이상한 말이다. 그것을 보면, 분명 두 그림에서 다른 부분을 찾는 것이지 틀린 구석을 찾는 게 아니다. 그런데도 꼭 '틀린 그림'이라고 한다"라고 얘기한 적 있습니다. 그것을 봤는지 요즘 신문이나 잡지에서는 대부분 '다른 그림 찾기'라고 적고 있습니다. 제 글을 읽고 그랬다는 증거(?)는 없지만, 저는 그렇게 믿고 있답니다. 그래서 마음 **한켠°**이 뿌듯하죠.

아무튼 '틀리다'와 '다르다'의 구분은 간단합니다. '틀리다'의 반대말은 '맞다'나 '옳다'이고, '다르다'의 반대말은 '같다'입니다. 그러니까 의미를 거꾸로 해서 '같다'를 쓸 수 있는 곳

한켠 ⊗ **한편/한구석** ◉

우리말에 '켠'은 없다고 생각하시면 편합니다. "어느 하나의 편이나 방향"을 뜻하는 말은 '한편' 또는 '한쪽'입니다. 문장 속에서 '한편'과 '한쪽' 모두 어색하면 '한구석'으로 써도 괜찮고요. '켠'만 안 됩니다.

에는 '다르다'를, '맞다'나 '옳다'를 쓸 수 있는 곳에는 '틀리다'를 쓰면 됩니다.

즉 "내 생각은 너와 틀려"와 "이 도장은 지난번 도장과 틀려"의 반대 표현은 "내 생각은 너와 같아"와 "이 도장은 지난번 도장과 같아"가 되죠? 따라서 이들 문장의 '틀려'는 원래 '달라'로 써야 했던 말인 겁니다.

주차 위반으로
벌금을 내지는 않는다

"어제 주차 위반으로 '벌금 딱지'를 뗐다" 같은 말은 일상에서 흔히 듣고 쓰는 표현입니다. 여러분도 혹시 주차 위반으로 **벌금 딱지°**를 떼인 적 있으신가요? 당연히 없으시겠죠. 주차를 위반했다고 벌금을 물리지는 않으니까요.

벌금罰金이 법률 용어로 쓰일 때는 "범죄에 대한 처벌로 부과하는 돈"으로, 일종의 재산형을 뜻합니다. 이를 내지 못했을 때는 노역으로 대신하기도 합니다. 즉 형법이 규정하는 형의 일종인 거죠.

그러나 "공법상의 의무 이행을 태만히 한 사람이나 질서를 위반한 자에게 국가나 공공단체가 부과하는 금전상의 벌"은

'과태료過怠料 부과'입니다. 우리가 이사를 한 후 전입신고를 늦게 하거나 급한 일이 있어 주차 위반을 했을 때 '돈'을 징수하는 곳은 법원이 아니라 지자체입니다. 이런 돈은 '벌금'이 아니

벌금 딱지

나날이 좋아지고 있기는 하지만 〈표준국어대사전〉에는 여전히 오류가 많습니다. 단언컨대 교열 기능을 거치지 않기 때문입니다. 전체를 살피지 못하고 부분을 수정해 나가다 보니 여기저기서 어긋나는 사례가 툭툭 튀어나옵니다. 예를 들어 〈표준국어대사전〉에서 '벌금형'을 검색하면 "범죄인에게 일정한 금액의 지급 의무를 부과하는 것을 내용으로 하는 형벌"을 뜻하는 법률용어로 나옵니다. 이는 맞는 설명입니다. 벌금형을 내리는 사람은 '판사'뿐입니다. 그런데 '딱지'를 검색하면 여러 뜻풀이 중 "교통순경이 교통 법규를 어긴 사람에게 주는 벌금형의 처벌 서류"라는 것도 있습니다. 이것은 이상합니다. 경찰은 시민을 벌금형으로 처벌할 수 없습니다. 또 이를 '빨간딱지'로도 쓸 수 있다고 했는데, 실생활에서 '빨간딱지'는 "팔기로 예약이 된 상품이나, 싼값에 처분하려는 물건 따위에 붙이는 붉은색 표지" 혹은 "압류한 물건에 붙이는 표시"로 쓰이지, 범칙금 고지서의 의미로는 쓰이지 않습니다. 더 이상한 것은 외래어 '스티커(sticker)'에는 "교통순경이 교통 법규 위반자에게 떼어 주는 처벌의 서류"로 좀(?) 제대로 풀이돼 있다는 점입니다. 즉 경찰이 발부하는 딱지로는 '빨간딱지'가 아니라 '스티커'를 동의어로 다루는 것이 더 합리적입니다. 더욱이 이들 말의 뜻풀이에서 거듭되는 '순경'도 이상합니다. 순경은 "경찰 공무원 계급 중 하나"입니다. 경장의 아래 계급이죠. 그 계급자만 교통 업무를 담당하는 것은 아닙니다. 따라서 뜻풀이의 '교통순경'은 '교통경찰'로 바뀌어야 합니다. 아니면 '순경'의 뜻풀이에 "경찰 공무원을 일상적으로 이르는 말"이라고 추가해도 깔끔해집니다. 이러한 오류를 잡으려면 국립국어원 내부가 아닌 외부 전문 교열자의 손길이 필요하다고 봅니다. 물론 저한테 연락이 오면 저는 공짜로 교열을 봐 줄 요량입니다.

라 '과태료'입니다. 즉 '과태료'는 형벌이 아니라 행정 처분으로 국가나 지자체 등이 부과하며, '벌금'은 형의 일종으로 법원이 그 정도를 정하게 됩니다.

또 운전을 하다가 중앙선을 침범하거나 과속을 하는 경우, 노상방뇨를 하거나 쓰레기를 함부로 버리는 행위, 공공장소에서의 흡연 등도 절대 벌금을 내지 않습니다. 이들 행위는 '범칙금' 부과 대상입니다. 범칙금은 '형사 처벌'의 대상이지만 금액을 완전히 납부할 경우 처벌을 받지 않게 되는 것으로, 전과자가 양산되는 일을 막기 위해 만들어졌습니다.

제치다, 젖히다, 제끼다, 재끼다, 지치다의 차이

입에서 나는 소리와 글 꼴이 비슷해 사람들이 잘못 쓰기 쉬운 말 중에 '제치다' '젖히다' '재끼다'가 있습니다. 글 꼴도 비슷하고, 소리는 더 비슷해 정말 헷갈리죠. 하지만 그 구분법은 의외로 간단합니다.

우선 '제치다'는 "거치적거리지 않게 처리하다"를 뜻합니다. "그 선수는 골키퍼를 제치고 골을 넣었다"처럼 쓰이죠. 또 "일정한 대상이나 범위에서 빼다"(어떻게 나를 제쳐 두고 너희끼리 놀러 갈 수 있니?) "경쟁 상대보다 우위에 서다"(마라톤에서 우리 선수가 선두를 제치고 맨 앞으로 나섰다) "일을 미루다"(그는 제집 일을 제쳐 두고 남의 집 일에 발 벗고 나선다) 등의 뜻을 나타 내기도 합니다.

이와 달리 '젖히다'는 우선 "뒤로 기울다"를 뜻하는 '젖다'의 사동사로 쓰입니다. "나뭇가지를 잡아 뒤로 젖히다" "고개를 뒤로 젖히다" 등이 그런 쓰임이죠. '젖히다'는 또 "안쪽이 겉으로 나오게 하다"라는 뜻을 가지고 있습니다. "코트 자락을 젖히고 앉다" "대문을 젖히고 들어서다" "커튼을 걷어 젖히다" 따위로 쓰이는 거죠. 이 외에도 '젖히다'는 동사 뒤에서 '-어 젖히다' 구성으로 쓰여 "앞말이 뜻하는 행동을 막힌데 없이 해치움"을 나타내기도 합니다. "노래를 불러 젖히고" "술을 마셔 젖히고" "크게 한 번 웃어 젖히고"처럼 말입니다.

한편 '재끼다'는 동사 뒤에서 '-어 재끼다' 구성으로 쓰여 "일을 솜씨 있게 쉽게 처리하거나 빠르게 해 버림"을 나타냅니다. "그 많은 일을 하루 만에 해 재끼고 또다시 일을 찾고 있다"처럼 쓰이는 거죠.

그러나 **솔찮이**˚ 많은 사람이 쓰고 있는 '제끼다'는 바른말이 아닙니다. 어느 국어사전에도 그런 말은 올라 있지 않습니다. 따라서 "노래를 불러 제끼다" "옷을 벗어 제끼다" 따위는 바른 표현이 아닙니다. "노래를 불러 젖히다" "옷을 벗어젖히다"로 써야 하죠. 이 중 '벗어젖히다'는 하나의 말로 사전에 올라 있습니다.

또 '한쪽으로 제껴 놓았다'나 '철수를 제끼고 1등으로 나섰다' 따위는 '한쪽으로 제쳐 놓았다'나 '철수를 제치고 1등으로 나섰다' 등으로 써야 합니다.

참, "얼음 위를 잘 제치고 나갈 수 있다" 따위 예문에서 보듯이 빙판과 관련해 '제치다'를 쓰는 일도 많습니다. 하지만 "얼음 위를 미끄러져 달리다"를 뜻하는 말은 '제치다'가 아니라 '지치다'입니다. "얼음을 잘 지친다" "썰매를 지치곤 했다" 따위로 쓰이죠.

솔찮이 ⊗ 꽤 ◎

"오늘 술을 솔찮이 마셨다" "광고가 솔찬케 좋아요" 따위처럼 "꽤" 또는 "꽤 많이" 등의 의미로 '솔찬하다'나 '솔찮다'가 많이 쓰입니다. 하지만 〈표준국어대사전〉에 이들 말은 등재돼 있지 않고, 일부 등재한 국어사전도 "호남 지방의 사투리"로 다루고 있습니다.

4부 헷갈리는 말 가려 써야 뜻이 통한다

소리가 같다고

다 같은 말이 아니다

방금 살펴보았듯이 우리말은 모음 'ㅓ'와
'ㅏ', 또 받침 'ㄷ'과 'ㅌ' 등 아주 미묘한 차이로 의미가 완전히
달라지는 말들이 참 많습니다. 발음이 비슷하거나 아예 똑같이
나지만 의미는 조금씩 또는 완전히 다른 말도 적지 않습니다.

'바치다' '받치다' '받히다' '밭치다' 따위가 대표적 사례입
니다. 이들 말은 모두 [바치다]로 소리 납니다. 그런 까닭에 엉
뚱하게 쓰는 일도 흔합니다. 하지만 우리말법을 조금만 알면
쉽게 구분할 수 있고, 또 우리가 일상생활에서 자주 쓰는 말인
만큼 꼭 알아 둘 필요가 있습니다.

먼저 '바치다'는 ①신이나 웃어른에게 정중하게 드리다
②반드시 내거나 물어야 할 돈을 가져다주다 ③도매상에서
소매상에게 단골로 물품을 대어 주다 ④무엇을 위해 모든 것
을 아낌없이 내놓거나 쓰다 등의 의미로 쓰인다고 〈표준국어
대사전〉이 밝히고 있습니다. 다만 일상생활에서는 **그중** ③의
의미는 거의 쓰이지 않습니다.

또 '받치다'는 자동사로 쓰일 경우 "먹은 것이 소화되지 않
고 위로 치밀다" "기운이나 심리작용이 강하게 치밀다"는 의
미를 갖고, 타동사로 쓰일 때는 ①"어떤 물건의 속이나 안에

다른 것을 꺼대다" ②"무엇이 넘어지거나 쓰러지지 않게 밑을

그중 → 이 중

'이' '그' '저'는 모두 어떤 대상을 가리키는 말이지만, 약간의 차이점이 있습니다. '이'는 말하는 사람에게 가까운 것을 가리킬 때. '그'는 듣는 사람에게 가까운 것을 가리킬 때. '저'는 말하는 이와 듣는 이 모두에게 먼 것을 가리킬 때 쓰는 게 자연스럽습니다. '이놈 좀 보게' '그놈 알지?' '저놈 잡아라' 등처럼요. 참, '이' '그' '저'는 띄어쓰기가 무척 헷갈리는 말입니다. 방금 나온 '이놈' '그놈' '저놈'은 국어사전에 하나의 낱말로 올라 있어 붙여 써야 합니다. 사람을 높여 이르는 '이분' '그분' '저분'도 붙여 씁니다. 또 "과거의 어느 해[年]"를 뜻하는 '그해'와 "앞에서 이야기한 해"를 의미하는 '이해', 때를 가리키는 '이때'와 '그때'도 국어사전에 등재돼 있으므로 당연히 붙여 쓰는 게 맞습니다. 그런데 "범위가 정해진 여럿 가운데"를 뜻하는 '그중'은 국어사전에 있지만, 같은 의미의 '이중'은 없습니다. '그중'은 붙여 쓰고, '이 중'은 띄어 써야 하는 것처럼 보입니다. 더욱이 국립국어원 '온라인 가나다'에는 '이' '그' '저'의 띄어쓰기를 묻는 질문에 "'그 후' '그 외' '그 밤' '이 땅' 등은 띄어 쓴다. '이' '그' '저' 뒤에 단음절어가 오더라도 '이것' '저곳' '그때' '그중' 따위와 같이 한 단어로 굳어진 말은 붙여 쓰지만, '이 중' '그 후' '그 외' '그 밤' '이 땅'처럼 한 단어로 굳어지지 않은 말은 모두 띄어 쓴다"라는 답변이 달려 있습니다. 하지만 저는 이 답변이 옳지 않다고 생각합니다. 한글맞춤법 제46항에 "단음절로 된 단어가 연이어 나타날 적에는 붙여 쓸 수 있다"라고 하면서 '좀더' '큰것' '이말' '저말' '한잎' '두잎' 등도 붙여 쓸 수 있다고 예를 들어 놓았는데, '그중'은 붙여 쓰고 '이 중'은 띄어 쓰라는 것은 말이 안 됩니다. 사람들은 다 띄어 쓰는 '큰 것'이나 '두 잎'은 붙여 써도 된다고 하고, 대부분 붙여 쓰는 '이중'이나 '그후'는 꼭 띄어 쓰라고 하는 것은 이상해도 너무 이상합니다. 국립국어원의 답변보다 더욱 엄중한 한글맞춤법에 따르면 '이중'과 '그후'는 붙여 써도 됩니다. 〈문법 편〉에서 띄어쓰기의 문제를 좀 더 자세히 다루었지만, 현재의 띄어쓰기 규정은 대대적으로 손볼 필요가 있습니다.

괴다" ③"무엇을 펴들다"는 의미를 갖습니다.

이때 타동사 ②③의 '받치다'는 '받다'에 "그 동작의 힘줌을 나타내는 말"인 '치'가 더해진 말입니다. 이러한 '치'가 더해진 말로는 '밀치다' '솟구치다' '돋치다' 등이 있지요.

여기서 잠시 샛길로 빠져 하나만 짚고 넘어가면, "돋아서 내밀다"는 의미의 '돋치다'를 잘못 쓰는 일이 많습니다. "날개 돋힌 듯이 팔린다"라거나 "가시가 돋힌 말이다" 따위로 쓰는 거죠. 그러나 우리말에는 '돋히다'라는 낱말이 없습니다. '먹다'에 피동 접미사 '히'가 붙어 '먹히다'가 되는 것이 자연스럽 듯이 '돋다'에 피동 접사 '히'가 붙어 '돋히다'가 될 것 같지만, 〈표준국어대사전〉은 물론 어느 국어사전도 '돋히다' 꼴의 낱말을 인정하지 않고 있습니다. 아무튼 '돋치다'와 '돋히다'는 모두 [도치다]로 소리 나지만, '돋히다'는 무조건 틀린 말입니다.

다시 원래 길로 돌아와서 '받히다'는 "세게 밀어 부딪히다" 는 뜻의 '받다'에 피동 접미사 '히'가 더해진 말로 "떠받음을 당하다"라는 의미를 나타냅니다. "버스에 받히다"처럼 쓰이는 거죠.

끝으로 글 꼴이 좀 생소해 보이는 '밭치다'는 "건더기와 액체가 섞인 것을 체 같은 데에 부어서 국물만 받아내다"라는 뜻을 가진 말 '밭다'에 강세를 나타내는 '치'가 더해진 말입니다.

이들 말을 예문으로 살펴보면 ▲바치다는 제물을…, 세금

바치다
임금님께 음식을 **바쳤다.**

받치다
설움이 **받쳐서** 끝내 울음이 났다.

받히다
횡단보도를 건너던 그는 신호를 무시하
고 달려오는 승용차에 **받히고 말았다.**

밭치다
씻어 놓은 상추를 채반에 **밭쳤다.**

을, 평생을… ▲받치다는 속이…, 설움이…, 조끼를 받쳐 입다, 기둥을…, 우산을… ▲받히다는 차에…, 소뿔에… ▲밭치다는 체에… 등으로 쓰입니다.

이처럼 우리말에는 바른말이기는 하지만, 글 꼴이나 발음이 비슷해 사람을 헷갈리게 하는 낱말이 무진장 많습니다. 헷갈리는 말을 구분해 쓰는 법만을 알려 주는 책이 있을 정도죠. 우리말을 보다 잘 알려면 이들 말을 꼭 익혀 둬야 합니다.

'안주 일절'인 집에는
먹을 게 없다

여러분도 식당에 갔다가 '안주 일절'이라고 적힌 글씨를 본 적이 있으시죠? 음식과 술을 함께 파는 집에 가면 이런 글귀가 많이 적혀 있잖아요. 그 글귀를 보고 무슨 뜻이라고 생각하셨나요? 모든 안주가 다 된다는 뜻으로 생각하지 않으셨나요?

맞습니다. 원래는 그런 뜻이어야 합니다. 그래야 손님이 시킬 수 있을 테니까요. 그러나 '안주 일절'은 거꾸로 "우리 집에는 안주로 먹을 만한 것이 전혀 없습니다"라는 의미를 담은 표현입니다.

우리말의 부사 '일절一切'은 "아주" "전혀" "절대로"의 뜻으로, 흔히 사물을 부인하거나 행위를 금지할 때에 쓰이거든요. 문장 속에서 앞의 내용을 부정할 때 쓰이는 말인 거죠. 흔히 '안주 일절'로 쓰는 말은 '안주 일체'로 적어야 합니다. 이때의 '일체一切'는 "모두 다"나 "모든 것"을 뜻하는 말입니다.

한자 '一切'이 '일절'과 '일체'로 읽히는 것에 따라 의미가 180도 달라지는 게 참 신기합니다. 이는 '切'이 "끊다" "떨어지다" "없어지다" "몹시" 등을 뜻할 때는 '절'로 소리 나지만, "온통" "모두" 등을 의미할 때는 '체'로 소리 나기 때문입니다.

"얘들아" 하고 부르니 ✎

달려오는 애들

요즘 유명 방송인 백종원 씨가 모델로 나오는 한 광고를 보면, 백종원 씨는 분명 "얘들아, 너흰 어디 사니"라고 말하는데, 화면에는 '애들아 너흰 어디사니'라는 글씨가 보이는 장면이 나옵니다. 말은 똑바로 했는데, 표기가 엉터리인 장면입니다. '얘들'과 '애들'도 구분하지 못하고, 띄어쓰기도 엉망인 화면을 보면서 쓴웃음이 나왔습니다.

광고 제작사의 여러 사람과 기업 관계자 다수가 봤을 텐데

4부 헷갈리는 말 가려 써야 뜻이 통한다

도 이런 오자 하나 바로잡지 못하는 현실을 보면서 한숨도 나왔고요. 나름대로는 각 분야에서 전문가 소리를 듣는 사람들이 기획하고, 만들고, 보고, 수정도 했을 텐데 어떻게 이런 엉터리 표기가 나올 수 있냐고요, 도대체.

하지만 이 광고 제작자들뿐 아니라 '애들'과 '얘들'을 구분하지 못하는 사람이 의외로 많습니다. 한 포털 사이트 지식검색창에 엉터리 주장이 실려 있을 정도로요.

> '애'는 '아이'의 준말이고 '얘'는 '이 아이'의 준말입니다. '애들아' 그러면 '아이들아'라는 뜻이고, '얘들아' 그러면 '이 아이들아'라는 뜻입니다. 그런데 아이들을 부르면서 '이 아이들아'라고 하지는 않지요. 그러니 '애들아, 이리 오너라', 이렇게 쓰는 것이 맞습니다. '얘'가 쓰일 수 있는 경우는 '이 아이들이 그랬어요'를 줄여서 '얘들이 그랬어요'로 쓰는 때입니다.

위의 글이 그런 엉터리 주장입니다. '애들'이 '아이들'이고, '얘들'이 '이 아이들'인 것은 맞습니다. 하지만 "○○아, 너흰 어디 사니"라고 할 때의 ○○에 들어갈 말은 위의 주장과는 조금 다릅니다.

무슨 말이냐 하면, 우선 ○○에 들어갈 말은 '얘들'이 맞습니다. 하지만 여기에 쓰이는 '얘들'을 단순히 '이 아이들'의 준말로만 보면 안 됩니다. 이때의 '얘들'은 "어른이 아이를 부르거나 같은 또래끼리 서로 부르는 말" '얘'에 '들'이 붙은 겁니다. 누군 가를 부르는 경우에는 "말하는 이에게 가까이 있거나 말하는 이가 생각하고 있는 대상을 가리키는 지시 관형사" '이'가 붙어야 하거든요. 이는 국립국어원이 '온라인 가나다'와 〈표준국어대사 전〉에서도 분명하게 밝히고 있는 내용이기도 합니다.

아이들을 부르는 말로 '애들아'가 맞는지 '얘들아'가 맞는 지는 '들'을 빼 보면 금방 알 수 있습니다. 여러 명이 아니라 한 아이에게 하는 말로 '애야, 너는 어디 사니'와 '얘야, 너는 어디 사니' 중 어느 것이 자연스러운가요? 당연히 '얘야, 너는 어디 사니'가 자연스럽죠. 이 '얘'에 복수를 뜻하는 '들'과 "손아랫사 람을 부르는 격 조사" '-아'가 붙어 이뤄진 말이 '얘들아'입니 다. 그러니 여러분은 지식검색창에 나오는 이상한 주장을 믿지 마시고, 아이들을 부르는 말로 '애들아' 대신 '얘들아'를 쓰세 요. 아셨죠?

참 '이 아이'가 '얘'로 줄듯이 '그 아이'는 '걔'로, '저 아이' 는 '쟤'로 준다는 것도 기억해 두시기 바랍니다.

가락지와 반지는
개수가 다르다

　　　　　제 직업이 기자다 보니 인터넷을 뒤지는 시간이 참 많습니다. 기사를 쓰려면 이런저런 자료가 필요하거든요.

　그런데 말입니다. 인터넷에는 거짓 정보가 진짜 많습니다. '정보의 바다'인 동시에 '거짓의 바다'이기도 합니다. 그런 만큼 인터넷을 이용할 때는 세심한 주의가 필요합니다. 거짓말에 속지 말아야 하거든요.

　손가락에 끼는 쌍가락지 얘기도 그렇습니다. 다 그런 것은 아니지만, 어느 누리꾼은 우리말의 바른 씀씀이를 알려 주면서, "쌍가락지는 쓸데없는 군소리가 붙은 말로, 가락지라고만 써야 한다"고 주장합니다. "손가락에 끼는 두 짝의 고리"가 '가락지'이므로 '쌍'자가 붙을 필요가 없다는 거죠.

　얼핏 들으면 맞는 소리 같습니다. "두 개로 이뤄진 고리"가 '가락지'인 것은 분명하니까요. 그리고 그것의 반쪽, 즉 하나로 된 고리가 '반지半指'입니다. 그러니까 쌍가락지라고 하면 이론적으로는 네 개의 고리여야 합니다. 하지만 여러분들 중에서 쌍가락지를 그런 의미로 쓰는 사람은 거의 없을 듯합니다. 대부분 두 개짜리 고리를 쌍가락지라고 합니다.

이를 두고 몇몇 '우리말 지킴이'까지 "쌍가락지는 절대 쓰면 안 된다"고 주장합니다. 하지만 아닙니다. 그런 주장은 진실이 아닙니다. '쌍가락지'는 네 개의 고리를 뜻하는 말이 아니라, "'가락지'를 강조하는 말"입니다. '가락지'와 '쌍가락지'는 똑같은 말인 거죠. 국어사전에도 그렇게 올라 있습니다. 그러니까 '쌍가락지'는 맘대로 써도 됩니다.

정작 조심해야 할 말은 '가락지'입니다. 하나인 고리를 '가락지'라고 부르는 일이 흔하거든요. 특히 옥으로 만든 것을 말할 때 그런 실수를 많이 합니다. 옥반지를 주면서 옥가락지라고 하는 거죠. 옥으로 만든 것이든 금으로 만든 것이든 고리가 하나면 '반지'이고, 둘이면 '가락지'나 '쌍가락지'입니다.

그런데 말입니다. 반지나 가락지의 영향인지, "팔목에 끼는, 금·은·옥·백금·구리 따위로 만든 고리 모양의 장식품"을 일컬어 '팔지'라고 말하는 사람이 꽤 많습니다. 그러나 반지는 손가락에 끼는 것이니까 '指(손가락 지)'를 쓰지만, 팔목에 차는 것에도 '指'를 쓸 수는 없습니다. 그것은 '팔지'가 아니라, 그냥 '팔찌'라고 써야 합니다. "발목에 끼는, 고리 모양의 장식품" 역시 '발지'가 아니라 '발찌'입니다.

와~ 제가 생각해도 정말 설명 한번 잘하네요. 그렇죠?

지루할까 봐 웃자고 한 얘기고요. 여러분이 자주 틀리는 말 하나 더 알려 드릴게요.

4부   헷갈리는 말 가려 써야 뜻이 통한다

팔찌와 같은 부위에 차는 '팔목시계' 있죠? 그것 역시 팔목에 차는 것이니까 아무 의심 없이 그렇게들 쓰는데, '팔목시계'는 바른말이 아닙니다. '손목시계'라고 해야 합니다. 왜냐고요? 1988년 표준어규정 개정 때 '팔목시계'를 버리고, '손목시계'만 표준어로 쓰도록 결정했기 때문입니다.

물론 "팔과 손을 잇는 부분"을 뜻하는 말은 '손목'이나 '팔목' 다 맞습니다. 복수 표준어죠. 다만 '팔목'에는 '시계'가 못 붙습니다.

선친은 내 아버지, ✏

선대인은 남의 아버지

국어사전들은 '아버님'을 "아버지의 높임 말"로만 설명하고 있습니다. 이 때문에 많은 사람이 아무 때나 '아버지'와 '아버님'을 쓸 수 있다고 생각하는 듯합니다. 사실 여러분도 그렇게 쓰시고 있죠? 아무렇게나….

물론 제가 제 아버지께 쓸 때는 '아버지'를 쓰든 '아버님'을 쓰든 상관이 없습니다. 제가 제 아버지께 "아버님, 진지 드세요"라고 말하는 것은 예의에 벗어나지 않고, 화법에도 어긋나지 않습니다. 그러나 '아버님'을 써서는 안 되는 때가 있습니다. 바로 자신의 아버지를 남에게 얘기하면서 "우리 아버님은…"이라고 높이는 경우입니다. 우리 조상들은 예부터 남에게 자기 가족을 높여 말하는 것은 예의에 어긋난다고 생각했습니다. 오죽하면 자기 아들을 '가돈家豚' '돈아豚兒'라며 돼지에 비유했겠습니까.

그런 예법은 지금도 그대로입니다. 아버지가 나에게는 누구보다 귀하고 높으신 분이지만, 남에게 '아버님'이라고 높여 부르는 것은 예의에 어긋나는 거죠.

그러니까 남에게 자기 부모를 얘기할 때는 '아버지'와 '어머니'라고 해야지, '아버님'과 '어머님'으로 말해서는 안 됩니다. 다만 아버지와 어머니가 돌아가신 경우에는 "저희 어머님(아버님)께서는 생전에…"처럼 아버님과 어머님으로 높여 부를 수도 있습니다.

아버지와 관련해 흔히 잘못 쓰는 말에는 '선친'도 있습니다. TV 드라마를 보다 보면 간혹 "선친께서는 참 훌륭하셨지요. 자네도 아버님의 유지를 잘 받들어야 하네" 따위로 말하는 장면이 나옵니다. 하지만 이런 때는 절대 '선친'을 쓰면 안 됩니다. 선친은 "자신의 돌아가신 아버지"를 가리키는 말이거든요.

그렇다면 "남의 돌아가신 아버지"를 이르는 말은 뭘까요? 그것은 바로 '선대인'입니다. 선대인은 다른 말로 '선고장'이나 '선장'이라고도 합니다.

이 밖에 남의 살아 계신 아버지는 '춘부장'이고, 어머니는 '자당'입니다. 나의 살아 계신 아버지를 뜻하는 말에는 '가친' '엄부' '가대인' 등이 있고, 어머니를 뜻하는 말로는 '자친' '가모' 등이 있습니다. 또 나의 돌아가신 어머니는 '선비'나 '망모'고, 남의 돌아가신 어머니는 '선대부인'입니다.

조금은 고루한 얘기 같지만, 알아두면 살아가면서 도움이 될 때가 있을 겁니다. 그리고 앞에서도 얘기했듯이 국립국어원 누리집에 들어가서 '표준 언어 예절'을 꼭 살펴보기를 **강추**°합니다. 제가 설명해 준 것보다 쉽고 다양한 언어 예절이 잔뜩 담겨 있거든요.

예를 들어 자신의 직속 상관인 부장님의 부인은 '사모님'이

강추

젊은 사람들이 '강추' 같은 말을 쓰는 것을 보고 눈살을 찌푸리는 분들이 적지 않습니다. 하지만 '강력 추천(强力推薦)' 같은 한자말을 '강추'로 줄여 쓰는 일은 아주 흔한 일이고, 줄인 말이 원말보다 더 널리 쓰이는 것도 많습니다. '증권 시장(證券市場)'을 '증시'라 하고, '전지훈련(轉地訓鍊)'을 '전훈'으로, '주주 총회(株主總會)'를 '주총'으로도 쓰잖아요. 이중 '주총'과 '증시'는 〈표준국어대사전〉에도 올라 있고, 이런 형태의 표준어가 수없이 많습니다. 따라서 '공동 구매(共同 購買)'를 '공구', '남자 친구(男子親舊)'를 '남친'으로 쓰거나 '강추'를 쓴다고 너무 나무랄 것은 아니라고 봅니다. '강추'는 국립국어원의 '우리말샘'에도 올라 있는 말입니다. 표준어가 될 가능성이 있다는 얘기죠.

라고 부르면 됩니다. 그러면 자신의 직속 상관이 여자인 경우
그 부장님의 남편은 뭐라 불러야 할까요? 답이 궁금하면 빨리
표준 언어 예절을 뒤져 보세요. 목마른 사람이 우물을 파는 겁
니다.

남편은 ✎
'오빠'나 '아빠'가 될 수 없다

　　　　　　　　호칭 이야기가 나온 김에 몇 가지만 더 살
펴볼게요. 좀 오래전 일이지만, 가수 은지원 씨가 박근혜 전 대
통령이 자신의 고모라고 말해 큰 관심을 모은 적 있습니다. 당
시 고모와 조카가 왜 성이 다른지를 놓고 많은 사람이 의문을
갖기도 했습니다. 당연한 의문입니다. 원래는 성姓이 다른 고모
와 조카는 있을 수 없으니까요.

　물론 고모와 조카의 성이 다른 경우가 아예 없는 것은 아닙
니다. 자녀가 아버지의 성씨 대신 어머니의 성씨를 물려받는
경우도 있으니까요. 〈문법 편〉에 나오지만, 두음법칙 적용 여
부에 따라 부모와 자녀의 성씨 표기가 달라질 수도 있습니다.
하지만 은지원 씨는 어머니의 성씨를 따른 것도 아니고, 두음
법칙이 적용되는 성씨도 아닙니다. 그래서 고모-조카 관계가
이상하다는 겁니다.

결론부터 말하면 박 전 대통령은 은지원 씨의 고모는 아닙니다. '고모'는 "아버지의 누이를 이르거나 부르는 말"이기 때문이죠. 그런데 박 전 대통령은 은지원 씨 아버지의 '사촌 누이'라고 합니다. 그것도 '외사촌 누이'이죠. 은지원 씨 아버지의 어머니, 즉 은지원 씨의 할머니가 박정희 전 대통령의 큰누나라고 하네요.

아버지의 친누이가 '고모'이고, 아버지의 친사촌 누이는 '당고모' 또는 '종고모'입니다. 그러나 아버지의 외사촌 누이를 부르는 말로 국어사전에 오른 것은 없습니다. 다만 민간에서는 아버지의 외사촌 누이를 부르는 말로 '외당고모'나 '외종고모'가 쓰이고 있습니다.

결국 박 전 대통령은 은지원 씨에게는 인척일 뿐입니다. 두 사람의 촌수가 비록 외가 쪽이기는 하지만 5촌인 만큼 두 사람이 아주 가까운 사이인 것은 분명합니다. 그렇다고 해서 은지원 씨가 박 전 대통령을 '고모'라고 부르는 것은 바른 호칭이 아닙니다. "아버지와 항렬이 같은 여자"를 일컫는 말로는 주로 '아주머니'가 쓰입니다.

우리는 어느 민족보다도 핏줄을 중요시하는 까닭에 가족 혹은 친인척 간의 호칭이 아주 발달해 있습니다. 그러나 현대 들어 대가족이 핵가족화되고, 젊은 사람들이 집안 어른들로부터 언어 예절을 바로 배우지 못하다 보니 호칭을 잘못 쓰는 일이 흔합니다.

한 예로, 젊은 새댁이 시아버지를 '시아빠'로 부르거나 남편을 '오빠'나 '아빠'로 불러 어르신들의 얼굴을 뜨겁게 만드는 일도 종종 벌어지곤 합니다. 물론 격식을 갖추지 않아도 되는 상황에서 자신의 '아버지'를 '아빠'로 이르거나 부르는 것은 이제 일상이 됐습니다. 국립국어원도 이런 흐름을 인정해 2011년 12월 〈표준 언어 예절〉을 새로 발간하면서, 그동안 유아들만 쓰는 말로 다뤘던 '아빠'를 성인들도 쓸 수 있도록 했습니다.

하지만 며느리와 시부모는 친親보다는 예禮를 앞세우는 사이로, '시엄마' '시아빠'로 부를 수 없는 것이 우리의 언어 예절입니다. 남편을 '오빠'나 '아빠'로 부르는 것 역시 우리의 언어 예절에서는 절대 있을 수 없는 일입니다.

또 자신의 장인·장모를 '빙장어른'과 '빙모님'으로 부르며, 그것을 바른 언어 예절로 아는 사람이 적지 않습니다. 하지만 '빙장聘丈'은 "다른 사람의 장인丈人을 이르는 말"이고, '빙모聘母'는 "다른 사람의 장모를 이르는 말"이라는 게 국립국어원의 견해입니다. 자신의 장인·장모에게는 '빙장'과 '빙모'를 쓸 수 없다는 얘기죠.

한편 일부에서 "누나의 남편은 자형姉兄이라 하고, 여동생의 남편은 매제妹弟라고 불러야 한다"라고 주장하기도 합니다. '매형妹兄'은 쓸 수 없다는 거죠. 자매姉妹의 '姉'가 손위 누이를 뜻하고 '妹'가 손아래 누이를 뜻하므로, '妹'에다 손윗사람을 이르는 형兄 자를 쓸 수 없다는 논리입니다.

그러나 이는 사실과 다릅니다. "손위 누이의 남편을 이르거나 부르는 말"로는 '매형妹兄' '자형姉兄' '매부妹夫' 모두를 쓸 수 있다는 것이 국립국어원의 견해입니다. "손아래 누이의 남편을 이르거나 부르는 말"로는 '매제'와 '매부'를 쓰고요. 한자의 의미와 상관없이 사람들이 널리 쓰는 호칭을 인정해 준 것이죠.

어중띤 사람이
되지 말자

우리말에는 소리는 물론 의미까지 비슷한 말이 정말 많습니다. '우리말은 너무 어렵다'는 소리가 절로 나오게 하는 말들이죠. '어중간하다' '어지간하다' '엔간하다' 따위도 그런 말 가운데 하나입니다.

적지 않은 사람이 '엥간하다'로 잘못 쓰거나, 혹은 비표준어라고 생각하는 '엔간하다'는 "대중으로 보아 정도가 표준에 꽤 가깝다"는 뜻의 표준어입니다.

'어지간하다'도 표준어로 "수준이 보통에 가깝거나 그보다 약간 더하다""정도나 형편이 기준에 크게 벗어나지 아니한 상태에 있다""생각보다 꽤 무던하다""성격 따위가 생각보다 심하다" 등 다양한 쓰임새를 가지고 있습니다.

'어중간하다' 역시 "거의 중간쯤 되는 곳에 있다""이것도 저것도 아니게 두루뭉술하다""시간이나 시기가 이러기에도 덜 맞고 저러기에도 덜 맞다""어떤 정도나 기준에 꼭 맞지는 아니하나 어지간히 비슷하다" 등 여러 의미가 있는 표준어입니다.

즉 이들은 소리나 글 꼴은 비슷하지만 쓰임새는 조금씩 다른 말입니다. 앞에서 설명해 놓은 의미를 꼼꼼히 살펴보면 사람들이 흔히 쓰는 "엔간하면 오늘 끝내자"라거나 "사람이 엔간해야 상대를 하지" 따위의 표현에 나오는 '엔간하다'는 '어지간하다'의 잘못임을 금방 알 수 있습니다. '엔간하다'는 "한참 부족했는데, 엔간하게 맞춰 놓았다" 따위로 써야 하는 거죠.

그건 그렇고요. '어중간하다'와 비슷한 의미로 '어중띠다'를 쓰는 사람이 적지 않습니다. "일단 크기가 좀 어중띠고 무겁다"나 "이도 저도 아닌 어중띤 성향이 가장 문제일 것 같다" 등으로 말하는 거죠. 그러나 "이도 저도 아니어서 어느 것에도 알맞지 아니하다"의 바른말은 '어중띠다'가 아니라 '어중되다'입니다. '어중띠다'라는 말은 없습니다.

4부 헷갈리는 말 가려 써야 뜻이 통한다

떼거지로
몰려다니지 마라

저는 오래전부터 '표준어의 기준'은 국어학자가 아니라 평범한 사람들이 정해야 한다고 주장해 왔습니다. 평범한 사람들이 널리 쓰는 말이 표준어가 돼야 한다는 거죠.

하지만 여기에 조금 문제가 있기는 합니다. '평범한 사람'과 '그들이 널리 쓰는 말'의 기준을 무엇으로 삼느냐는 겁니다. 나이에 따라, 사는 지역에 따라, 혹은 교육 수준에 따라 '널리 쓰는 말'이 다를 수 있으니까요.

예를 들어 10대 청소년이라면 누구나 아는 '열공'을 60대 이상의 어르신들이 쓸 리 없고, 서울 사람들이 '부추'라고 하는 것을 지역에 따라 '정구지' '솔' '졸' 등으로 말하기도 하잖아요.

그런 만큼 표준어에 대한 규정은 어느 정도 필요하다고 봅니다. 다만 두 개 이상의 말이 비슷한 세력을 보이거나, 비표준어로 다뤄 왔지만 급속히 세력을 넓혀 가는 말이 있다면, 그들을 가급적 복수 표준어로 삼아 사람들 사이에서 경쟁케 해야 한다고 생각합니다. 그러다 보면 어느 말은 끝까지 생명을 이어가면서 분화도 할 것이고, 어떤 말은 도태돼 없어지겠죠. 그것이 건강한 '언어 생태계'라고 믿습니다.

그런데 말입니다. 어떤 말은 사람들이 더 많이 쓰고 있어도 쓰지 못하게 말려야 할 것도 있습니다. 우리말법에 너무 어긋나거나 맑고 고운 우리말의 인상을 훼손하는 말이 그런 것들입니다.

그런 말 가운데 하나가 "사람들이 우르르 몰려다닌다"고 할 때 많이 쓰는 '떼거지'입니다. '떼거지'는 "더 큰 문제는 집권 여당이라고 하는 ○○○당 의원들이 떼거지로 몰려가 행사를 벌였다는 점이다" "담임교사가 맘에 안 들면 반 아이들이 운동장에 모여 떼거지로 시위하는 모습을 보인다" 등의 예에서 보듯이 신문이나 방송에서도 아주 많이 쓰입니다. 일상생활에서도 "못 보던 벌레가 떼거지로 출몰했다" 따위처럼 널리 쓰이고요.

하지만 이런 예문들 속의 '떼거지'는 잘못 써도 너무 잘못 쓴 말입니다. 그렇다고 '떼거지'가 비표준어라는 얘기는 아닙니다. 당당한 표준어죠. 하지만 일상생활에서 '떼거지'를 쓸 일은 거의 없습니다.

왜냐고요? '떼거지'는 "목적이나 행동을 같이하는 무리"를 뜻하는 '떼'에 "남에게 빌어먹고 사는 사람"을 뜻하는 '거지'가 더해진 말이기 때문입니다. 말 그대로 "떼를 지어 다니는 거지"를 뜻합니다. '떼거지'는 또 "천재지변 따위로 졸지에 헐벗게 된 많은 사람을 비유적으로 이르는 말"로도 쓰입니다. 그런 말은 요즘 같은 세상엔 쓸 일이 거의 없습니다.

그렇다면 "많은 사람이 우르르 몰려다닌다"는 의미의 바른말은 뭘까요? 그건 바로 '떼거리'입니다. '떼거리'는 사전에

"떼의 속된 말"로 올라 있지만, 표준어인 것은 확실합니다. 속된 말, 즉 속어는 격식을 갖춘 정중한 말로 쓰기에 적합지 않다는 거지, 그 말이 비표준어라는 얘기는 아닙니다.

염치나 체면엔
'불구'가 안 붙는다

　　　　　"배가 너무 고팠던 터라 염치 불구하고 밥을 한 그릇 더 청했다" 따위는 신문이나 방송은 물론 일상생활에서도 흔히 쓰는 표현입니다. 하지만 이 문장에는 참 어이없는 말이 하나 있습니다. '염치 불구하다'가 바로 그것이죠.

　염치廉恥는 "체면을 차릴 줄 알며 부끄러움을 아는 마음"을 뜻합니다. 이를 염우廉隅라고도 하죠. 그런데 이 '염치' 뒤에 흔히 쓰는 '불구하다'는 "얽매여 거리끼지 아니하다"를 뜻하는 말입니다. 따라서 '염치 불구하다'라고 하면 "염치 따위는 생각하지 않고 제멋대로"쯤의 의미를 갖게 됩니다.

　또 원칙적으로 '불구하다'의 뒤에는 '불구하다' 앞에 있는 말의 반대적 개념의 말이 와야 합니다. "돈이 없는데도 불구하고 음식을 시켰다"라는 문장에서, 돈이 없으면 음식을 시키지 말아야 하는데도 음식을 시키듯이 말입니다.

특히 '불구하다'는 '-에도' '-음에도' '-ㄴ데도' 따위와 어울려 문장을 만듭니다. 명사 바로 뒤에 와서 쓰이는 일은 없습니다.

"몸살에도 불구하고 출근했다" "제대로 농사를 지을 수 없는 땅인데도 불구하고 사람들은 그 질펀하게 펼쳐진 땅을 보는 것만으로도 배불러 하고 넉넉해했다" 따위처럼 쓰이는 거죠.

그러면 '염치 불구하다'는 어떻게 써야 할까요? 그것은 바로 '염치 불고하다'입니다. 이때의 '불고不顧하다'는 "돌아보지 아니하다"를 뜻합니다. 즉 '염치 불고하다'라고 하면 "염치를 생각하지 못하다" 정도의 의미를 갖게 되죠. 흔히 '체면 불구하고' 따위로 쓰는 말 역시 '체면 불고하고'로 써야 합니다.

이 밖에도 여러분이 구분해 써야 할 말은 무척 많습니다. 하지만 그것을 다 설명하려면 이런 책이 몇 권은 필요합니다. 그래서 그런 것들은 제 블로그에 올려놓을 생각입니다. 여기에 다른 자료도 많이 올려놓을 테니 아무 때나 들어와서 공부하기 바랍니다.

그 내용을 살짝 맛보기로 들려 드리면, '틀어지다'는 "본래의 방향에서 벗어나 다른 쪽으로 나가다" "사귀는 사이가 서로 벌어지다" 따위 의미를 지니지만, '틀어쥐다'는 "단단히 꼭 쥐다" "무엇을 완전히 자기 마음대로 하다" 등의 뜻을 가지고 있다는 식입니다. 또 '같지 않다'와 '같잖다' 그리고 '할 일 없다'와 '하릴없다' 등처럼 알아두면 유익한 말들이 참 많을 겁니다.

한자를 알아야 우리말이 보인다

우리말 달인이 되자고 하면서 한자 얘기를 꺼내는 제가 조금은 이해가 되지 않을 겁니다. 그러나 이 글의 제목 그대로 한자를 알아야 우리말을 바르게 쓰는 법도 알게 됩니다. 우리말에서 한자말이 70%나 되고, 순우리말은 30%밖에 되지 않거든요. 우리나라가 한자문화권에 속하므로, 어쩌면 당연한 일입니다.

그런데도 현재 우리나라에서는 영어 등 남의 나라 말을 배우는 데는 온갖 노력을 다하면서도 정작 우리말의 기본이 되는 한자를 배우는 일에는 너무 소홀한 것 같습니다.

하지만 제가 볼 때 바람직한 일이 아닙니다. 왜냐하면 한자를 많이 알아야 우리말은 물론 모든 공부의 능률을 **높힐**˙ 수 있

높힐 ⊗ 높일 ◉

'높히다' '덮히다' '같히다' 등처럼 한 말에서 'ㅌ'이나 'ㅍ'이 받침으로 쓰이고 그 뒤에 바로 'ㅎ'이 붙었다면, 그 말은 무조건 틀린 말입니다. 이때 'ㅌ'이나 'ㅍ'이 맞으면 뒤의 'ㅎ'이 'ㅇ'이 돼야 하고, 'ㅎ'이 맞으면 'ㅌ'이나 'ㅍ'이 'ㄷ'이나 'ㅂ'이 돼야 합니다. '높이다' '덮이다' '덥히다' '같히다' 따위처럼요.

5부   한자를 알아야 우리말이 보인다

기 때문이죠. 생각해 보세요. 우리가 읽는 책에 나오는 말 대부분이 한자말이잖습니까. 특히 학문적 언어는 거의 다 한자말입니다. 이 책도 마찬가지고요. 그런데 그런 말을 알지 못하고서 어떻게 학업을 쌓을 수 있겠습니까. 안 그래요?

그런데 어느 때부터인가 신문이나 방송에서 한자들이 한꺼번에 사라졌습니다. 독자나 시청자를 편하게 한다는 것이 이유였죠. 하지만 신문과 방송의 역할 중에는 교육적인 면도 있는 겁니다. 그런 점에서 한자를 깡그리 없앤 것은 잘못된 일이었다고 생각합니다. 한글을 아끼고 사랑하되, 우리말을 좀 더 제대로 쓸 수 있도록 한자 교육에도 신경을 써야 했다고 봅니다.

요즘 들어 몇몇 신문이 일부 기사에 다시 한자를 병기하는 것은 무척 잘하는 일입니다. 그것이 진정으로 우리말을 아끼는 길이기도 하고요.

정말 우리가 흔히 쓰는 말 중에는 한자와 그 한자의 뜻을 몰라 한자말의 한글 적기를 제대로 못 하는 것이 부지기수입니다. 특히 요즘 '청소년 등 젊은이들의 문해력이 너무 떨어진다'고 우려하는 목소리가 커지고 있는데요. 저는 '한자 공부의 부족'이 '형편없는 문해력'을 불러온 원인 중 하나라고 생각합니다. 한자를 모르니 한자말의 뜻을 모르고, 모르는 한자말로 **쓰여진**° 문장의 의미는 더더욱 알 수가 없는 거죠.

거듭 얘기하지만 한자말을 모르고서는 우리말을 제대로 알 수가 없고, 우리말을 모르고서는 작문은 물론 독서도 제대로 할 수가 없습니다. 그런 예들을 지금부터 하나씩 살펴볼게요.

쓰여진 ⊗ 쓰인/써진 ◎

'쓰여지다(쓰이어지다)' '잊혀지다(잊히어지다)' '불려지다(불리어지다)' '담겨지다(담기어지다)' 따위처럼 피동사를 만드는 말 '이' '히' '리' '기' 뒤에 다시 '-어지다'가 붙은 말은 거의 다 틀렸다고 보면 됩니다. 이중 피동이거든요. '이' '히' '리' '기'나 '-어지다' 중 하나를 빼야 바른말이 되죠. 이와 관련해서는 〈문법 편〉에서 좀 더 자세히 배울 수 있을 겁니다.

5부   한자를 알아야 우리말이 보인다

옥석구분을 잘하면
안 된다

글 제목이 좀 생뚱맞죠? 하지만 진짜입니다.

"모 증권의 한 지점장은 '해당 테마주 관련 기업들의 수주 실적과 영업이익률 등을 고려하는 옥석구분 전략도 반드시 필요하다'고 했다"라거나 "아직도 중기 지원이 옥석구분 없는 '퍼주기' 식에 가깝기 때문이다" 등의 예문에 보이는 '옥석구분'을 여러분은 어떻게 생각하시나요? 이상해 보이지 않죠?

많은 사람이 "좋은 것과 나쁜 것을 구분하다"라는 뜻으로 별 생각 없이 쓰는 '옥석구분'은 사자성어처럼 붙여 쓰면 안 되는 말입니다. '옥석을 구분하다'처럼 쓰면 괜찮지만, '옥석구분을 잘해야 한다' 따위처럼 쓰면 뜻이 이상해지거든요.

뭔 소리냐고요?

'옥석구분'은 '玉石區分'이 아니라 '玉石俱焚'이 원래의 사자성어입니다. 어느 국어사전에도 '玉石區分'은 올라 있지 않습니다.

〈서경書經〉 '하서夏書'에 나오는 '玉石俱焚'은 "곤륜산에 불이 붙으면 옥과 돌이 함께 불타 없어진다. 임금이 덕을 잃게 되면 그 해악은 사나운 불보다도 더 무섭다"라는 의미를 가지고 있습니다.

이와 관련해 〈표준국어대사전〉도 옥석구분玉石俱焚만 표제어로 올려놓고, "옥이나 돌이 모두 다 불에 탄다는 뜻으로, 옳은 사람이나 그른 사람이 구별 없이 모두 재앙을 받음을 이르는 말"이라고 뜻풀이를 해 놓았습니다. 많은 사람이 쓰는 옥석구분玉石區分과는 정반대의 뜻을 가지고 있는 거죠.

'玉石俱焚'을 '玉石區分'으로 쓰는 것을 두고 제가 잘 아는 대학 교수님은 "한자를 제대로 알지 못하고, 사자성어의 뜻을 어설프게 안 사람들이 잘못 퍼뜨린 때문"이라며 "좋고 나쁨을 가린다는 뜻으로 '옥석을 구분하다'를 쓰는 것은 문제가 없지만, '옥석구분을 하다'로 쓰면 안 된다"라고 지적하더군요. 그러니 여러분도 조심해서 쓰세요. 아셨죠?

'옥석구분'만큼 엉뚱한 의미로 쓰이는 말에는 '난상토론'도 있습니다. 적지 않은 사람이 '난상토론'을 부정적인 의미로 사용합니다. "아무런 결론도 얻지 못하고 난상토론으로 끝나고 말았다"처럼 쓰는 거죠. 아마 '난상토론'의 '난'을 '어지러울 난亂'으로 생각하기 때문일 듯합니다. 하지만 '난상토론爛商討論'은 긍정적인 의미의 말로 "낱낱이 들어 잘 토의함"을 뜻합니다. '난爛'자가 '어지러울 난' 자가 아니라 '빛나다' '무르익다' 등의 뜻을 가진 글자입니다.

사십구제는
지낼 수 없다

코로나19가 기승을 부리기 전까지만 해도 저는 10월 3일이면 태백산을 올랐습니다. 매해 찾지는 못했지만, 자주 찾았습니다. 태백산 정상인 장군봉에서 해마다 개천절이면 대한민국을 대표하는 바둑 프로기사 간의 '산상 기념대국'이 열리기 때문이었죠. 사실 제가 우달이로 유명하지만 '바둑 기자'로도 꽤 이름을 날리고 있답니다.

아무튼 하늘이 열린 날에 조훈현·유창혁·이창호·이세돌 등 국내를 대표하는 프로기사들이 두루마기를 두르고 갓을 쓴 채 바둑을 두는 광경은 옛 선비의 모습을 넘어서 마치 신선들의 대국을 보는 듯합니다. '도낏자루 썩는 줄 모른다는 게 저런 상황이구나' 하는 생각이 들 정도죠. 게다가 울긋불긋한 단풍이 병풍처럼 펼쳐져 마치 한 폭의 산수화를 보는 것 같답니다. 그 진풍경을 코로나19 여파로 더는 보지 못해 아쉬웠는데, 이제는 다시 볼 수 있을 것 같은 기대가 커지고 있습니다.

그런데 말이죠. 이곳 장군봉 중앙에 돌로 쌓아 올린 곳을 '천재단'으로 잘못 아는 사람이 적지 않습니다. 믿기 어려우면 인터넷 포털 사이트에서 '천재단'을 검색해 보세요. 일반인이 올린 글은 물론 신문이나 방송이 보도한 내용에도 '천재단'으로 잘못 쓴 곳이 수두룩합니다.

하지만 태백산 장군봉에 있는 것은 '하늘에 제사를 지내는 곳'으로, 반드시 '천제단'이라고 써야 합니다.

그런데요. '천제단'을 '천재단'으로 잘못 쓰는 것과는 반대로, 제사가 아닌데도 제사를 지내는 것처럼 잘못 쓰는 말도 있습니다. 더욱이 이 말은 '천제단'을 '천재단'으로 잘못 쓰는 것보다 더 많은 사람이 틀리고 있는 실정입니다. 그게 뭐냐고요? 바로 '천도제'입니다.

"천도제 올리고 국화 헌화하고… '이태원 참사' 애도 고조" 등의 예에서 보듯이 '천도제'는 신문과 방송에서도 흔히 쓰는 말입니다. 하지만 '천도제'는 '천도재'가 바른말입니다.

천도薦度란 "죽은 이의 명복을 빌기 위해 불보살에게 재를 올려서 영혼들로 하여금 정토나 천계에 태어나도록 기원하는 일"입니다. 그리고 그러한 법식을 '천도재薦度齋'라고 부릅니다.

우리말에서 한자 '제祭'가 들어간 말은 제사를 뜻합니다. 신령이나 죽은 사람의 넋에게 음식을 바쳐 정성을 나타내는 거죠. 이와 달리 '재齋'는 "본디 삼업三業을 정제整齊해 악업을 짓지 아니하는 일" "우리나라 절에서 부처에게 드리는 공양" "성대한 불공이나 죽은 이를 천도(薦度: 죽은 사람의 넋이 정토나 천상에 나도록 기원하는 일)하는 법회" "승려에게 공양供養을 올리면서 행하던 불교 의식" 등을 뜻한답니다.

5부   한자를 알아야 우리말이 보인다

제祭와 재齋의 가장 큰 차이는 '지내는 목적'에 있습니다. 간단히 말하면, 祭는 '나를 위해서도' 지내는 반면 齋는 '남을 위해서'만 지내는 거죠. 예를 들어 용왕제의 경우 어부들이 용왕에게 치성을 드리지만, 여기에는 용왕을 위하는 마음보다 자신의 안전과 풍어를 비는 마음이 더 큽니다. 그러나 '천도재'는 내 복을 비는 것이 아니라 구천을 떠도는 원혼을 달래 극락으로 가도록 기원하는 일입니다. 무슨 말인지 감이 좀 잡히시죠?

따라서 '사십구재(사십구일재)' 역시 '사십구제'로 쓰면 안 됩니다. '사십구재'가 바로 많은 천도재 가운데 하나거든요.

사람이 죽으면 7일째 되는 날부터 49일째 되는 날까지 7일마다 한 번씩 심판을 받는다고 합니다. 그중에서도 49일째는 '지하의 왕'인 염라대왕의 심판을 받는 날이라고 해요. 그래서 이날 염라대왕의 판결을 잘 받아 지옥이 아니라 극락에 가기를 바라는 의식을 치르는데요. 그게 바로 '사십구재'입니다.

성황당에 정한수
떠 놓지 마라

어떤 의식과 관련해 쓰이는 말 중에서 '천도제'와 '사십구제'보다 더 흔히 틀리는 말도 있습니다. 영화나

드라마를 보면 어머니가 자식을 위해, 또는 아내가 남편을 위해 물 한 그릇 떠 놓고 치성을 지내는 장면이 종종 나옵니다. 여러분도 그런 장면을 본 기억이 있으시죠? 그런데 그런 장면을 표현할 때 꼭 쓰는 말이 '정한수 떠 놓고 어쩌고저쩌고' 합니다.

어느 인터넷 카페의 글은 "어머니는 정한수淨寒水 한 사발을 **장꽝*** 위에 놓고 북쪽을 향해 절을 하고는 그 정한수를 조심스럽게 두 손으로 받쳐 들고 북두칠성을 향해 정성으로 빈 다음에…"라고, 마치 '정한수'가 한자말 '淨寒水'인 것처럼 그럴싸하게 포장해 놓기도 했습니다. '淨寒水'라고 하면 "깨끗하고 차가운 물"이라는 뜻이니, 얼핏 그럴싸하게 보입니다.

🔖 장꽝 ⓧ 장독대 ◉

좀 나이가 드신 분들은 '장꽝'이나 '장광'이란 말을 많이 씁니다. 하지만 현재 〈표준국어대사전〉은 이들 말을 '장독대'로 쓰라고 합니다. "장독 따위를 놓아두려고 뜰 안에 좀 '높직하게' 만들어 놓은 곳"이라는 뜻풀이와 함께요. 여기서 문제가 생깁니다. 장광이나 장꽝을 쓰는 분들이 말하는 곳(장광이나 장꽝)은 반드시 높아야 하는 데가 아닙니다. 뜰처럼 평평해도 괜찮고 뜰보다 낮은 데에 움막처럼 짓기도 합니다. 장독을 모아 놓은 곳간일 수도 있습니다. 게다가 "세간이나 그 밖의 여러 가지 물건을 넣어 두는 곳"을 뜻하는 말로 '광'이 널리 쓰입니다. 즉 장광과 장독대는 다른 것으로, '장광'이 표준어가 되지 못할 까닭이 없다는 게 저의 생각입니다. 아울러 장독대는 뜰보다 높은 곳에 위치한다고 한 〈표준국어대사전〉의 뜻풀이도 검토해 볼 필요가 있다고 봅니다.

그러나 어느 국어사전에도 '정한수'라는 말은 올라 있지 않습니다. 왜 그럴까요? 왜긴요. 바른말이 아니니까 그런 거죠. 여러분이나 여러분 주변 분은 물론이고 언론사 기자 등 우리 말을 좀 안다고 하는 사람들까지 흔히 '정한수'로 잘못 쓰는 말은 '정화수'가 바른 표기입니다. 한자로는 '井華水'라고 적습니다. '우물 정井' '빛날 화華' '물 수水'로 이뤄진 '정화수'는 "이른 새벽에 길은 (빛나고, 찬란하고, 번성할 기운이 담긴) 우물물"을 뜻합니다.

이 '정화수'는 우리나라 최고의 한의서인 〈동의보감〉에도 올라 있는 말입니다. 〈동의보감〉에 "정화수는 하늘의 참되고 정미한 기운이 수면에 맺힌 것으로, 이른 새벽에 처음으로 길어 온 물을 말한다. 이 물은 얼굴빛이 좋아지게 하며, 술을 마신 뒤에 생긴 설사도 낫게 하며, 머리를 맑게 해준다. 약을 달일 때 정화수를 쓰면 효과가 더욱 좋아진다"라는 구절이 나오거든요.

즉 '정화수'는 〈동의보감〉에 실릴 정도로 아주 예전부터 쓰던 말입니다. 그러니 여러분은 이제 '정화수'를 '정한수'라고 이상하게 쓰지 말고, 사람들이 틀리게 쓰면 여러분이 바르게 잡아 주시기 바랍니다.

참, '정화수' 하면 함께 떠오르는 '성황당城隍堂'도 열에 아홉은 틀리는 말이죠. 문학작품에도 많이 나오는 '성황당'은 '서낭당'으로 써야 합니다. 예전에는 한자말 '성황당'도 바른말로 보았지만, 지금은 '성황당'을 '서낭당'의 원말로 삼고 있거든요. '음陰달'이 '응달'로 바뀌었듯이, '성황당'이 '서낭당'으로 바뀐 것이라고 생각하면 됩니다.

따라서 이제 서낭당에 모시는 신은 '서낭신'으로, 서낭당에서 지내는 제사는 '서낭제'로 써야 합니다. '성황신'이나 '성황제'를 쓰면 안 됩니다.

콩과 보리를
구별하지 못하는 숙맥

"사리 분별을 못 하는 어리석은 사람을 일컫는 말"로 '쑥맥'이 널리 쓰입니다. 여러분도 이 말을 자주 쓰시죠? "너는 왜 그렇게 쑥맥 같냐"라는 식으로요.

그런데 여러분은 '쑥맥'이란 말의 어원이 뭔지 아세요? 모르시죠? 그러니까 잘못 쓰면서도 알지 못하는 것이겠죠. 아마 여러분 주변 분들도 마찬가지일 겁니다.

순우리말로 생각되는 '쑥맥'의 바른말은 한자말 '숙맥'입니다. '숙맥불변菽麥不辨'의 준말이죠. 글자 그대로 "콩[菽: 콩 숙]과 보리[麥: 보리 맥]를 구분하지 못한다"라는 의미를 지닌 사자성어입니다.

콩인지 보리인지 구분하지 못하는 사람과, 한자말인지 순우리말인지 구분하지 못하고 '숙맥'을 '쑥맥'으로 쓰는 사람 중 누가 더 어리석을까요? 여기서 '도찐개찐이죠, 뭐'라고 말했다가는 꿀밤 한 대 맞겠죠? 하지만 도찐개찐에 관해 설명해 드리려고 한 말이니까 기분 푸세요.

도찐개찐? 아니면 도낀개낀? 어느 게 맞는 말일까요? 정말 헷갈리죠?

결론부터 말하면 한자말 오십보백보五十步百步와 비슷한 뜻으로 쓰이는 우리말 '도찐개찐'과 '도낀개낀'은 둘 다 바르게 적은 게 아닙니다. '도긴개긴'으로 써야 합니다. 여기서 '긴'은 "윷놀이에서 자기 말로 남의 말을 쫓아 잡을 수 있는 길의 거리"를 뜻하는 말입니다. 이런 거는 **공부께나*** 했다는 대학 교수님들도 잘 모르는 겁니다. 그러니까 잘 외워 뒀다가 나중에 폼 좀 잡으세요.

그리고 하나 더. '도긴개긴'을 '도찐개찐'이나 '도낀개낀'으로 잘못 쓰는 것만큼이나 많이 틀리는 말에는 '도나 개나'도 있

공부께나 ⊗ 공부깨나 ◎

"어느 정도 이상의 뜻을 나타내는 보조사"는 '께나'가 아니라 '깨나'입니다.

습니다. "내년 총선이 도나 개나 다 나오는 난장이 될 수밖에 없는 요인은 많다"라거나 "제 주제 파악도 못 하고 도나 개나 훈수하는 사람 등이 적지 않다" 따위로 쓰이는 '도나 개나' 말입니다.

그러나 "하찮은 아무나. 또는 무엇이나"를 뜻하는 우리말 부사는 '도나캐나'입니다. 아울러 이를 '도나 캐나'로 떼어 쓰면 안 됩니다. 제가 **짐작컨대*** 이 말은 100명 중 한두 명만 알 정도로 정말 많이들 틀립니다. 그러니까 여러분은 꼭 외워 두세요. 아셨죠?

짐작컨대 ⊗ 짐작건대/짐작하건대 ◉

무슨 말인지 아시죠? 모르시면 다시 291쪽으로 가세요.

십상팔구의 준말

십상

'숙맥불변'을 '숙맥'으로 쓰는 것처럼 넉 자의 한자성어를 두 자로 줄여 쓰는 말이 더러 있습니다. "어떤 일의 가능성이 매우 높음을 이르는 말"인 '십상'도 그중 하

5부 한자를 알아야 우리말이 보인다

나죠. "그렇게 놀다가는 시험에 떨어지기 십상이다"라고 할 때의 '십상' 말입니다.

'십상十常'은 십중팔구十中八九와 같은 뜻의 말 '십상팔구十常八九'의 준말입니다. 그런데 이 십상을 '쉽상'으로 써 놓을 것을 가끔 봅니다. 인터넷을 뒤지다 보면 그렇게 써 놓은 신문 기사도 적지 않습니다. '십상'을 '쉽상'으로 쓰는 사람들은 그 말이 순우리말 '쉽다'에서 온 것으로 착각해 그렇게 쓰는 걸 겁니다.

'십상'을 '쉽상'으로 쓰는 것은 약과입니다. **심지어는*** '싶상'이라고 써 놓은 글도 있습니다. 그런 사람은 '십상'이 '십상팔구'의 준말임은 꿈에도 모를 겁니다. 하지만 여러분은 '십상'

'심지어'와 '심지어는'

예전에는 "더욱 심하다 못하여 나중에는"을 뜻하는 부사 '심지어'를 '심지어는'으로 쓰면 안 된다고 했습니다. 저도 그렇게 배웠고, 제가 〈건방진 우리말 달인〉에 그렇게 쓰기도 했습니다. 부사에는 일반적으로 조사가 붙지 않는다는 게 이유였죠. 그러나 이제는 아닙니다. 〈표준국어대사전〉에 '조사'는 "체언이나 부사, 어미 따위에 붙어 그 말과 다른 말과의 문법적 관계를 표시하거나 그 말의 뜻을 도와주는 품사"라고 뜻풀이돼 있고, 국립국어원의 '온라인 가나다'에 "'심지어는'의 '는'은 보조사다. 보조사는 부사 뒤에도 결합할 수 있다"라는 설명도 보입니다. 즉 '심지어는'은 이제 바른 표기입니다. 이렇게 우리말은 늘 변합니다. 제가 〈건방진 우리말 달인〉을 절판시키고 〈당신은 우리말을 모른다〉 시리즈를 새로 낸 까닭이 여기에 있습니다. 참, '심지어'를 '심지어는'으로 쓸 수 있으니까 "마지막에 가서는"을 뜻하는 '급기야'도 '급기야는'으로 쓸 수 있습니다.

이 어떻게 해서 만들어진 말인지 아셨을 테니 이제 '쉽상'이나 '싶상'이 아니라 '십상'으로 바르게 쓰세요.

'시방 식겁했어'가 사투리라고? ✎
말도 안 돼!

　　　　　　지금부터 제 얘기를 잘 듣고 나중에 사람들에게 들려주면 다들 박수를 치며 정말 재미있어할 겁니다. 처음에는 믿지 않다가 인터넷이나 사전을 뒤져 보고 "어머 어머, 정말이네"라며 깜짝 놀랄지도 모릅니다.

　대체 무슨 얘기인데, 이렇게 사설이 기냐고요? 무척 재미있는 얘기입니다.

　여러분은 텔레비전을 보다가 연예인들이 사투리를 쓴다면서 "아따, 시방 몇 시여"라고 하는 소리를 들은 적 있으시죠? 또 "아따, 식겁했다 아입니꺼"라고 하는 소리도요. 당연히 들었을 겁니다.

　그런데 말입니다. '시방'이나 '식겁하다'는 절대로 사투리가 아닙니다. '시방時方'은 '지금只今'과 같은 의미의 한자말이고, '식겁食怯'도 예전부터 국어사전에 "뜻밖에 놀라 겁을 먹다"는 뜻으로 올라 있던 한자말이자 완벽한 표준어입니다.

시방 그거 소금이지?
설탕인 줄 알고 식겁했네.

✚ **'시방'**과 **'식겁'**은 사투리가 아닙니다. '시방(時方)'은 '지금(只今)'과 같은 의미의 한자말
이고, '식겁(食怯)'도 예전부터 국어사전에 "뜻밖에 놀라 겁을 먹다"는 뜻으로 올라 있
는 한자말이자 완벽한 표준어입니다.

그런데도 방송에서는 사투리를 흉내 낼 때면 '시방'과 '식
겁'을 빼놓지 않습니다. 참 웃기는 일이죠. 그런데 이 말들은
여러분 주변 분들도 아마 사투리로 알고 있을 겁니다.

멀쩡한 표준어인데 사람들이 사투리라고 잘못 생각하는 말
에는 '거시기'도 있습니다. 여러분도 '거시기' 아시죠? "아, 거

시기가 뭐더라" "거시기는 오늘 바쁜가 보네" 하며 쓰는 '거시기' 말입니다. 여러분도 '거시기'를 사투리로 생각해 오셨죠? 그러나 아닙니다. 영화 〈황산벌〉에서 옛 백제 지역의 사투리라고 거짓으로 선전(?)한 '거시기'는 사투리가 아닙니다.

"이름이 얼른 생각나지 않거나 바로 말하기 곤란한 사람 또는 사물을 가리키는 대명사" "하려는 말이 얼른 생각나지 않거나 바로 말하기가 거북할 때 쓰는 군소리"가 바로 '거시기'입니다.

자랑스러운 대한민국의 모든 국어사전에 표제어로 올라 있는 당당한 표준어죠. 특히 최근에 표준어가 된 것도 아니고 옛날부터 죽 표준어였던 말입니다.

하나 더 덧붙이자면, '조지다'라는 말 있죠? "하도 조지기에 얼른 자리를 피했다"라거나 "친구 놈 때문에 신세를 조졌다"의 '조지다' 말입니다. 이 말 역시 표준어입니다. 비속어도, 사투리도 아닌 떳떳한 표준어입니다.

이들 외에도 저 앞에서 얘기한 '했걸랑요'처럼 사투리가 아닌데도 사투리로 오해받는 말이 꽤 있습니다. 이런 것들 역시 블로그에 올려놓을 테니 가끔 들러서 퍼 날라 주세요.

5부 한자를 알아야 우리말이 보인다

　　　　　'홀홀단신'이라는 말 아시죠? "의지할 곳
이 없는 외로운 홀몸"을 뜻하는 말로 무척 많이 쓰잖아요. 하
지만 '홀홀단신'은 그 말 꼴이 우습기 짝이 없는 말입니다. 당
연히 표준어가 될 수 없습니다.

　생각해 보세요. '단신單身'은 "혼자의 몸"을 뜻하는 한자말입
니다. 그런데 '홀홀'은 "짝이 없음"이나 "하나뿐임"을 뜻하는 우
리말 접두어 '홀'을 겹쳐 쓴 거잖습니까. 우리말에서 접두어를
겹쳐 쓰는 일도 없거니와 '홀홀單身'의 말 꼴이 너무 이상합니
다. 여러분이 봐도 그렇죠?

　'홀홀단신'은 '혈혈단신孑孑單身'으로 써야 합니다. 이때의 '孑
孑'은 "외로이 선 모양"이나 "외로운 모양"을 뜻하는 말입니다.
아들 자子와 비슷하게 생긴 '孑'이 "외로울 혈" 자거든요.

　멀쩡한 한자성어에 엉뚱한 순우리말을 집어넣어 괴상한 글
꼴을 만들어 잘못 쓰는 말은 '홀홀단신'뿐 아니라 몇 가지가 더
있습니다.

　"장기에서 두 말이 한꺼번에 장군을 부르는 일"을 뜻하는 말
로 쓰는 '양수겹장'도 그중 하나입니다. 兩手겹將! 어떤가요?
이상하죠? '겹' 자가 마치 잇새에 낀 고춧가루 같지 않나요?

그러면 '양수겹장'의 바른말은 뭘까요? 바로 '양수겸장'입니다. 한자로는 兩手兼將이라고 씁니다. '兼'이 '겸하다'나 '아우르다'를 뜻하거든요.

"남의 눈을 피해 밤에 몰래 달아남"을 뜻하는 말로 폭넓게 사용되는 '야밤도주'도 마찬가지입니다. 夜밤逃走! 일단 글꼴이 이상하잖아요. 이 말은 '야반도주夜半逃走'가 바른 표기입니다. "하나를 반으로 가름"을 뜻하는 '절반折半'의 '半'은 "가운데"를 뜻하기도 합니다. 따라서 '야반夜半'이라고 하면 "밤의 가운데", 즉 "밤의 가장 깊은 때"를 가리킵니다.

아무튼 이들 말도 열에 아홉은 틀리니까 잘 외워 두시기 바랍니다. 그러면 언젠가 여러분의 똑똑함이 빛나게 될 겁니다.

평양감사는 시켜 줘도 못 한다

"아무리 좋은 일이라도 당사자의 마음이 내키지 않으면 억지로 시킬 수 없다"는 의미로 흔히들 "평양감사도 저° 하기 싫으면 그만이다"라고 말합니다. 여러분도 '평양감사'라는 말은 아실 겁니다.

이 말은 여러분 주변 분들도 자주 쓸 듯합니다. 하지만 이 말이 틀린 말이라고는 조금도 생각하지 못했을 게 분명합니다. 지금 여러분도 그렇잖습니까.

그러나 '평양감사'는 자기가 아무리 하고 싶어도 할 수 없습니다. 아니, **나랏님**°이 시켜 줘도 못 합니다. 평양에는 원래부터 '감사'라는 벼슬을 둘 수 없기 때문이죠.

조선시대 종2품의 벼슬로 '관찰사觀察使' '도백道伯' '도신道臣' '방백方伯'으로도 불린 '감사監司'는 오늘날로 얘기하면 '도지

저 → 제

'평양감사도 ○ 하기 싫으면 그만이다'에서 ○에 들어갈 말은 "나"를 뜻하는 일인칭 대명사가 아니라 "남"을 의미하는 삼인칭 대명사입니다. 또 '평양감사도 그 하기 싫으면 그만이다'보다는 '평양감사도 그가 하기 싫으면 그만이다'가 훨씬 자연스럽습니다. 따라서 '평양감사도 ○ 하기 싫으면 그만이다'에서 ○에는 삼인칭 대명사 '저'에 조사 '가' 붙으며 줄어든 '제'를 쓰는 것이 맞습니다. 이와 달리 자신을 가리키며 하는 '저 자신이' 같은 표현에서는 '저가 자신이' 같은 구조가 아니므로 '제 자신이'처럼 쓰면 안 됩니다. 다만 국립국어원이 '온라인 가나다'에서 "'저 자신'은 '저'가 '자신'을 수식하는 구성이 아니라 '저'와 '자신'이 동격 구조라 '저 자신'으로 쓰는 것이 문법적으로는 알맞다"라고 하면서도 "다만 현실적으로는 '제 자신'과 같이 굳어진 표현이 많이 쓰인다"라고 좀 알쏭달쏭한 견해를 밝히고 있다는 점을 알아 두시기 바랍니다.

나랏님 ⓧ 나라님 ◎

제가 저기 앞에서 '해님'을 '햇님'으로 쓰면 안 된다고 했죠? 그와 같은 이유로 '나라님'도 '나랏님'으로 쓰면 안 됩니다.

사'입니다. 그런데 조선시대 평양은 '도道'가 아니라 전국 5곳의 도호부都護府 중 하나였고, 그곳의 수장은 종3품의 '도호부사都護府使'였습니다. 즉 평양 관아의 수장은 '도호부사'이지 '감사'가 아니라는 얘기입니다.

이것 보세요. 지금 우리말 공부를 하다 보니 역사 공부도 저절로 되죠? 여러분이 배우는 지식은 어차피 모두 우리말로 설명돼 있습니다. 영어 등 외국어도 우리말을 모르면 접근을 할 수가 없습니다.

예를 하나 들어 볼게요. 영어 공부를 할 때 많이 나오는 '과거분사'가 뭐죠? 모르시죠? 그러면 지금 국어사전을 뒤져 보세요. 거기에 이렇게 나와 있을 겁니다.

"영어·프랑스어·독일어 따위에서 동사의 한 변화형. 형용사의 성질을 띠며, 완료형 및 수동형을 만든다"라고요. 이것을 알아야 과거분사와 관련한 내용을 정확히 이해할 수 있는 겁니다.

자, 이래도 우리말 공부를 게을리하실 건가요? 우리말 공부를 하지 않으면 다른 공부도 뒤질 수밖에 없습니다. 우리말 달인이 되는 게 바로 '지식왕'이 되는 지름길인 겁니다.

자, 그건 그렇고, 그렇다면 '평양감사'의 바른말은 뭘까요? 그것은 바로 '평안감사平安監司'입니다. 평양을 중심으로 그 주변을 통틀어 이르는 땅이름이 '평안도平安道'이니까 그곳의 수

5부 한자를 알아야 우리말이 보인다

장은 '평안감사'입니다.

'평양감사'가 바른말이 될 수 없음을 현대의 예에서 살펴보면 이렇습니다. 현재 경기도의 도청 소재지는 수원시이고, 조선시대 평안도의 '감영(監營: 감사가 직무를 보던 관아)'이 있던 곳은 평양입니다.

그런데 경기도 도지사가 수원시에 있는 경기도청에서 직무를 본다고 해서 그분을 '수원지사'로 부르나요? 당연히 아니죠. 그러니 평안도의 감사가 평양에 머무르며 백성을 보살폈다고 해서 그분을 '평양감사'로 부를 수는 없는 겁니다.

여러분이나 주변 사람들이 '평안감사'를 '평양감사'로 잘못 쓰는 것은 '감사'가 "도지사"를 뜻한다는 사실을 모르기 때문일 겁니다. 이처럼 한자말의 뜻을 바르게 알지 못하면 그 말을 한글로 제대로 적을 수 없게 됩니다. 따라서 우리말을 제대로 쓰려면 한자 공부도 소홀히 하면 안 됩니다.

산수갑산은
가고 싶어도 못 간다

"어떤 결심을 단단히 하는 문맥에서, 무릅쓰거나 각오해야 할 최악의 상황을 강조하며 이르는 말"로 흔히 쓰는 '산수갑산'도 한자를 제대로 몰라 잘못 적는 말 가운데 하나입니다.

'산수갑산'은 우리 사회에서 정말 많이 쓰이는 말입니다. 사람들이 피곤할 때면 "**아이구,**° 내일 산수갑산을 가는 한이 있더라도 오늘은 쉬어야겠다" 따위로 말하곤 합니다.

그러나 '산수갑산'은 잘못된 말입니다. 어떤 뜻으로도 설명이 안 되는 말이죠. 이렇게 잘못된 말 '산수갑산'이 폭넓게 쓰이는 것은 우리 생활과 어느 정도 관계가 있는 듯합니다. '산전수전 다 겪었다' '산 넘고 물 건너 죽을 고생을 하며 이곳에 왔다' 등의 표현에서 보듯이 우리 생활에서 산[山]과 물[水]은 고생을 나타내잖아요. 그 때문에 '산과 물=고생'이라는 생각에 사로잡혀 '산수갑산'을 별 의심 없이 바른말로 알고 그렇게 쓰는 거겠죠.

그러나 '산수山水', 즉 산과 물이 고생을 뜻한다고 할 때, 그러면 도대체 '갑산'은 뭔가요? 그게 설명이 안 됩니다.

여러분이 궁금해할 '산수갑산'의 바른말부터 말하면 '삼수갑산'입니다. 여기서 '삼수三水'와 '갑산甲山'은 함경남도의 땅이

아이구 ⊗ **아이고/어이구** ◉

이제 쓱 보면 척 아시겠죠, 모음조화 현상!

　　　　5부　한자를 알아야 우리말이 보인다

름입니다. 함경남도 삼수군과 갑산군이죠. 이곳은 조선시대의
대표적 귀양지였습니다. 지금도 사람이 살기에 아주 척박한 곳
이라고 합니다. 길이 험해 사람이 드나들기 어렵고, 풍토병이
극성을 부린다고 하네요.

결국 '삼수갑산에 가더라도'는 "삼수나 갑산으로 귀양을 가
서 죽을 고생을 하더라도"라는 의미를 지니고 있는 말입니다.

바람이 깨진다고요? ✎
뭔 소리예요!

"흥청망청 낭비를 하더니, 결국 집안이
○○○○이 났다"라는 표현에서, "사방으로 흩어진다"는
뜻으로 ○○○○에 들어갈 말은 뭘까요?

'풍지박살'? '풍지박산'?

일상생활에서는 이들 말이 널리 쓰입니다. "사업 실패로 집
안이 풍지박살이 났다"라거나 "풍지박산 났던 가족들이 다시
만났다"라고 말입니다.

하지만 한자를 조금만 알아도 '풍지박살'이나 '풍지박산'이
아주 이상하게 여겨질 겁니다. 이들 말은 도저히 한자성어가
될 수 없기 때문이죠.

'풍지박살'부터 살펴볼게요. '풍지'는 '風之'쯤 되겠죠? 그리고 '風之'의 뜻을 풀면 '바람의'나 '바람에'가 될 겁니다. 그런데 "깨어져 산산이 부서짐"을 뜻하는 '박살'은 순우리말입니다. 그러면 '風之박살'이 되는데, 말 꼴이 너무 이상하지 않나요? 아까 저 앞에서 말한 '홀홀單身' 같은 경우죠. '풍지박산'도 마찬가지입니다. '박산' 역시 '박살'과 똑같은 의미의 순우리말이거든요.

또 "깨어지거나 부서진다"는 의미의 한자말 '박살'과 '박산'을 만들더라도, '風之'에 갖다 붙이면 이상해지기는 매한가지입니다. '바람의 깨짐'쯤으로 해석되니까 말입니다.

그렇다면 잘못 쓰이는 '풍지박살'과 '풍지박산'의 바른말은 무엇일까요? 그것은 바로 '풍비박산風飛雹散'입니다. 風飛雹散은 말 그대로 "우박[雹]이 바람[風]에 날려[飛] 흩어짐[散]"을 뜻하는 말입니다.

앞서도 얘기했지만 우리말의 7할은 한자말입니다. 그러니 한자말을 모르고서는 우리말을 바르게 쓸 수가 없습니다. 그럼에도 현행 국어교육은 한자를 가르치는 데 소홀합니다. 이래서는 언중이 우리말을 바르게 쓸 수가 없고, 우리말은 서서히 병들게 됩니다. 그렇게 말과 글이 병들면 그 말과 글을 쓰는 사람의 정신도 피폐해지기 마련입니다. 실제로도 그런 징후가 나타나고 있습니다. 한 20년 전에는 국제적으로 망신을 당하기도 했죠.

5부 한자를 알아야 우리말이 보인다

당시 일본의 중앙일간지 아사히신문이 "한국 대학생들의 한자 실력이 형편없다"고 비꼰 겁니다. 이 신문이 서울의 한 거리에서 명문 사립대학 3학년생이 포함된 9명의 대학생에게 '대한민국'과 '태극기'를 한자로 적어 달라고 했는데, 한 명도 제대로 쓴 사람이 없었다지 뭡니까.

더욱 가관인 것은 '태극기太極旗'의 '태太'를 '견犬'으로 잘못 써서 '견극기'라고 적은 사람도 있다는 사실입니다. 이 무슨 '국제 망신'이냐고요.

또 황당한 조사 결과가 발표되기도 했습니다. 한번은 모 대학에서 1학년생 384명의 한자 능력을 시험한 결과 무려 20.3%인 78명이 자기 이름을 한자로 못 썼다는 겁니다. 또 부모의 이름을 한자로 쓸 줄 아는 사람은 고작 20%도 안 **됐데요,*** 글쎄.

그뿐인 줄 아세요. 한자로 '강의講義'를 쓸 줄 아는 학생이 단 5명이었고, 백과사전百科事典을 쓸 줄 아는 학생도 8명밖에 없었다고 합니다. 쓰는 것은 둘째치고, '折衷(절충)'을 제대로

됐데요 → 됐대요

'-데'와 '-대' 중에서 무엇을 써야 할지 헷갈릴 때 '-데'나 '-대'가 들어갈 자리에 '-다고 해'를 붙여 보는 것도 하나의 방법이 될 수 있습니다. '-다고 해'를 써서 말이 되면 '-대'를 쓰고, 말이 되지 않으면 '-데'를 쓰는 거죠. "사고는 싶은데, 지금은 돈이 없대"처럼요.

읽은 학생은 1%도 안 되는 0.8%(3명)였다네요.

아니, 이런 사람들을 어떻게 고등교육을 받은 사람이라고 할 수 있겠습니까. 또 이런 사람들이 한자투성이인 대학 교재로 공부를 할 수 있겠냐고요. 절대 불가능하다고 생각합니다.

분명 한자는 중국의 문자입니다. 하지만 우리말의 7할이 한자말인 것을 부인할 수 없습니다. 게다가 인구로만 따지면 영어권보다 더 많은 사람이 한자문화권에서 살고 있습니다. 따라서 한자를 익히는 것은 우리말을 제대로 쓸 수 있는 지름길이자 자신의 경쟁력을 키우는 일이기도 합니다.

요즘 우리 사회의 화두로 떠오른 '문해력'의 문제도 따지고 보면 한자 실력의 부족에서 비롯된 일이라고 봅니다. 얼마 전 한 인터넷 카페에서 누군가 회원들에게 '심심한 사과 말씀 드립니다'라고 글을 올렸더니 회원들이 "제대로 된 사과를 해도 모자랄 판에 심심하게 사과를 하다니 말이 **돼나**°"라고 해 논란

돼냐 ⓧ 되냐 ◎

'돼'는 '되어'의 준말입니다. 따라서 '되어'를 넣어서 자연스러우면 '돼'를 쓰고, 어색하면 '되'를 쓰면 거의 맞습니다. '되어고' '되어므로' '되어면서' 등은 어색하니까 '되고' '되므로' '되면서'로 쓰고, '되어 주다' '되어먹지 못한 놈' '되어야' 등은 자연스러우니까 '돼 주다' '돼먹지 못한 놈' '돼야'로 씁니다. 여기에 조금 더 복잡하고 세밀한 구분법이 있기는 한데요. 그 설명은 너무 기니까 〈문법 편〉에서 자세히 설명해 드릴게요.

을 일으켰던 일도 사실 한자말 '심심^{甚深}하다'와 순우리말 '심심하다'를 구분하지 못해 빚어진 촌극입니다.

사과하는 사람은 "마음의 표현 정도가 매우 깊고 간절하다"는 의미의 한자말 '심심하다'를 썼는데, 듣는 사람이 "하는 일이 없어 지루하고 재미가 없다"는 뜻의 순우리말 '심심하다'만 알고 있어서 빚어진 일이죠. 이처럼 한자말을 모르면 의미의 왜곡이나 소통의 단절을 불러올 수 있습니다.

이런 점에 비춰 볼 때 오래지 않아 우리말 실력이 사회생활의 경쟁력이 되고, 우리말 실력은 한자 실력이 좌우하는 시대가 올 것이라고 저는 확신합니다.

남자에게 '재원'을 쓰면

성희롱이다

한자말을 한글로 적을 때 잘못 쓰는 것 말고, 한자 자체의 뜻을 몰라 정말 황당하게 쓰는 말도 엄청 많습니다. 예를 하나 들어 볼게요.

"홍길동 선수는 한국 남자배구의 세계 정상 정복을 이끌 재원이다."

이 문장을 어떻게 생각하시나요? 뭔가 좀 이상한 구석이 보이지 않나요? 안 보인다고요?

그럴 겁니다. 사실 이 정도를 알면 대단한 우리말 실력자라고 할 수 있습니다. 열에 아홉은 잘못 쓰는 말이거든요.

답부터 말하면, 위의 예문에서 '재원'은 **얼토당토하지 않은**° 말입니다. 왜냐하면 '재원才媛'은 한자 그대로 "뛰어난 능력이나 재주가 있는 젊은 여자"를 뜻하는 말이기 때문이죠. '媛'은 '여자 원' 자로, '미녀' '궁녀' '끌다' '아름답다' 등의 의미도 지니고 있습니다.

물론 국어사전에 '재원'이라는 말이 才媛만 있는 것은 아닙니다. 財源도 있고 齋院도 있습니다. 하지만 "재화나 자금이 나올 원천"을 뜻하는 財源은 "재원을 확보하다" "세금은 국가 재정의 바탕이 되는 재원이다"로 쓰이는 말입니다. 齋院 역시 "제사를 주관하는 사람이 신에게 제사 지내기 전날에 몸과 마음을 깨끗이 하고 음식과 언행을 삼가며 부정을 멀리하는 곳"을 의미합니다. 財源과 齋院은 저 앞의 예문과는 도저히 어울릴 수 없는 말인 거죠.

얼토당토하지 않은 ⓧ 얼토당토않은 ◎

"전혀 합당하지 아니하다"를 뜻하는 형용사는 '얼토당토아니하다'입니다. 이 말이 줄면 '얼토당토않다'가 되고요. '얼토당토하다'라는 말은 없습니다.

5부 한자를 알아야 우리말이 보인다

그렇다면 예문 속의 '재원'은 뭐라 써야 바른 표현이 될 수 있을까요? 그것은 바로 '재자才子'입니다. 才子는 한자 그대로 "재주가 뛰어난 젊은 남자"를 뜻합니다. 하지만 '재자'는 널리 쓰이는 말이 아닙니다. 쓰는 사람이 거의 없습니다. 여러분이 우리말 달인이 돼도 아마 이 말을 쓰는 게 무척 어색할 겁니다. 그럴 때는 괜히 한자말을 쓰지 말고, '들보'나 '기둥' 등 순우리말로 써도 됩니다. 아니, 그렇게 쓰는 것이 훨씬 좋습니다.

아무튼 남자에게 '재원'이란 말을 갖다 붙이는 것은 '성희롱'이 된다는 사실을 잊지 마세요.

희귀병을 앓는 사람은 없다

일반 사람들이 많이 쓰고, 신문과 방송에서도 흔히 쓰는 말이지만, 현재 사전에 올라 있지 않고, 앞으로 사전에 오르지 말아야 할 말도 있습니다. '희귀병' 같은 말 말입니다. 왜냐고요?

우선 '희귀'는 '드물 희稀'와 '귀할 귀貴'로 이뤄진 말입니다. 여기에 '병病'이 붙으면 "보배롭고 보기 드물게 귀한 병"이 되고 맙니다. 세상에 이런 말은 없습니다.

지독하고 끔찍한 병마와 싸우는 사람들에게 '귀한 병'에 걸렸다고 말할 수는 없다고 생각합니다. 사람들이 많이 쓰더라도 그 말이 우리말의 품격을 떨어뜨리거나, 특정한 사람들에게 상처를 주면 절대로 표준어가 돼서는 안 됩니다. 여러분 생각도 그렇죠?

'희귀병'은 '희귀'의 뜻을 생각하지 못한 사람들이 잘못 퍼뜨린 말입니다. '희귀병'은 대개 '난치병難治病'으로 쓰면 말이 통합니다. 또 만약 "매우 드문 병"이라는 의미를 나타내려면 '희소병稀少病'으로 쓰는 것이 옳습니다.

피로 회복에 좋은 약은
독약이다

"피로 회복에 좋다고 알려진 음료를 추가하는 것이다" "새콤달콤한 매실 먹으며 피로 회복 하세요~" 등의 예문에서 보듯이 '피로 회복'이라는 말이 널리 쓰입니다.

하지만 조금만 생각해도 이 말이 아주 우스운 표현임을 금방 알 수 있습니다. 한마디로 한자의 의미를 몰라도 너무 모르고 쓰는 말이죠.

피로疲勞는 "과로로 정신이나 몸이 지쳐 힘듦. 또는 그런 상

5부   한자를 알아야 우리말이 보인다

피로 회복…
아니 피로 해소제
사다 줄까?

✦ 우리가 회복해야 하는 것은 '원기(元氣: 마음과 몸의 활동력)'이지 '피로'가 아닙니다.
  피로는 '해소'해야 건강해집니다. 즉 '피로 회복제'는 **'피로 해소제'**나 **'원기 회복제'**
  가 돼야 합니다.

태"를 뜻합니다. 이런 피로는 빨리 없애야 건강할 수 있습니다.
피로가 계속 몸을 괴롭히게 해서는 안 됩니다. 회복(回復: 원래
의 상태로 돌이키거나 원래의 상태를 되찾음)하게 만들어서는 안
되는 거죠.

'피로 회복'은 "사라져 가는 피로를 되살려 낸다"는 아주 엉뚱한 표현입니다. '만성 피로'가 몸에 해롭듯이 피로를 회복해 놓으면 건강에 독이 될 수밖에 없습니다.

우리가 회복해야 하는 것은 '원기(元氣: 마음과 몸의 활동력)'이지 '피로'가 아닙니다. 피로는 '해소'해야 건강해집니다. 즉 '피로 회복제'는 '피로 해소제'나 '원기 회복제'가 돼야 합니다.

'사사'는
받는 게 아니라 하는 것

우리는 예부터 스승을 부모처럼 섬기는 아름다운 풍속을 이어 왔습니다. 하지만 요즘 들어서는 그런 풍속이 많이 상처를 입은 느낌입니다. 선생님에 대한 존경이 많이 사라진 듯하거든요. 일부 선생님들이 물의를 일으키기는 하지만, 여전히 선생님들 대부분은 제자들을 사랑으로 가르치고 있다고 생각합니다. 그런 선생님께 항상 고마운 마음과 존경하는 마음을 가져야 합니다.

그런데 사람들이 흔히 쓰는 말 중에 아무 생각 없이 스승을 욕되게 하는 말이 있습니다. 어느 스승으로부터 가르침을 받았음을 표현할 때 자주 쓰는 '사사를 받다'가 바로 그겁니다. 정말 많은 사람이 "나는 엄민용 선생님으로부터 사사를 받았다"라는 표현을 자연스럽게 씁니다.

그러나 '사사師事'는 한자 그대로 "스승으로 섬김"을 뜻합니다. 우리가 흔히 '일 사'로 하는 '事'는 '섬길 사'로도 쓰입니다. "충신은 두 임금을 섬기지 않는다"는 의미의 불사이군不事二君에도 그런 '事'가 들어 있죠.

그렇다면 "엄민용 선생님으로부터 사사를 받았다"라고 하면 무슨 뜻이 되겠습니까? '엄민용 선생님을 스승으로 모셨다'가 아니라 '엄민용 선생님으로부터 스승 대접을 받았다'는 얘기가 됩니다. 아주 엉터리 말이 되는 거죠.

그러면 "엄민용 선생님으로부터 사사를 받았다"는 어떻게 써야 할까요? 그때는 바로 "엄민용 선생님을 사사했다"라고 해야 합니다. '○○○로부터(에게) 사사를 받았다'가 아니라 '○○○을(를) 사사했다'로 써야 하는 겁니다.

양해는 드리지 말고
자문은 구하지 마라

　　　　　예의를 지키려 한 말이 되레 예의에 어긋나는 표현이 되는 사례가 더러 있습니다. 이런 경우 한자말의 뜻을 정확히 알지 못하고 쓰는 것이 하나의 원인이 되기도 합니다. '양해의 말씀을 드린다'라는 표현도 그런 말 중 하나죠.

　양해는 "남의 사정을 잘 헤아려 너그러이 받아들임"을 뜻합니다. 따라서 "양해의 말씀을 드린다"라고 하면 말하는 사람이 '너그러이 받아들여 주겠다'는 괴상한 표현이 되고 맙니다. 양해하는 주체가 '상대방'이 아닌 '나' 자신이 되는 겁니다.

　양해는 내가 하는 것이 아니라 상대가 하는 것이므로, '양해를 구하다'나 '양해를 바라다' 따위로 써야 합니다. '양해'는 '이해'와 같은 뜻의 말입니다. '이해를 바란다'라거나 '이해를 구한다'라고 하지 '이해를 드린다'라고는 하지 않듯이, '양해의 말씀을 드린다' 역시 아주 이상한 표현입니다.

　'구하다'를 써야 할 말에 '드리다'를 잘못 쓴 '양해'와 달리 '드리다'나 '하다'를 써야 할 말에 '구하다'를 잘못 쓰는 말도 있습니다. '자문을 구하다'가 바로 그것입니다. 자문諮問의 '諮'는 "묻다" "상의하다" "의논하다" 등을 뜻하고, '問'은

"묻다" "문초하다" "알리다" 따위의 의미를 지니고 있습니다. 즉 '자문'의 의미는 "남의 의견을 묻다"입니다. 특히 '자문'은 주로 윗사람이 아랫사람의 의견을 묻는 의미로 쓰던 말이랍니다.

우리 사회에는 많은 '자문기관'이 있습니다. 이를 두고 〈표준국어대사전〉은 "어떤 조직체에서 집행기관의 자문에 대해 의견을 제공하는 일을 맡아보는 기관"이라고 뜻풀이를 해 놓았습니다. 즉 집행기관이 자문을 하면 그에 대한 도움말을 내놓는 것이 자문기관의 역할입니다.

하지만 많은 사람이 '자문'의 의미를 '질문에 응하는 것'으로 오해해 "자문을 구한다"라는 말을 흔히 씁니다. 특히 손윗사람에게도 "자문을 구하고자…" 어쩌고저쩌고하는 일이 흔한데, 이는 크게 실례되는 표현이 되고 맙니다. '자문'은 '질문'과 비슷한 의미의 말로, '자문을 구한다'라고 하면 '나에게 좀 물어봐 달라'는 엉뚱한 표현이 되기 때문이죠. '자문을 구하다'는 '자문을 하다(드리다)' '조언을 구하다' '의견을 듣다' 등으로 써야 합니다.

학생은 학교에
접수할 수 없다

"이번 참가 신청은 5일까지 접수받는다"라는 식의 표현을 많이 봤을 겁니다. 하지만 이 문장 속의 '접수받다'는 좀 생각해 볼 필요가 있는 표현입니다. 접수接受가 "신청이나 신고 따위를 구두口頭나 문서로 받음"을 뜻하거든요. 따라서 '접수받다'라고 하면 '받는 것을 받다'라는 말이 되고 맙니다. 따라서 '접수받다'가 아니라 '접수하다' 꼴로 쓰는 게 좋습니다.

'접수'를 더욱 엉뚱하게 쓰는 사례도 있습니다. '참가 신청은 5일까지 접수하면 된다'라거나 "간신히 서류를 접수했다"라고 표현하는 경우입니다.

'접수'는 서류 등을 받는 사람 쪽에서나 쓸 수 있지, 그것을 제출하는 사람 쪽에서는 쓸 수가 없습니다. 학생과 학교를 놓고 보면, 학생이 장학금 신청서를 제출할 경우 학교가 그것을 접수하는 것이죠. 학생은 뭔가를 '신청'하거나 '제출'한 겁니다. 무슨 말인지 아시겠죠?

5부   한자를 알아야 우리말이 보인다

좌우당간은
좌우간 이상한 말

"좌우당간 그것은 네 잘못이다" "나는 좌우지당간 오늘만은 놀래" 따위처럼 '좌우당간'이나 '좌우지당간'이라는 말이 정말 많이 쓰입니다.

하지만 이들 말은 정상적인 말로 보기 어렵습니다. 흔히 '좌우당간'과 '좌우지당간'으로 쓰는, "이렇든 저렇든 어떻든 간"을 뜻하는 한자말은 '좌우간左右間'이 바른말입니다.

이 '좌우간'을 '좌우지간左右之間'으로 쓰기도 합니다. 이때의 '지'는 아무 뜻이 없는 말입니다. 한자성어의 특성상 일종의 운율을 위해 그냥 집어넣은 것으로 보면 됩니다.

'배수진背水陣'을 '배수의진背水之陣'으로 쓰는 것도 그런 말 가운데 하나입니다. 또 보물 제1호인 '흥인문興仁門'도 마찬가지고요. 동대문으로도 불리는 '흥인지문'은 "인仁을 흥하게 하라"는 의미로 지어진 이름입니다. 조선 철종 말까지의 〈실록〉을 보면 이 문은 '흥인문'으로만 적혀 있었습니다. 그러다 고종 때부터 '흥인지문'으로 불리게 됐죠.

이와 관련해서는 왜구의 침입을 막기 위해 흥인문의 지세를 강화하고자 '땅 지地'와 발음이 같은 '지之'를 넣었다는 설, 용의 형상을 한 '지之'를 붙인 것이라는 설 등이 있습니다.

이것 보세요. 우리말 공부하다 또 자연스레 역사 공부를 하게 됐죠? 이런 게 우리말 공부의 장점입니다.

아무튼 우리말에서는 석 자로 된 한자성어 가운데 운율을 위해 '지^之'를 넣어 넉 자로 만든 말이 더러 있습니다. 하지만 '당' 자를 넣은 말은 없습니다. '좌우당간'이나 '좌우지당간'은 어느 국어사전에도 올라 있지 않은, 한자를 제대로 모르는 사람들이 퍼트린 말입니다. 그러니까 여러분은 절대 쓰지 마세요. 또 만약에 여러분 주변 분들이 쓰면 '그래서는 안 된다'고 살짝 귀띔해 주시고요.

뇌살적인 사람도
흉폭한 사람도 없다

'殺'이 '죽일 살' 자인 것은 다들 아시죠? 맞습니다. 살균殺菌 살인殺人 등에 쓰이는 '살' 자입니다.

그러면 '相殺'는 어떻게 읽을까요? '상살'? 아닙니다. 이때는 "상반되는 것이 서로 영향을 주어 효과가 없어지는 일"을 뜻하는 '상쇄'로 읽어야 합니다.

'殺'은 "죽이다"를 뜻할 때는 '살'로 읽히지만, "감하다"를 의미할 때는 '쇄'로 읽히거든요. "빠르다"를 뜻할 때도 '쇄'로

　　　　　5부　한자를 알아야 우리말이 보인다

읽히고요. "전화·주문 따위가 한꺼번에 세차게 몰려들다" 또는 "어떤 곳을 향해 세차게 **달려듦**"을 뜻하는 '쇄도'를 한자로는 '殺到'로 쓰거든요.

또 "매우" "대단히"를 뜻할 때 역시 '쇄'로 읽어야 합니다. "애가 타도록 몹시 괴로워함(특히 여자의 아름다움이 남자를 **매혹시켜** 애가 타게 함)"을 한자로는 '惱殺'로 적고 '뇌쇄'로 읽습니다. 이때 惱는 '괴로울 뇌' 자이고, 殺는 '매우(대단히) 쇄' 자쯤으로 생각하면 됩니다.

이 '뇌쇄'를 '뇌살 미소'처럼 '뇌살'로 적는 일이 적지 않은

달려듬 ⓧ 달려듦 ◉

'만들다'와 '베풀다' 등처럼 'ㄹ' 받침이 있는 말을 명사로 만들 때는 'ㄹ'이 탈락하면 안 됩니다. '만듬'이나 '베품'이 아니라 '만듦'이나 '베풂'이 되는 거죠. '살다'가 '삶'이 되듯이요.

매혹시켜 ⓧ 매혹해 ◉

'-시키다'를 잘못 쓰는 일이 무척 많습니다. 이 때문에 〈문법 편〉에서 아주 자세히 다뤄 놓았답니다. 하지만 이런저런 이유로 당장 〈문법 편〉을 보지 못하는 분도 있을 테니, 간단히 설명해 드릴게요. 무엇보다도 "'-시키다'는 자신이 주체가 돼 하는 일(주어가 표현의 중심이 된 문장)에는 쓸 수 없다"는 점을 알아야 합니다. '-시키다'는 남으로 하여금 무엇을 하게 할 때 쓰는 말이거든요. '짜장면을 해 먹다'와 '짜장면을 시켜 먹다'의 차이를 생각하면 어떨 때 '-시키다'를 쓰면 되는지 감이 올 겁니다. 다만, 사람들의 말 씀씀이를 살필 때 '-시키다'의 문법적 규정이 변할 필요가 있기는 합니다.

데, 이는 한자를 잘못 읽은 겁니다. '뇌쇄적인'이나 '뇌살적인'이 아니라 '뇌쇄적인'이 맞는 표기입니다.

'殺'처럼 한자에는 한 글자가 두세 가지 음으로 읽히는 것이 꽤 많습니다. '설명說明'과 '유세遊說', '승강기昇降機'와 '항복降伏', '쾌락快樂'과 '요산요수樂山樂水' 등이 그런 예입니다.

이처럼 두 가지 이상의 음을 가진 한자를 잘못 읽어 한글로 잘못 적기 쉬운 말에는 '凶暴(兇暴)'도 있습니다. '暴'이 '폭력暴力' '폭거暴擧' '폭우暴雨' 따위처럼 '폭'으로 읽히는 까닭에 "날이 갈수록 흉폭해지는 것이 최근 보험 범죄의 특징이다" 따위 예문에서 보듯이 "질이 흉악하고 포악함"을 뜻하는 말로 '흉폭하다'를 쓰는 사람이 많습니다.

그러나 '暴'은 "모질게 구는 사람의 성질"을 뜻할 때는 '폭'이 아니라 '포'로 읽어야 합니다. '포악暴惡' '횡포橫暴' 따위가 그런 예입니다.

한자에 대한 얘기라 조금 재미없고 어렵게 느껴질 수도 있을 텐데, '흉폭하다'는 '흉포하다'가 바른말이라는 거, 이거 꼭 기억해 두세요. 틀리는 사람이 정말 많거든요.

5부 한자를 알아야 우리말이 보인다

우리말에는 언뜻 봐서는 한자말인데, 실제는 그렇지 않은 것이 꽤 있습니다. 이런 말은 실생활에서 잘못 쓰기 십상이죠. 말이 생긴 연유를 잘못 알고 있으니, 잘못 쓰는 것이 당연한 일 아니겠습니까.

그런 말 가운데 하나가 '무색'입니다. 사람들은 대개 '무색 옷'이라면 흰 옷을 생각합니다. '무색'을 한자말 '無色'으로 여겨 옷감의 본래 빛깔인 흰색을 떠올리는 거죠.

그러나 곰곰이 생각해 보세요. 한자말 '무색無色'은 말 그대로 색깔이 없는, 즉 투명한 겁니다. 따라서 사람의 눈에 보이지 않는 '무색 기체'는 말이 됩니다. 하지만 '무색無色 옷'은 있을 수 없습니다. 옷감 자체가 어떤 색을 띠고 있으니 '무색 옷'은 만들 수 없는 겁니다. 흰색도 분명 색은 색이잖습니까. 동화 〈벌거숭이 임금님〉에서 사기꾼들이 "마음이 나쁜 사람들에게는 안 보인다"라고 거짓말을 한 옷만 '무색 옷'일 수 있습니다.

그렇다면 '무색 치마를 입었다'고 할 때 '무색'은 어떤 색일까요? 이때는 그 옷감의 본래 색을 제외한 모든 색을 말하는 겁니다. 무슨 소리냐고요? 바로 '물들인 색'이 '무색'이라는 얘기입니다. '무색'은 염색을 한, 즉 "물감을 들였다"는 의미의 '물색'에서 'ㄹ'이 탈락한 꼴입니다.

우리말에서는 두 말이 더해질 때 발음을 편하게 하려고 'ㄹ'이 탈락하는 현상이 자주 일어납니다. 아들+님 → 아드님, 딸+님 → 따님, 솔+나무 → 소나무 등이 그런 예입니다. '무색' 도 그런 말이죠.

따라서 "땀띠는 보통 하얗게 염증을 일으키면서 좁쌀 크기 의 붉은색 또는 무색 발진이 오밀조밀하게 돋는다"라는 글에 서 보이는 '무색'은 잘못된 말입니다. 본래의 **살색**•이 있으니 '**살색**• 발진'이라고 해야 맞는 거죠.

참, 염색과 관련한 표현에서 열이면 아홉쯤은 틀리는 말이 또 하나 있습니다. "피륙에 부분적으로 착색해 무늬가 나타나 게 염색하는 방법으로, 피륙에다 무늬가 새겨진 본을 대고 풀 을 섞은 물감을 발라 물을 들이는 것"을 일컫는 말로 쓰이는 '나염'이 바로 그것입니다.

'살색'과 '살구색'

'살색'을 "살갗의 색깔"이란 의미로 쓸 때는 문제가 없습니다. 하지만 '살색 스타킹'이나 '살색 옷감'처럼 연한 노란빛 또는 분홍빛을 띤 색을 말하면서 '살색'이라고 하면 인종 차별의 언어가 될 수 있습니다. 인종마다 피부색은 다르니까요. 연한 노란빛 또는 분홍빛을 띤 '살색 스타킹'과 '살색 옷감'에서 는 '살색' 대신 '살구색' 같은 말로 쓰는 것이 좋습니다.

5부 한자를 알아야 우리말이 보인다

여러분도 '나염'이 뭔지 아시죠? 나염 처리한 옷을 한두 벌은 갖고 있잖습니까. 원단에 나뭇잎 같은 무늬가 찍혀 있는 거죠. 그러나 '나염'은 바른말이 아닙니다. 우리가 흔히 '나염'이라고 하는 것은 '날염捺染'으로 써야 합니다. 여기서 '捺'은 '누를 날' 자입니다. "도장을 찍는다"는 의미의 '날인捺印'에 쓰이는 바로 그 한자입니다.

난리법석을 ✎
떨지 마라

앞에서도 말했지만, 일상생활에서는 참 많이 쓰이는데, 국어사전에 올라 있지 않은 말이 한두 가지가 아닙니다. "우리 인간들이 사는 세상은 온 나라가 온 세상이 난리법석이다" 같은 예문에서 보이는 '난리법석'도 그런 말 가운데 하나죠.

아마 여러분도 '난리법석'이라는 말을 자주 쓸 겁니다. 하지만 이 말은 국어사전에 올라 있지 않습니다. 또 표준어가 되기도 어려운 말입니다. '난리법석'의 표준어인 '야단법석'의 유래가 워낙 뚜렷하기 때문이죠.

'법석'은 "소란스럽게 떠드는 모양"을 뜻하는 말로, 불교용어인 '법회석중法會席中'이 줄어서 된 말입니다. 대사의 설법을 듣는 법회에 회중(會衆: 많이 모여 있는 사람들)이 둘러앉아서 불경을 읽는 법연(法筵: 설법, 독경, 강경, 법화 따위를 행하는 자리)을 일컫는, 매우 엄숙한 자리를 뜻하던 말이랍니다.

그런데 이러한 엄숙한 자리가 무슨 일로 인해 아주 소란한 형국이 됐다는 의미에서 '야단(惹端: 매우 떠들썩하게 일을 벌이거나 부산하게 법석거림. 또는 그런 짓)'을 붙여 '야단법석'이라는 말이 생겨났습니다.

"많은 사람이 모여들어 떠들썩하고 부산스럽게 굴다"를 뜻하는 야단법석의 한자 표기를 일부에서는 '野壇法席'으로 적고 있으나, 이는 "야외에 베푼 법회"를 뜻하는 말입니다. 시끌벅적하게 떠든다고 할 때는 '惹端法席'으로 써야 합니다.

집에서는
분리수거를 못 한다

여러분은 집에서 분리수거를 잘하고 있으신가요? 잘한다고요? 에이~ 거짓말.

여러분이 집에서 분리수거를 한다는 것은 말도 안 됩니다. 일상생활에서 누구나 흔히 쓰는 표현이지만, 그 표현을 꼼꼼히 따지면 상식적으로 이해가 가지 않는 말들이 더러 있습니다.

　　　　5부　한자를 알아야 우리말이 보인다

✦ '수거'는 '거두어 감'을 뜻합니다. 사람들이 집에서 재활용품 등을 구분해 밖에 내놓
는 것은 '분리수거'가 아니라 '분류배출'입니다.

방금 말한 '분리수거'도 그중 하나입니다.

수거收去는 "거두어 감"을 뜻합니다. 그렇다면 분리수거分離收
去의 뜻은요? 말 그대로 "쓰레기 따위를 종류별로 나누어서 늘어
놓은 것을 거두어 감"을 뜻하죠, 뭐.

〈표준국어대사전〉을 비롯해 다른 국어사전에도 그렇게 올

라 있습니다. '따로 거두기'나 '따로 거두어 가기'로 순화해 쓰는 것이 좋겠다는 설명도 덧붙여 있고요. 따라서 '분리수거'는 오늘도 새벽부터 구슬땀을 흘린 환경미화원분들이 하는 것이지, 집에 있는 사람들이 하는 것이 아닙니다.

그러면 집에서 재활용품이나 음식쓰레기를 구분해 밖에 내놓는 일을 뜻하는 말은 뭘까요? 그건 바로 배출(排出: 안에서 밖으로 밀어 내보냄)입니다.

아울러 분리分離는 "서로 나뉘어 떨어짐. 또는 그렇게 되게 함"을 뜻하는 말로, 쓰레기나 재활용품 등을 종류에 따라 가르는 일에는 분류(分類: 종류에 따라서 가름)를 쓰는 것이 백번 옳습니다. 결론적으로 집에서 쓰레기 등을 밖에 내놓는 일은 '분리수거'가 아니라 '분류배출'입니다.

오곡백화가 피면 ✎
배만 곯는다

가을이면 신문이나 방송에서 꼭 하는 얘기가 있습니다. "오곡백화가 만발하게 피었다"라거나 "가을 들녘에선 오곡백화가 익어가고 있다"라고 하는 소리 말입니다. 여러분도 이런 말 쓰시죠?

음악 교과서에도 실린 '내 고향으로 날 보내 주'라는 노래에도 "오곡백화가 만발하게 피었고, **종달이**˚ 높이 떠 지저귀는 곳"이라는 가사가 나옵니다. 그런데 '오곡백화'라고 하면 말 그대로 "다섯 가지 곡식과 백 가지 꽃"입니다. 뭔가 이상하지 않나요? 뜬금없이 웬 꽃이냐고요.

물론 식용으로 쓰이는 꽃이 있기는 합니다. 하지만 그것으로 겨우내 배를 채우기는 좀 곤란하지 않을까요? 꽃은 보기에는 좋지만, 가을의 풍요한 수확과도 어울리지 않습니다.

'오곡백화'는 짝을 잘못 이룬 말입니다. 곡식이나 풍요한 수확과 어울리려면, 그것은 꽃이 아니라 과실이어야 합니다. '오곡백화'가 아니라 '오곡백과'라는 소리죠.

이때의 '오곡'은 좁게는 쌀·보리·조·기장·콩을 말하고, 넓게는 모든 곡식을 이릅니다. 또 '백과'는 100가지 과일, 즉 갖가지 과실을 뜻하고요.

가을의 풍성함을 얘기할 때는 "온갖 곡식과 과실"을 뜻하

▌ 종달이 ⊗ 종다리 ◎

'봄' 하면 어떤 새가 떠오르시나요? 저는 몸이 참새보다 조금 크고 붉은 갈색에 검은색 가로무늬가 있는 새가 생각납니다. 봄에 공중으로 높이 날아오르면서 잘 우는 '종달새' 말입니다. '종달새'는 조금도 의심할 여지 없이 표준어입니다. 하지만 종달새를 달리 부르는 '종달이'는 '종다리'가 바른말입니다.

는 '오곡백과'라고 해야지 '오곡백화'라고 해서는 안 됩니다. 그리고 사실 가을에 피는 꽃은 그다지 많지도 않습니다.

성대묘사는   ✎
재미없다

　　　　　　　TV를 보다 보면 연예인들이 남의 목소리를 흉내 내는 일이 많습니다. 그런 것을 뭐라고 하죠? 네, 흔히 '성대묘사'라고 합니다. 여러분뿐만 아니라, 그런 것을 보고 '성대묘사'라고 말하는 사람이 많습니다.

　하지만 '성대묘사'는 '성대모사'로 써야 합니다. '모사模寫'가 "무엇을 흉내 내어 그대로 나타냄, 어떤 그림을 보고 그대로 본떠서 그림"을 뜻하고, '묘사描寫'는 "눈으로 보거나 마음으로 느낀 것 등을 그림을 그리듯이 객관적으로 표현하는 것"을 말하기 때문이죠.

　그러니까 '모사'는 어떤 것을 그대로 베끼는 것이고, '묘사'는 어떤 것이 어떻다(좋다, 나쁘다)고 표현하는 것으로 생각하면 됩니다.

뇌졸증은
대중요법으로 못 고친다

이 밖에 한자와 관련해 아주 흔하게 잘못 쓰는 말들을 몇 가지 묶어 **짧막하게**˙ 살펴볼게요. 일일이 다 얘기하기에는 **몇일**˙ 밤으로도 부족하거든요. 그래서 한자말에 대한 설명은 이쯤에서 그칠게요. 물론 블로그에 더 많은 얘기들을 올려놓을 것이라는 말은 이제 안 해도 되죠?

우선 "뇌에 혈액 공급이 제대로 되지 않아 손발의 마비, 언어 장애, 호흡 곤란 따위를 일으키는 증상"을 일컫는 말 '뇌졸증' 있죠? 이것도 바른말이 아닙니다.

짧막하게 ⓧ 짤막하게 ◎

'짧다'가 워낙 눈에 익다 보니 '짧막하다'라는 말을 쓰는 사람이 더러 있습니다. 하지만 어느 국어사전에도 '짧막하다'는 올라 있지 않습니다. "조금 짧은 듯하다"를 뜻하는 말은 '짤막하다'뿐입니다. 우리말에는 이런 것이 많습니다. "꽤 넓다"의 의미를 지닌 말로, '넓다'가 변한 말도 '넓다랗다'가 아닌 '널따랗다'를 표준어로 삼고 있답니다.

몇일 ⓧ 며칠 ◎

'몇 년'과 '몇 월'로는 적을 수 있어도 '몇 일'과 '몇일'로는 절대 못 씁니다. 무조건 틀린 말입니다. 의미나 띄어쓰기에 상관없이 '며칠'로 써야 합니다.

합병증合倂症이나 통증痛症처럼 병의 증세를 나타내는 말인 '증症'이 붙은 것으로 생각하고 그리 쓰는 듯한데, 정작 바른말은 '뇌졸중腦卒中'입니다. 뇌가 졸(죽다)하고 있는 중이라는 의미죠.

중中을 증症으로 잘못 알아 '뇌졸중'을 '뇌졸증'으로 쓰는 것과는 정반대로, 증症을 중衆으로 잘못 알고 쓰는 말도 있습니다. '대중요법'이 바로 그겁니다.

이 말을 사용하는 사람들은 "대중(大衆: 수많은 사람의 무리)이 두루 쓰는 방법"쯤으로 생각하고, 조금의 의심도 없이 그렇게 쓰는 듯싶습니다.

하지만 이 말은 '대증요법對症療法'이 바른말입니다. '대증요법'이란 "병의 원인을 찾아 없애기 곤란한 상황에서, 겉으로 나타난 병의 '증상'에 '대응'해 처치하는 치료법"을 뜻합니다. 열이 높을 때 몸에 얼음주머니를 대거나 해열제를 써서 열을 내리게 하는 따위가 다 대증요법입니다.

또 "아이가 밤새 토사광란을 일으켜 한숨 못 잤다"라고 하며 쓰는 '토사광란'은 '토사곽란吐瀉癨亂'이 바른 표기입니다. 그리고 "밤낮으로 쉬지 아니하고 연달아"를 뜻하는 말로 흔히 사용하는 '주구장창'은 '주야장천晝夜長川'으로 써야 합니다. 왜냐고요? 궁금하면 블로그로 와서 보세요.

5부   한자를 알아야 우리말이 보인다

당신은 우리말을 모른다

어휘 편

1판 1쇄 발행 2023년 8월 31일

지은이 | 엄민용

펴낸이 | 김유열
편성센터장 | 김광호
지식콘텐츠부장 | 오정호
단행본출판팀 | **기획** 장효순, 최재진, 서정희 | **마케팅** 최은영 | **제작** 정봉식
북매니저 | 윤정아, 이민애, 정지현, 경영선

책임편집 | 김화영　**일러스트** | 애슝　**디자인** | 지완
인쇄 | 우진코니티

펴낸곳 | 한국교육방송공사(EBS)
출판신고 | 2001년 1월 8일 제2017-000193호
주소 | 경기도 고양시 일산동구 한류월드로 281
대표전화 | 1588-1580　　　**홈페이지** | www.ebs.co.kr
전자우편 | ebsbooks@ebs.co.kr

ISBN | 978-89-547-9951-5(04700)
　　　978-89-547-7779-7 (세트)
ⓒ 엄민용, 2023